Os inventores do New Deal

Flávio Limoncic

Os inventores do New Deal

Estado e sindicatos no combate à Grande Depressão

CIVILIZAÇÃO BRASILEIRA

Rio de Janeiro
2009

COPYRIGHT © Flávio Limoncic, 2009

CAPA
Sérgio Campante

PROJETO GRÁFICO
Evelyn Grumach e João de Souza Leite

CIP-BRASIL. CATALOGAÇÃO-NA-FONTE
SINDICATO NACIONAL DOS EDITORES DE LIVROS, RJ

Limoncic, Flávio
L714i   Os inventores do New Deal: Estado e sindicatos no combate à Grande Depressão/Flávio Limoncic. – Rio de Janeiro: Civilização Brasileira, 2009.
il.;

Inclui bibliografia
ISBN 978-85-200-0909-3

1. História social. 2. Sincatos – Estados Unidos – 1930. 3. Corporativismo – Estados Unidos. 4. Estados Unidos – Política e governo – 1930. 5. Trabalhadores – Estados Unidos – 1930. I. Título.

09-0112

CDD: 909.0973
CDU: 94(73)

Todos os direitos reservados. Proibida a reprodução, armazenamento ou transmissão de partes deste livro, através de quaisquer meios, sem prévia autorização por escrito.

Texto revisado segundo o Novo Acordo Ortográfico da Língua Portuguesa.

Direitos desta edição adquiridos pela
EDITORA CIVILIZAÇÃO BRASILEIRA
Um selo da
JOSÉ OLYMPIO EDITORA
Rua Argentina 171 – 20921-380 – Rio de Janeiro, RJ
Tel.: 2585-2000

PEDIDOS PELO REEMBOLSO POSTAL
Caixa Postal 23.052 – Rio de Janeiro, RJ – 20922-970

Impresso no Brasil
2009

Sumário

AGRADECIMENTOS   *9*

LISTA DE SIGLAS   *13*

APRESENTAÇÃO   *17*

CAPÍTULO 1

As relações de trabalho nos Estados Unidos antes
do New Deal   *39*

1.1 A NOVA HISTÓRIA AMERICANA DO TRABALHO   *41*

1.2 O PODER JUDICIÁRIO E O MOVIMENTO SINDICAL NO SÉCULO XIX   *55*

1.3 O MOVIMENTO PROGRESSISTA E OS SINDICATOS   *75*

1.4 A RELAÇÃO ENTRE O ESTADO E OS TRABALHADORES DURANTE A
GRANDE GUERRA   *91*

1.5 A VOLTA À *NORMALIDADE*   *96*

CAPÍTULO 2

O coração da nova economia americana: a indústria
automobilística e a Grande Depressão   *105*

2.1 FORD, O FORDISMO E OS TRABALHADORES   *107*

2.2 A GRANDE DEPRESSÃO   *124*

2.3 HERBERT HOOVER E A GRANDE DEPRESSÃO   *128*

CAPÍTULO 3

A primeira fase do New Deal *133*

3.1 O NATIONAL INDUSTRIAL RECOVERY ACT *135*

3.2 A AUTOMOBILE LABOR BOARD E OS SINDICATOS AUTOMOTIVOS *146*

CAPÍTULO 4

A segunda fase do New Deal *161*

4.1 QUEM GOVERNA A VIDA DE 80 MIL TRABALHADORES? *163*

4.2 O NATIONAL LABOR RELATIONS ACT *168*

4.3 A DETERMINAÇÃO DA UNIDADE DE NEGOCIAÇÃO E A REGRA DA
MAIORIA *177*

4.4 O NEW DEAL E A DISPUTA ENTRE A AFL E O CIO *187*

4.5 O NEW DEAL E A INDÚSTRIA AUTOMOTIVA *204*

4.6 O ESVAZIAMENTO POLÍTICO DA NLRB *224*

4.7 OS SINDICATOS E A ORDEM DO NEW DEAL NO PÓS-GUERRA *231*

CAPÍTULO 5

À guisa de inconclusão: os inventores do New Deal *247*

APÊNDICE BIBLIOGRÁFICO:

O Movimento Progressista, o New Deal
e a Grande Depressão na historiografia americana *253*

BIBLIOGRAFIA *277*

Tenho vivido com homens de letras, que têm escrito a história sem se envolverem com os assuntos, e com políticos, que sempre se preocupam com a produção dos acontecimentos, mas nunca pensam em descrevê-los. Sempre notei que os primeiros veem por toda a parte causas gerais, enquanto os segundos, vivendo na desordem dos fatos cotidianos, imaginam facilmente que tudo se deve aos acidentes particulares e que as pequenas forças que incessantemente recaem em suas mãos são as mesmas que movem o mundo. É de crer que uns e outros enganam-se.

De minha parte, detesto os sistemas absolutos, que tornam todos os acontecimentos da história dependentes de grandes causas primeiras, ligadas entre si por um encadeamento fatal, e que eliminam, por assim dizer, os homens da história do gênero humano. Considero-os estreitos em sua pretendida grandeza e falsos em seu ar de verdade matemática. Creio — e que não se ofendam os escritores que têm inventado essas sublimes teorias para alimentar sua vaidade e facilitar seu trabalho — que muitos fatos históricos importantes só podem ser explicados por circunstâncias acidentais, que muitos outros são inexplicáveis, e que, enfim, o acaso — ou, antes, o entrelaçamento de causas secundárias, que assim chamamos por não sabermos desenredá-las — tem um grande papel em tudo o que vemos no teatro do mundo; mas creio firmemente que o acaso nada faz àquilo que, de antemão, já não esteja preparado. Os fatos anteriores, a natureza das instituições, a dinâmica dos espíritos e o estado dos costumes são os materiais com os quais o acaso compõe os improvisos que nos assombram e nos assustam.

Alexis de Tocqueville

Agradecimentos

Este livro é uma versão da tese de doutorado intitulada *Os inventores do New Deal. Estado e sindicato nos Estados Unidos dos anos 1930*, defendida em 2003 no Programa de Pós-Graduação em História Social (PPGHIS) do Instituto de Filosofia e Ciências Sociais da UFRJ. Aliviado dos rigores do trabalho acadêmico, como referências e debates teóricos e historiográficos extensos, o livro apresenta a um público mais amplo alguns aspectos da experiência do New Deal de Franklin D. Roosevelt.

Muito embora os Estados Unidos tenham assumido uma centralidade inequívoca no cenário internacional no pós-Segunda Guerra Mundial, a história e a historiografia americanas continuam sendo, em larga medida, desconhecidas no Brasil. As páginas que se seguem visam contribuir para a superação dessa lacuna, seguindo o caminho de outros historiadores brasileiros, como Mary Anne Junqueira, Cecília Azevedo, Ana Maria Mauad e Marco Antonio Pamplona, que, interessando-se por estudos sobre os Estados Unidos, têm contribuído para enriquecer a historiografia brasileira. Por outro lado, dado que o tema central deste livro é a promoção da contratação coletiva do trabalho durante o New Deal, ele tem por objetivo, também, contribuir para o debate público a respeito do papel do Estado na regulação dos mercados, iniciado com a crise financeira de 2008.

A primeira pessoa a quem gostaria de agradecer é meu orientador, Francisco Carlos Teixeira da Silva, exemplo de generosidade e dedicação à formação de novos historiadores.

Em um momento em que o Estado brasileiro precisa ser reinventado, aprofundando seu caráter republicano e democrático, gostaria de agradecer às instituições públicas de ensino e fomento à pesquisa que tornaram possível a elaboração da tese: o PPGHIS-UFRJ e a Capes, que me concedeu uma bolsa de doutorado com estágio no exterior (PDEE), permitindo-me um período de pesquisas e estudos em arquivos e bibliotecas americanos e na Universidade de Maryland, College Park.

No âmbito do PPGHIS, agradeço aos professores Manuel Luís Salgado Guimarães Filho, Manuela Souza Silva, Carlos Fico, Marieta de Moraes Ferreira e Anita Prestes. Na Universidade de Maryland, agradeço ao meu orientador, professor Daryle Williams, e aos professores Gary Gerstle e David Sicilia, graças aos quais entrei em contato com a produção historiográfica sobre o fabuloso mundo dos trabalhadores industriais americanos. Os professores Robert Cottrol, da George Washington University, e Daniel Ernst, da Georgetown University, foram extremamente gentis em disponibilizar seu tempo para conversar sobre o movimento operário e o Estado americano.

O Latin American and Caribbean Studies (LACS), da Universidade de Michigan, Ann Arbor, proporcionou-me, por duas vezes, a oportunidade de discutir o presente trabalho com seus estudantes e professores. A Latin American Studies Association (LASA) proporcionou-me uma Lecturing Fellowship que me possibilitou a ida ao seu Encontro de 2001 e uma estada de uma semana na Universidade de Michigan. Nas duas ocasiões em que estive nos Encontros da LASA durante a elaboração deste trabalho, em 2000 e 2001, beneficiei-me da generosidade e argúcia da professora Barbara Weinstein. O Franklin and Eleanor Roosevelt Institute me proporcionou a The Lubin-Winant Research Fellowship, que me permitiu realizar pesquisas na Biblioteca Presidencial Franklin D. Roosevelt, em Hyde Park, Nova York. Agradeço, ainda, aos bibliotecários e arquivistas das seguintes instituições: National Archives and Records Administration, College Park, Maryland; McKeldin Library, Universidade de Maryland, College Park; Franklin D. Roosevelt Library, Hyde Park, Nova York; Biblioteca do Congresso, Washington, DC, e Walther Reuther Library, Detroit, Michigan.

Nos Estados Unidos, tive o privilégio de conviver com Daryle Williams e James Rolstrom, Stephan e Doris Palmié, Martha e Ira Berlin, Leslie Rowland, Sueann Caulfield e Maria Elisabeth Martins — com seu filho Joshua Martins-Caufield (em Michigan, no Rio de Janeiro e na Bahia) —, Jonathan Shurberg e Rebecca Lord — com seus filhos Ethan e Eli —, Amy e Robert Masciola, Larry e Linda Noel, Harvey Cohen, Emílio Koury e Brodwyn Fischer, Sussu (em memória) e Martin Rosenblatt, Belle Greenberg (em memória) e Yedda e Daniel Strasser.

Agradeço, ainda, a Simone Intrator, Adhemar dos Santos Mineiro, Creuza Stephen Figueira, Marcela Miller Barbosa, Nelson Delgado, Daniel Aarão Reis, Marcelo Bittencourt, Ricardo Salles, Cláudia Beltrão da Rosa, Andréa Marzano, Bebel Siqueira, Maria Inês Azevedo, Hilda Léa da Silva e Enecir da Silva, assim como aos colegas e alunos do Instituto de Humanidades da Universidade Candido Mendes, onde lecionava no momento da defesa da tese, e do Departamento de História da Universidade Federal do Estado do Rio de Janeiro (UNIRIO), no qual ingressei em 2006. José Antônio Ribas Soares e Anita Correia Lima de Almeida estiveram sempre presentes. Os colegas e amigos do Laboratório de Estudos do Tempo Presente da UFRJ proporcionaram-me um ambiente de estímulo intelectual e camaradagem. A Francisco Carlos Palomanes Martinho, agradeço a amizade antiga e a parceria recente.

A banca que examinou a tese, composta pelos professores Ângela de Castro Gomes, Barbara Weinstein, Manoel Luiz Salgado Guimarães e Lincoln Penna, além de Francisco Carlos Teixeira da Silva, foi generosa nas suas sugestões, críticas e observações. As modificações decorrentes enriqueceram o trabalho, mas, como é evidente, as limitações, imprecisões e incorreções remanescentes são de minha responsabilidade.

Gostaria de agradecer ainda o apoio permanente do meu pai, Moysés Limoncic, e de sua esposa, Sandra Limoncic, aos meus sogros, Piedade e Túlio Grinberg, e meus tios, Lívio e Ruth Alaiz, Fani e Carlos Dorfman, Israel e Eugenia Rotenberg e Sofia Perepletczyk. Meus sobrinhos baianos Lucas e Maria Clara deram os toques indispensáveis de alegria. À minha mãe, Jenny Alaiz (em memória), agradeço por ter me transmitido o amor pela música.

Como, mais uma vez, Keila Grinberg deu sentido a tudo, e Tatiana e Carolina deram um novo sentido a tudo, este livro é dedicado às três.

Lista de siglas

AAA — Agricultural Adjustment Act

AAISTW — Amalgamated Association of Iron, Steel, and Tin Workers

ACWA — Amalgamated Clothing Workers of America

AFL — American Federation of Labor

ALB — Automobile Labor Board

APL — American Protective League

ARU — American Railway Union

AWU — Automobile Workers Union

BLE — Brotherhood of Locomotive Engineers

BUW — Brotherhood of Utility Workers

CCC — Civilian Conservation Corps

CIO — Congress of Industrial Organizations

CPUSA — Communist Party of the United States of America

CWA — Civil Works Administration

CWAWIU — Carriage, Wagon and Automobile Workers' International Union

CWWIU — Carriage and Wagon Workers' International Union

DWC — Dingmen's Welfare Club

EAD — Employers' Association of Detroit (EAD)

FAP — Federal Arts Project

FBA — Ford Brotherhood of America

FERA — Federal Emergency Relief Administration

FFLW — Federation of Flat Glass Workers

FLSA — Fair Labor Standards Act

FLU — Federal Labor Union

FMP — Federal Music Project

FTP — Federal Theatre Project

HUAC — Special House Committee for the Investigation of Un-American Activities

IAM — International Association of Machinists

IBBH — International Brotherhood of Blacksmiths and Helpers

IBEW — International Brotherhood of Electrical Workers

ICC — Interstate Commerce Commission

ILA — International Longshoremen's Association

ILWU — International Longshoremen's and Warehousemen's Union

IWW — Industrial Workers of the World

MESA — Mechanics Educational Society of America

MPIU — Metal Polishers International Union

NAAPC — National Association for the Advancement of the People of Color

NACC — National Automobile Chamber of Commerce

NAM — National Association of Manufacturers

NIRA — National Industrial Recovery Act: National Industrial Recovery Act

NLB — National Labor Board

NLRA — National Labor Relations Act

NLRB — National Labor Relations Board

NRA — National Recovery Administration

NWLB — National War Labor Board

OIT — Organização Internacional do Trabalho

PMLD — Pattern Makers League of Detroit

PMLNA — Pattern Makers League of North America

SDE — Society of Designing Engineers

SSA — Social Security Act

TVA — Tennessee Valley Authority

UAAVW — United Automobile, Aircraft and Vehicle Workers of America

UAW — United Auto Workers

UAWA — United Auto Workers of America

UEW — United Electrical Workers

UIU — Upholsters' International Union

UMW — United Mine Workers

USCC — United States Chamber of Commerce

USCIR — United States Commission on Industrial Relations

Apresentação

Nos anos 1920, os Estados Unidos pareciam entrar em uma
era de prosperidade e conforto até então inimagináveis: automóveis eram produzidos em série, subúrbios ajardinados
surgiam nas cercanias das grandes cidades, novos utensílios
domésticos facilitavam a vida das donas de casa... O sonho
da superação da escassez e de uma vida de abundância, presente desde as narrativas bíblicas do paraíso e da Canaã do
leite e do mel, parecia, pela primeira vez, realizar-se na história humana. A euforia da década chegava a contaminar o
próprio presidente Calvin Coolidge, que, em seu Discurso do
Estado da União de dezembro de 1928, afirmou:

> Nenhum presidente dos Estados Unidos já reunido até hoje
> para apreciar o estado da União viu-se diante de uma pers-
> pectiva mais agradável do que a que se apresenta no momen-
> to atual. No campo nacional há tranquilidade e contentamento
> e o recorde absoluto de anos de prosperidade.[1]

As razões do otimismo presidencial eram muitas: os Estados
Unidos haviam atingido um grau tal de riqueza, e uma riqueza tão bem distribuída, que a uma indústria que produzia

---

[1]Calvin Coolidge. *Sixth Annual Message. December 4th, 1928.* http://
www.presidency.ucsb.edu/ws/index.php?pid=29569.

sempre mais correspondia um mercado em permanente expansão. O governo, por seu lado, havia feito o seu dever para incentivar o investimento e o consumo: cortara gastos e abolira ou reduzira impostos, ao mesmo tempo que havia mantido o nível de seus ingressos, graças ao crescimento das rendas e dos lucros taxáveis.

Menos de um ano depois, o discurso de Coolidge parecia coisa de um passado remoto. Em outubro de 1929, o preço das ações das corporações americanas virtualmente entrou em colapso, e "bilhões e bilhões de dólares, ocasionando perdas gigantescas no mais desastroso dia da história da bolsa de valores", evaporaram no ar.[2] Em 1930, o Produto Interno Bruto (PIB) americano iniciou uma sequência de quatro anos de queda ininterrupta. Em 1933, quando Franklin D. Roosevelt assumiu a presidência dos Estados Unidos, o PIB correspondeu a 56% do PIB de 1929 — o PIB *per capita* caíra de 700 dólares para 373 dólares — e 25% dos trabalhadores estavam desempregados. Em alguns setores, a queda foi ainda mais acentuada do que a média: em 1933, o número de unidades habitacionais construídas correspondeu a apenas 28% daquele alcançado em 1929.[3]

No calor da hora e sem teoria econômica consolidada a orientá-la (John Maynard Keynes só iria publicar sua *Teoria geral do emprego, do juro e da moeda* em 1936), a plataforma de Roosevelt às eleições presidenciais de 1932 denunciava duramente as políticas econômicas republicanas, acusando-as

---

[2] *New York Times*. Nova York, 30 de outubro de 1929, p. 1.
[3] Cf. Estados Unidos. US Census Bureau. The 2008 Statistical Abstract. http:/ /www.census.gov/statab/hist/HS-35.pdf,; http://www.census.gov/statab/hist/ HS; http://www.census.gov/statab/hist/HS-29.pdf, http://www.census.gov/ statab/hist/HS-40.pdf.

de isolacionismo econômico, de terem estimulado os processos de fusão de empresas, dando origem a monopólios, e de terem, irresponsavelmente, manipulado a oferta de crédito. Depois de eleito, Roosevelt voltaria a criticar os excessos da oferta de crédito, como os para as vendas de automóveis, por permitir a aquisição de carros por famílias que não tinham renda suficiente.[4] As raízes profundas da Grande Depressão, segundo Roosevelt, residiam no exato oposto das razões do otimismo de Coolidge, principalmente no que se refere à distribuição da renda nacional:

> Estamos diante de mais produtos agrícolas do que podemos consumir e com excedentes que outras nações não têm condições de comprar, a não ser por preços baixos demais. Vemos nossas fábricas com capacidade de produzir mais bens do que podemos consumir, ao mesmo tempo que nossa capacidade de exportação está descendente. (...) O povo deste país foi erroneamente encorajado a acreditar que poderia manter em crescimento constante a produção de suas fazendas e fábricas e que algum mágico encontraria meios de que este crescimento fosse consumido com razoável lucro para o produtor.[5]

Um de seus principais aliados, o senador democrata Robert Wagner, reforçaria ainda mais tal visão, ao afirmar um ano depois:

---

[4]Cf. Franklin D. Roosevelt. *Memo enviado à Secretaria do Trabalho*, 15 de junho de 1934. Franklin D. Roosevelt Presidential Library. President's Personal File, 1191 (X-Refs, 1944-45) — 1211.

[5]Franklin D. Roosevelt *apud* John Gabriel Hunt (org.), *The essential Franklin Delano Roosevelt. FDR's greatest speeches, fireside chats, messages and proclamations*, Nova York, Gramercy Books, 1995, pp. 52, 53.

Desde a virada do século este país tem sido prolífico na produção de bens. A riqueza tem jorrado das fábricas, das minas e dos campos em uma abundância inigualável. Se nossa organização social tivesse se mantido *pari passu* com nossa inventividade mecânica, o paradoxo da coexistência do progresso com a pobreza teria desaparecido por completo. Em vez disso, ele se aprofundou. Ninguém com senso da realidade econômica explicaria tal incongruência com uma simples fórmula. Mas estudiosos pacientes e cuidadosos, trabalhando de forma independente uns dos outros, chegaram quase todos à mesma conclusão: a distribuição de renda entre as massas do nosso povo secou na fonte, com consequências inevitáveis sobre os negócios e sobre toda a estrutura econômica.

Trago para o primeiro plano o problema da coordenação entre produção e salários porque nele recai o principal desafio econômico que se nos defronta. Todos reconhecem isso e todos admitem que de uma solução satisfatória desse desafio depende o bem-estar de todos.[6]

Vencendo as eleições presidenciais com quase 23 milhões de votos populares contra 16 milhões dados a Herbert Hoover (472 votos eleitorais contra 59), que buscava a reeleição, Roosevelt propôs um New Deal para o povo americano, um novo pacto social capaz de retirar o país da Depressão e fazê-lo voltar a crescer.

Não havia consenso entre os New Dealers, no entanto, a respeito das políticas econômicas adequadas e necessárias ao

---

[6]Robert. Wagner "N.R.A. Codes. Address by Senator Wagner. Congressional Record, Senate — March 5, 1934" (78 Con. Rec. 3678), in Estados Unidos. National Labor Relations Board, *Legislative History of the National Labor Relations Act, 1935, vol. 1,* Washington, United States Government Printing Office, 1985, p. 18.

combate à Depressão, em um momento em que muitos economistas julgavam que a economia americana estava irremediavelmente condenada à estagnação. Uma coisa, no entanto, parecia certa: a convicção de que o Estado teria um papel central em todo o processo de recuperação econômica, dada a incapacidade do mercado em se autorregular em níveis adequados de emprego, produção e consumo.

No entanto, em decorrência do ineditismo da situação, da crescente oposição republicana e de setores empresariais e sindicais, bem como dos limites impostos à ação do governo da União no campo da regulação econômica pela Constituição federalista, várias das medidas legais e administrativas do New Deal foram alvo de críticas sistemáticas, e algumas acabaram sendo declaradas inconstitucionais pela Suprema Corte dos Estados Unidos. Ainda assim, em seus primeiros *cem dias* (*the hundred days*), o New Deal propôs uma vasta gama de medidas regulatórias, programas emergenciais de geração de emprego e renda e uma nova distribuição da renda nacional.

Entre as principais medidas dos *cem dias* estavam o Emergency Banking Act (EBA), que disponibilizava fundos federais para bancos privados, o Federal Deposit Insurance Corporation (FDIC), que garantia depósitos bancários de até 5 mil dólares, o Securities Act (suplementado pelo Securities Exchange Act, de 1934), que regulava o mercado de ações, de modo a combater a especulação, o Home Owners Refinicing Act (HORA), que regulava e auxiliava os pagamentos das hipotecas... Em novembro de 1933, diante do inverno que se aproximava, Roosevelt criaria a Civil Works Administration (CWA), com o objetivo de executar programas de obras públicas, e em fevereiro de 1934 mais de 4 milhões de trabalhadores recebiam um salário mínimo, trabalhadores esses que iam desde operários construindo pontes até cantores de ópera viajando para lugares tão distantes quanto Ozark, Missouri, para uma apresentação. Eram tantas as leis, tantas as novas agências governamentais por elas criadas e tantas as siglas, que a oposição ao governo chamaria o New Deal, de modo a denunciar seu impulso regulatório e a expansão das capacidades administrativas do Estado, de sopa de letras.

Dado que o diagnóstico central do New Deal a respeito das raízes da Depressão residia em um desequilíbrio entre capacidade de produção e capacidade de consumo da economia americana, como expresso nos discursos de Roosevelt e Wagner, duas peças regulatórias dos *cem dias* apareciam como centrais: no campo da produção agrícola, o Agricultural Adjustment Act (AAA) e, no da produção industrial, o National Industrial Recovery Act (NIRA).

Desde o final do século XIX, um dos principais problemas da agricultura americana era sua crescente capacidade produtiva, fruto da introdução de fertilizantes químicos e implementos agrícolas, que gerava uma constante queda nos preços dos produtos agrícolas e, portanto, na remuneração dos agricultores. Em 1910, já havia algo em torno de 10 mil tratores nas fazendas americanas, número que, em 1936, chegaria à excepcional cifra de 1.265 mil.[7] Tal cenário se agravaria com o fim da demanda europeia por produtos agrícolas, gerada pela Primeira Guerra Mundial, em meados dos anos 1920. A partir de então, o mercado interno americano

---

[7] Cf. Department of Labor, "Productivity of farm labor, 1909 to 1938", in Estados Unidos, Department of Labor, Bureau of Labor Statistics, *Monthly Labor Review*, Washington, Department of Labor, vol. 49, no. 2, agosto de 1939, p. 288.

viu-se diante de uma enorme oferta de produtos e de queda dos preços destes. Para enfrentar tal quadro, o objetivo fundamental da AAA era elevar a remuneração do setor agrícola por meio da redução da produção. Dito de outra forma: os agricultores passavam a ser subsidiados pelo Estado para produzir menos, a fim de elevar os preços de seus produtos. O AAA seria declarado inconstitucional pela Suprema Corte dos Estados Unidos em 1936, ocasião em que o Congresso aprovaria o Soil Conservation and Domestic Allotment Act (SCDA), que previa pagamentos aos agricultores para que melhorassem a qualidade de seus solos. A nova lei tinha o mesmo objetivo do AAA, ou seja, limitar a produção, retirando solos do plantio para elevar o preço dos produtos agrícolas. Como o novo programa revelou-se de alcance limitado, em 1938 seria aprovado o segundo AAA, que tornava permanentes os programas de conservação do solo, e o Departamento de Agricultura passava a estabelecer cotas de produção.

O NIRA, objeto do Capítulo 3 deste livro, tinha por objetivo estabelecer códigos de competição entre empresas de um mesmo ramo para, desta forma, retirar os salários de suas estratégias competitivas e permitir o crescimento sustentado dos salários, de forma a transformar os trabalhadores em consumidores. Esta seria a busca central do New Deal ao longo de sua trajetória: elevar o poder de compra dos trabalhadores, como forma de sustentar a demanda.

Do ponto de vista emergencial, o New Deal criou uma extensa rede de assistência social, cuja finalidade era proporcionar auxílio imediato, emprego e renda a milhões de americanos afetados pela Depressão, como o Federal Emergency Relief Act (FERA) e o Civilian Conservation Corps (CCC). O CCC, que logo se tornaria um dos programas mais populares do New Deal, tinha duplo objetivo: reverter o quadro de erosão do solo — que nos anos 1930 havia atingido proporções alarmantes, evidenciadas pelas tempestades de areia e a seca de Oklahoma, retratadas por John Steinbeck em *As vinhas da ira* — e proporcionar ocupação e renda a jovens desempregados. Ao longo de nove anos, o CCC plantou mais de 2 bilhões de árvores, 200 milhões das quais em solos recuperados, além de ter restaurado sítios históricos e parques nacionais. Além disso, o programa alfabetizou mais de 35 mil jovens e profissionalizou mais de 3 milhões. Criticados por republicanos e democratas fiscalmente conservadores, o CCC e vários outros programas tiveram seus orçamentos limitados ou foram suspensos. Ainda assim, contribuíram para aliviar as necessidades básicas dos segmentos sociais mais atingidos pela crise, principalmente durante os meses de inverno.

Os programas sociais do New Deal, em meio ao caos social e humano da Depressão, acabariam por se revelar de enorme importância para o apoio de amplos setores da sociedade ao governo Roosevelt. Uma pesquisa de opinião realizada em 1935 pela revista *Fortune* revelou que 90% dos americanos de baixa renda achavam que o governo devia garantir trabalho para os que necessitassem ou, na retórica presidencial, para cada "homem esquecido".[8] Ao lado de gestos simbólicos do presidente, tais programas garantiram ao Partido Democrata a fidelidade de segmentos sociais até então pouco representados na arena pública, como os negros, as mulheres e os americanos hifenizados (descendentes de imigrantes).

---

[8]Cf. Franklin Roosevelt "The 'forgotten man' radio speech", in Basil Rauch (org.), *The Roosevelt reader. Selected speeches, messages, press conferences and letters of Franklin D. Roosevelt*, Nova York/Toronto, Rinehart & Co., Inc. 1957, p. 65.

Diante das peculiaridades do federalismo americano e da composição do próprio Partido Democrata, que no Sul se identificava com o sistema Jim Crow de segregação racial, Roosevelt atacou fortemente os chamados direitos dos estados no campo da regulação econômica, tidos como incompatíveis com as necessidades do combate à Depressão, mas não tocou no campo da legislação racial. A bancada democrata dos estados do Sul controlou o partido entre 1896 e o início do New Deal, período no qual os democratas, nas demais regiões do país, obtiveram, em média, 40% dos votos populares em eleições presidenciais e legislativas, enquanto no Sul o voto democrata nunca foi inferior a 86%. Mesmo durante o governo Roosevelt, o Sul nunca controlou menos de 40% da bancada democrata, tendo, portanto, enorme influência conservadora sobre o New Deal.

Ainda assim, o New Deal buscou não discriminar os negros nos programas sociais financiados com recursos federais, embora muitos deles, administrados localmente por governos estaduais, tenham reproduzido práticas segregacionistas, bem como deu mostras de simpatia ao fim da segregação. Quando, em 1939, a soprano negra Marian Anderson foi impedida de cantar pela associação Daughters of the American Revolution em seu auditório, Eleanor Roosevelt, esposa do presidente, não só se desfiliou da associação, como a soprano, com o apoio do governo federal, realizou um recital nas escadarias do Lincoln Memorial.

A partir do New Deal, o voto negro migrou do Partido Republicano, o partido de Abraham Lincoln, o Grande Emancipador, para o Partido Democrata, ainda que o partido tenha esperado até as eleições presidenciais de 1948 para incluir o fim da segregação em sua plataforma presidencial. Não obstante, quando o fez, 35 deputados sulistas fundaram um novo partido, o Partido dos Direitos dos Estados, o Dixiecrat. Comprometidos com a manutenção da segregação racial, os dixiecrats venceram as primárias presidenciais de 1948 em quatro estados: Alabama, Louisiana, Mississipi e Carolina do Sul.[9]

As mulheres também não foram beneficiadas com políticas públicas que visassem diretamente à promoção da igualdade de oportunidades econômicas entre os gêneros. Assim como os negros, elas foram excluídas de uma das mais importantes legislações do New Deal, o Social Security Act, de 1935. A Lei, que previa pensões para idosos e seguro-desemprego, deixou mulheres e negros fora de sua cobertura, pois não englobou, por força do veto democrata sulista, trabalhadores agrícolas nem domésticos, nem temporários.

De toda forma, os papéis assumidos por Eleanor Roosevelt e Frances Perkins, primeira mulher a ocupar um cargo de primeiro escalão no governo como secretária (ministra) do Trabalho, assim como por embaixadoras, administradoras de agências federais e conselheiras políticas, tiveram um importante impacto simbólico sobre as concepções dos papéis dos gêneros na cultura política americana. Por outro lado, o papel assumido por mulheres que integravam grupos de defesa dos direitos dos consumidores lançou sobre elas uma importante dimensão política em um momento em que as ideias de cidadania e de consumo passaram a se articular crescentemente.

Quanto às comunidades dos americanos hifenizados, principalmente aquelas de origem europeia, atraídas pelo

---

[9]Cf. Ira Katznelson, Kim Geiger, Daniel Kryder, "Limiting liberalism: the southern veto in Congress, 1933-1950", *Political Science Quarterly*, vol. 108, no. 2 (verão de 1993), p. 284.

Partido Democrata desde as eleições presidenciais de 1928, quando Al Smith se tornou o primeiro católico candidato à presidência dos Estados Unidos, se aninharam sob as asas do partido a partir do New Deal. Muito embora Smith, que gostava de beber e fumar — hábitos pouco *wasps*, mas muito apreciados por americanos católicos e judeus de origem polonesa, romena, húngara, italiana, russa e irlandesa —, tenha perdido as eleições para o candidato republicano Herbert Hoover, ele venceu as eleições nas 12 maiores cidades do país, justamente aquelas que concentravam grandes comunidades de americanos hifenizados. As políticas sociais foram decisivas para a sobrevivência de milhões desses americanos da classe trabalhadora em cidades como Chicago e Detroit, Saint Louis e Nova York. Os judeus, em particular, foram tão rapidamente incorporados à coalizão democrata que o New Deal passou a ser chamado pelos segmentos antissemitas de Jew Deal e o presidente, de Franklin Rosenfeld.

Ao construir para o Estado um novo papel na execução de programas de bem-estar social, o que tradicionalmente era deixado a cargo de instituições filantrópicas privadas, o New Deal contribuiu para importantes mudanças na cultura política americana, até então fortemente marcada pela tradição da defesa do indivíduo contra a ação do Estado. Com base na ideia da precedência do todo sobre a parte e na responsabilidade coletiva, profundas transformações se fizeram notar nas concepções de Estado e Nação. Em seu discurso de posse, em março de 1933, Roosevelt expressaria bem tal visão da responsabilidade coletiva, enfatizando a superação da busca da felicidade individual em nome do bem comum, representado pelo Estado:

Se interpreto corretamente o temperamento de nosso povo, compreendemos agora, como nunca, nossa interdependência uns em relação aos outros; que não podemos apenas tomar, mas também doar; se queremos nosso progresso, devemos nos mover como um exército treinado e leal, disposto ao sacrifício em nome da disciplina comum, porque sem tal disciplina nenhum progresso é possível, nenhuma liderança se torna efetiva. Estamos, eu sei, prontos e desejosos de submeter nossa vida e nossas propriedades a tal disciplina, pois ela torna possível uma liderança cujo objetivo é o bem comum.[10]

O novo papel do Estado e a afirmação da responsabilidade coletiva — a visão de que o New Deal encerrava uma dimensão moral para restaurar a justiça, a democracia, a dignidade e a equidade na vida americana — expressaram-se também em uma profunda inovação estética e temática na arte americana, em boa medida financiada por agências federais como o Federal Arts Project (FAP), o Federal Music Project (FMP) e o Federal Theatre Project (FTP), cujo objetivo era gerar emprego e renda para músicos, atores, escritores e compositores desempregados em seus próprios ramos de atividade. Na arquitetura, a preocupação com a construção de espaços de vida e lazer comunitários produziu cidades-jardim como as Greenbelts. O muralismo de inspiração mexicana, o realismo social e as cenas coletivas, expostas em repartições públicas de todo o país, particularmente nas agências dos correios, passaram a retratar o homem comum, os trabalhadores rurais e industriais, os índios, os hispânicos e os negros.

---

[10]Franklin D. Roosevelt "First Inaugural Address. Washington, D.C., March 4, 1933", in John Grafton (org.), *Franklin Delano Roosevelt. Great speeches*, Mineola, Nova York, Dover Publications, Inc., 1999, p. 30.

Em suma, a América como que se redescobria e, nessa redescoberta, percebia que sua melhor face não eram os Du Pont e seus pares — até então idealizados como aqueles que realizavam o sonho americano, mas a partir de então vistos como os causadores da Depressão por sua irresponsabilidade e ganância. Em seu lugar, surgiam como a melhor face da América os indivíduos anônimos, os "homens esquecidos", a quem Roosevelt oferecia proteção social.[11]

A nova força do Estado americano como provedor social chegou mesmo a expressar-se em um verdadeiro culto à personalidade de Roosevelt. O retrato do presidente espalhou-se não só por repartições públicas, seus ninhos originais, como por lares de famílias trabalhadoras e salões do movimento sindical, e as cartas a ele endereçadas por americanos de todas as idades e ocupações expressavam seu fascínio e evidenciavam a dimensão carismática de sua liderança:

> Prezado Senhor,
> Perdi minha casa em um incêndio no domingo. Eu prezava duas cartas que o senhor me enviou mais do que o senhor poderá um dia compreender. Uma quando o senhor era governador de Nova York. A outra depois que o senhor foi eleito presidente. (...) Sempre fui um democrata. O senhor é o maior presidente que já esteve na Casa Branca. Eu me sentei no palco do Fox Theater de Atlanta, Georgia, quan-

---

[11]Cf. Gwendolyn Wright. "L'architecture du New Deal et l'idéal communautaire", in Jean-Louis Cohen (org.), *Les années 30. L'architecture et les arts de l'espace entre industrie et nostalgie*, Paris, Éditions du Patrimoine, 1997, pp. 144-153; Barbara Melosh. *Manhood and womanhood in New Deal Public Art and Theatre*, Washington/Londres, Smithsonian Institution Press, 1991; Bruce Bustard. *A New Deal for the Arts*, Washington, National Archives and Records Administration, 1997.

do o senhor se dirigiu aos estudantes da Aglethorpe University. O momento mais feliz de minha vida foi quando o vi fazer o juramento presidencial. Diariamente agradeço a Deus por tê-lo como presidente. O senhor tem sido bom para mim. Eu prezava as duas cartas, e o senhor, por favor, me enviaria sua assinatura? Quero guardá-la a vida inteira e dá-la aos meus filhos como inspiração e uma lembrança constante para eles de um homem nobre. Um homem que tem um coração para seus compatriotas e que vive para os outros. Perfeito em pensamento, puro no coração, sincero no propósito. Um homem perfeito.

Sinceramente,

John Lewis.[12]

O magnetismo que Roosevelt exercia sobre expressivas parcelas dos americanos — algo que jamais seria aceito sem reservas por seus opositores — advinha também, é importante salientar, do bom uso que ele fazia dos novos meios de comunicação e de algumas características de sua personalidade. As conversas ao pé da lareira (*fireside chats*), programas radiofônicos em que o presidente anunciava medidas importantes e debatia temas delicados, transformaram-se em um poderoso instrumento de aproximação direta entre Roosevelt e os "homens esquecidos". Em tais conversas, Roosevelt exercia um enorme fascínio sobre os americanos. Apesar de doente e fisicamente frágil, Roosevelt era um homem otimista e gentil, que gostava de beber, fumar e se inteirar de pequenas fofocas de alcova. Tais características, além de sua relação bastante moderna com Eleanor Roosevelt, se por um lado alijavam

---

[12]John Lewis *Carta a Franklin D. Roosevelt, 27 de novembro de 1933*, FDR Library, PPF 1014-1037.

uma parte da opinião pública conservadora, por outro tornavam-no extremamente sedutor para aqueles que viam na Casa Branca um homem, e não um ente afastado das coisas da vida, como seu antecessor, Herbert Hoover.

Seja como for, se as medidas regulatórias e emergenciais eram percebidas como fundamentais para enfrentar a Depressão ou, pelo menos, para minorar seus impactos sociais, o coração do New Deal residia em uma nova distribuição da renda e da riqueza nacional. Para enfrentar o problema, Roosevelt buscou trazer para a sua coalizão dois atores considerados fundamentais para o redesenho da política de rendas americana: as grandes corporações e o trabalho organizado.

Roosevelt precisava urgentemente do apoio dos setores empresariais, sem os quais não teria recursos políticos suficientes para fazer face aos republicanos, a diversos ramos da indústria americana, como a automotiva, e a diversas associações empresariais, como a National Association of Manufacturers (NAM), que se opunham frontalmente ao New Deal. Este apoio foi obtido entre os setores capital-intensivos, as grandes corporações comerciais de varejo e o setor financeiro, todos interessados na constituição de um mercado de consumo de massas e na expansão do mercado internacional, tendo reunido importantes grupos, como o Rockefeller, a Standard Oil, a General Electric, a IBM e a Sears, Roebuck. O apoio do trabalho organizado ao New Deal tampouco foi unívoco. No decorrer da década de 1930, o New Deal precisou enfrentar a cisão do movimento sindical em duas grandes centrais: a American Federation of Labor (AFL) e o Congress of Industrial Organizations (CIO), que, em suas disputas pela lealdade dos trabalhadores, acabaram assumindo posições distintas em relação ao governo Roosevelt, a primeira fazendo-lhe oposição, o segundo, dando-lhe apoio.

Muito embora os Estados Unidos só tenham saído efetivamente da crise com a entrada do país na Segunda Guerra Mundial, com o New Deal iniciou-se a construção de um pacto social multiétnico e multiclassista entre Estado, setores do trabalho organizado e das grandes corporações que no pós-guerra fundamentaria o peculiar Estado de bem-estar americano e o longo período de prosperidade que se estenderia até fins dos anos 1960. Por meio desse pacto, o Estado assumiu novos papéis regulatórios sobre os mercados, grandes corporações aceitaram repassar ganhos de produtividade do trabalho aos salários e, por fim, os sindicatos aceitaram a ordem capitalista em troca de sua incorporação ao mundo do consumo.[13]

É bom lembrar que na década de 1930, em resposta à Grande Depressão e a seus efeitos, as transformações do papel do Estado quanto à regulação da economia não se restringiram aos Estados Unidos de Roosevelt. Muito pelo contrário. Com cores e formatos políticos distintos, vários países, como o Brasil de Getúlio Vargas e a Alemanha de Adolf Hitler, também passavam por processos de redefinição das relações entre seus respectivos aparatos estatais, seus grupos e classes sociais e os mercados. Não que políticas sociais fossem até então completamente desconhecidas, como atestam a Alemanha de Bismarck ou a incipiente rede de segurança social na Inglaterra dos anos 1920. No entanto, a partir da década de 1930, a ênfase deixava de ser a proteção de grupos

---

[13]Cf. David Harvey, *Condição pós-moderna*, São Paulo, Edições Loyola, 1994, p. 125.

focais e passava a ser a reorganização das relações entre o Estado, a classe trabalhadora e as grandes empresas. Como colocaria Karl Polanyi, se no século XIX as sociedades europeias buscaram defender-se do mercado por meio da legislação social então criada, nos anos 1930 o próprio capitalismo americano buscou defender-se do mercado politizando-o por meio de um pacto, de um novo patamar de relações entre Estado, capital e trabalho, ainda que não institucionalizado nos moldes da social-democracia europeia.[14] O que se colocava, em suma, era a construção de uma nova regulação do capitalismo, que chegava para substituir a regulação concorrencial.

O tema central deste livro é, justamente, a crise da regulação concorrencial do capitalismo, que tinha na contratação individual do trabalho um de seus elementos centrais, e a construção de uma nova regulação do capitalismo americano, com foco na ação do New Deal na promoção da contratação coletiva do trabalho. O instrumento básico de tal ação foi a National Labor Relations Board (NLRB, de agora em diante também denominada agência), agência administrativa federal criada por força do National Labor Relations Act (NLRA, de agora em diante também denominada lei), de 1935.

Embora a contratação coletiva do trabalho acabasse se tornando um dos elementos centrais da agenda do New Deal e fosse defendida tanto pela AFL quanto pelo CIO, a ação da NLRB acabou por se tornar um dos temas mais polêmicos do governo Roosevelt. A questão central que se colocava era: a agência deveria promover o fortalecimento dos sindicatos

---

[14]Cf. Karl Polanyi, *A grande transformação*, Rio de Janeiro, Campus, 1980; Gosta Esping-Andersen, "As três economias políticas do welfare state", *Lua Nova — Revista de Cultura e Política*, no. 24, São Paulo, Marco Zero/Cedec, setembro de 1991, pp. 85-116.

já existentes ou interferir em sua organização, modificando-os ou incentivando a organização de novos sindicatos, a fim de alcançar a melhor forma de contratação coletiva do trabalho de acordo com critérios estabelecidos pela própria agência? A primeira opção encerrava a visão de que os sindicatos eram agentes de interesses privados e, como tal, deveriam ser organizados de forma autônoma, sem a interferência do Estado; a segunda encerrava a visão de que os sindicatos deveriam ser agentes do interesse público, conforme definido pelo Estado, expresso em relações harmônicas entre capital e trabalho e na retomada do crescimento econômico.

Tal questão não era de menor importância diante da acirrada disputa entre a AFL e o CIO pelo apoio dos trabalhadores americanos. Ademais, muito embora a lei não previsse jurisdição da NLRB no conteúdo dos contratos celebrados entre sindicatos e corporações, a agência passava a ser o *locus* no qual o conflito entre ambos se expressava e era administrado. Ou seja, tal conflito já não era visto como passível de assumir uma dinâmica livre de constrangimentos legais em um momento em que a publicização e a jurisdicização do conflito distributivo eram percebidas como atributos de regimes fascistas e, no vocabulário político americano, comunistas. Não por acaso, a propaganda política fascista afirmava, com orgulho, que a intervenção estatal do New Deal na economia americana representava o triunfo de uma política inventada pela Itália fascista no bastião do liberalismo antiquado.[15]

A análise da promoção da contratação coletiva do trabalho pela NLRB será realizada a partir de um estudo de caso

---

[15]Cf. Charles Beard, "Making the fascist state", *New Republic*, LVII (23 de janeiro de 1929), pp. 277-278; Edward Tannenbaum, *Sociedad y Cultura en la Itália (1922-1945)*, Madri: Alianza Editorial, 1975.

específico: a indústria automotiva. Essa escolha, longe de ser aleatória, deve-se ao fato de que tal indústria acabou por se tornar, sob vários aspectos e de forma bastante rápida, uma das mais importantes da economia americana. Nos anos 1930, quase 500 mil trabalhadores estavam ligados ao complexo automotivo, contra pouco mais de 12 mil em 1904. Nas décadas de 1920 e 1930, entre 4% e 7% de todos os trabalhadores industriais americanos estavam nela empregados, e o setor automotivo era o maior consumidor de aço, borracha, vidro plano, níquel e outros insumos.[16] A indústria automotiva implicava, ainda, fortes impactos a montante e a jusante: construção civil, bens de capital e insumos básicos, seguros, extensas redes de revendas, manutenção e autopeças, serviços como redes de abastecimento de gasolina... Mas não apenas isto: o fordismo, uma nova forma de organização da produção em massa de bens de consumo durável, nasceu na indústria automotiva e a partir dela penetrou em outras indústrias, levando a economia como um todo a uma nova centralidade para os salários na formação da demanda. Foi também na indústria automotiva que se deu um dos embates mais acirrados entre os sindicatos ligados à AFL e os ligados ao CIO. Ademais, é importante lembrar que a indústria automotiva acabou por produzir o que viria a ser um dos mais importantes artefatos do século XX, o automóvel, que redesenhou

---

[16]Cf. Estados Unidos, Department of Labor, Bureau of Labor Statistics, "Wage structure of the motor-vehicle industry: Part I", *Monthly Labor Review*, Washington, US Government Printing Office, vol. 54, no. 2, fevereiro de 1942, p. 282; Estados Unidos. National Labor Relations Board, "In the Matter of Ford Motor Company and International Union, United Automobile Workers of America. Case no. c-199. Decided December 22, 1937", *Decisions and Orders of the National Labor Relations Board*, vol. 4, nov. 1, 1937-Feb. 1, 1938, Washington, United States Government Printing Office, 1938, p. 625.

cidades e sociedades como talvez nenhum outro produto criado pelo homem.

Para empreender uma análise da ação da NLRB na promoção da contratação coletiva do trabalho na indústria automotiva, o trabalho se divide em cinco capítulos.

Os dois primeiros capítulos buscam traçar um panorama geral sobre a questão da contratação do trabalho antes do New Deal. Como o Capítulo 1 procurará evidenciar, ao longo do século XIX os trabalhadores americanos, ao contrário do que afirmava a historiografia fundamentada na ideia do excepcionalismo histórico americano, buscaram, se não derrubar o sistema de trabalho assalariado, ao menos organizar-se em sindicatos para promover a contratação coletiva do trabalho. No entanto, tais esforços enfrentaram obstáculos impostos pela ação do Poder Judiciário. O embate entre trabalhadores, Poder Judiciário e grandes corporações americanas acabou por resultar em um quadro de crescente insatisfação operária, o que levou a intensos conflitos entre organizações operárias e forças armadas, tanto públicas quanto privadas, a partir da segunda metade do século XIX. No início do século XX, segmentos do Movimento Progressista fariam duras críticas à contratação individual do trabalho, propondo, ao contrário, a promoção da contratação coletiva como elemento essencial à restauração da perdida harmonia social da América. Durante a Grande Guerra, experimentos de promoção estatal da contratação coletiva foram realizados, pela National War Labor Board, mas desarticulados no pós-guerra.

O Capítulo 2 mostra que, não obstante o crescente movimento em prol da contratação coletiva do trabalho, entre as primeiras décadas do século XX e o advento do New Deal a contratação individual permaneceu como a norma das relações de trabalho, com um agravante: o surgimento do fordismo e da produção em massa, a partir da qual os salários operários, fragilizados pela contratação individual do trabalho, passariam a se revelar crescentemente incapazes de criar um público consumidor para automóveis, geladeiras, aspiradores de pó e outros itens de consumo. A Grande Depressão surgia, pois, como uma crise de regulação, razão pela qual urgia construir novos mecanismos institucionais que possibilitassem a contratação coletiva do trabalho, nos quadros de construção de um novo modo de regulação.

Evidentemente, a construção deste novo modo de regulação não se deu sem conflitos, como será visto no Capítulo 3. O que se considera a primeira fase do New Deal, a experiência da NIRA, foi marcada pelas tentativas de criação de um novo ambiente institucional que regeria a concorrência entre as empresas, retirando de suas estratégias de competição os salários dos trabalhadores, de modo a permitir ganhos salariais reais e o consequente aumento do consumo operário. No entanto, como evidencia a análise da atuação da NIRA no âmbito da indústria automotiva, a iniciativa revelou-se incapaz de harmonizar os interesses em cena, acabando por ter sido declarada inconstitucional pela Suprema Corte dos Estados Unidos em 1935.

Em 1935, a aprovação da NLRA levaria o New Deal ao seu segundo momento. Abandonando estratégias de cooperação com as grandes corporações, expressa pela NIRA, com a NLRA, objeto do Capítulo 4, a lei positiva passou a reger as relações entre capital e trabalho, em vez da *common-law* e da violência aberta, de modo a propiciar a passagem da contratação individual do trabalho para a coletiva. A lei, no entanto, encerrava elementos conflitantes do pluralismo industrial e do realismo legal, duas correntes que divergiam quanto à qual deveria ser a participação do Estado na regulação da economia e da sociedade — e, portanto, do movimento sindical. Ao mesmo tempo que afirmava o contratualismo privado como elemento fundamental das relações de trabalho nos Estados Unidos, a lei atribuía à NLRB o poder de determinar a unidade de negociação em que o contrato coletivo seria estabelecido e afirmava que, em tal unidade, a organização que representasse a maioria dos trabalhadores seria a única e exclusiva representante de todos os trabalhadores. A regra da maioria e o poder de determinar a unidade de negociação teriam um forte impacto sobre o movimento sindical, acirrando as disputas entre a AFL e o CIO. Cedo, portanto, a agência viria a se defrontar com acusações da AFL de redesenhar o movimento sindical em favor do CIO. Ainda assim, foi graças à lei e à agência que os contratos coletivos de trabalho se tornaram regra no coração industrial dos Estados Unidos, o que levou à formação de uma classe trabalhadora apta a tornar-se consumidora. A partir da ação da NLRB e a promoção pelo Estado da contratação coletiva do trabalho, se constituiria um novo modo de regulação do capitalismo americano, ao qual David Harvey denomina fordismo keynesiano e Gary Gerstle, a Ordem do New Deal.

O Capítulo 5, por fim, sugere uma agenda de trabalho em história comparada entre o New Deal de Franklin D. Roosevelt e a Era Vargas.

CAPÍTULO 1 As relações de trabalho nos Estados Unidos antes do New Deal

1.1 A NOVA HISTÓRIA AMERICANA DO TRABALHO

Em 1953, quando o historiador Daniel J. Boorstin foi convidado a prestar depoimento diante do Comitê de Investigação de Atividades Antiamericanas da Câmara dos Deputados dos Estados Unidos (HUAC), revelou-se uma testemunha bastante cooperativa: concordou com seus interrogadores a respeito da necessidade de se impedir que professores comunistas ensinassem nas universidades, descreveu atividades realizadas em sua curta militância no Partido Comunista Americano entre 1938 e 1939 e, perguntado a respeito de como, pessoalmente, expressava sua oposição ao comunismo, respondeu:

> Em primeiro lugar, pela participação nos serviços religiosos da Fundação Hillel da Universidade de Chicago, pois penso que a religião é um bastião contra o comunismo. A segunda forma tem sido uma tentativa de descobrir e explicar aos meus alunos, por meio de aulas e livros, as virtudes únicas da democracia americana. Fiz isso em parte em meu livro sobre Jefferson, duramente atacado pelo *Daily Worker* como uma defesa das classes dominantes

americanas, e em um livro a sair chamado *The genius of American politics*.[17]

Criado em 1938 com o objetivo de investigar atividades comunistas e fascistas nos Estados Unidos, o HUAC acabaria, em função da articulação política de republicanos e democratas sulistas, visando investigar, e se possível impedir, a implementação de várias iniciativas legais e administrativas do New Deal. Suas atividades foram parcialmente suspensas durante a Segunda Guerra Mundial, quando os Estados Unidos e a União Soviética se tornaram aliados na luta contra o nazifascismo, sendo retomadas, de forma mais sistemática e politicamente consistente, com o início da Guerra Fria. A partir de meados dos anos 1940, as investigações do HUAC sobre o meio universitário americano resultaram na demissão de professores por suas ligações, reais ou supostas, com o Partido Comunista, além de constrangimentos a carreiras e pesquisas.

O depoimento de Boorstin, no entanto, não se pautava simplesmente por cautela ou oportunismo, mas orientava-se de acordo com a própria perspectiva que então se tornava hegemônica nas universidades dos Estados Unidos: uma defesa do que se entendia serem os valores americanos em contraposição ao chamado totalitarismo soviético. No caso de Boorstin, a adesão a tal perspectiva é ressaltada pelo fato de que ele próprio, como judeu, era um recém-chegado ao mundo destes valores. Com tal defesa, o historiador buscava explicitar o que julgava ser uma das principais virtudes americanas: o pluralismo cultural, social e político do país, sua

---

[17]Daniel Boorstin, *apud* Peter Novick, *That Noble Dream. The "objectivity question" and the American historical profession*, Cambridge, Cambridge University Press, 1993, p. 328.

capacidade de incorporar democraticamente o outro em um ambiente destituído de conflitos irreconciliáveis.

Tal visão certamente era indissociável da velha tradição do excepcionalismo americano. Como deixou claro em seu depoimento, Boorstin não estava preocupado apenas em ressaltar as virtudes da democracia americana, mas também em qualificá-las como únicas. Ainda no século XIX, Alexis de Tocqueville chamava a atenção, em seu clássico *A democracia na América*, para o caráter diferenciado da sociedade americana diante das europeias, particularmente para o que chamou de visão da igualdade de condições. No início do século XX, Frederick Jackson Turner e Theodore Roosevelt deram contribuições centrais à ideia do excepcionalismo americano em seus escritos sobre a fronteira, o primeiro enfatizando o papel democratizante destas, o segundo, seu papel na construção do caráter viril, individualista e conquistador do homem americano.[18] A ideia da fronteira acabou por representar a abertura da economia e da sociedade americanas, a capacidade única de expansão destas, livres das peias do feudalismo, da concentração fundiária e de classes sociais parasitárias e rentistas, ensejando o desenvolvimento da economia de mercado em um ambiente marcado pelos ideais democráticos e individualistas.

Consequentemente, segundo a tradição do excepcionalismo, a classe trabalhadora americana também seria fruto de uma experiência histórica única, na qual as oportunidades de ascensão social individual, as clivagens étnicas, a formação das primeiras organizações de trabalhadores antes do advento

---

[18]Cf. Richard Slotkin, *Gunfighter Nation. The myth of the frontier in the twentiegh-century America*, Nova York, Harper Perennial, 1993, pp. 29 e seguintes e 63 e seguintes.

da grande indústria, com o objetivo não de combater a exploração capitalista, mas sim de defender posições no mercado de trabalho, e a extensão relativamente prematura do direito de voto teriam minado — ou mesmo tornado sem sentido — ações coletivas que visassem à conquista de melhores condições de vida pelos trabalhadores.[19] Mesmo aqueles historiadores e reformadores sociais que no início do século XX defendiam a organização autônoma dos trabalhadores para fins de contratação coletiva do trabalho, como John Commons, afirmavam ser os Estados Unidos, ao contrário da Europa, um país livre da luta de classes.[20] Para Commons, considerado um dos fundadores da história do trabalho nos Estados Unidos, o sindicato americano "... não atacou a família, a religião e a propriedade, como Karl Marx havia feito, mas organizou-se para conquistar uma parcela maior dos lucros por meio da negociação, do acordo, das greves".[21] Segundo ele, as diferenças entre Karl Marx e Samuel Gompers, presidente da AFL, eram claras: para o primeiro, o governo era o meio e o fim, subordinando os indivíduos de modo a controlar os fundamentos da economia; para o segundo, o indivíduo deveria conquistar sua liberdade impondo, coletivamente, regras para o funcionamento do sistema econômico.[22]

---

[19]Cf. William Forbath, *Law and the Shaping of the American Labor Movement*, Cambridge/Londres, Harvard University Press, 1991, capítulo 1.

[20]Cf. John Commons, "Labor organizations and labor politics, 1827-1837", *The Quarterly Journal of Economics*, vol. 21, no. 2 (feb. 1907), pp. 323-329.

[21]John Commons, *Industrial Goodwill*, Nova York, McGraw-Hill, 1919, pp. 194-195.

[22]Cf. John Commons, "Karl Marx and Samuel Gompers", *Political Science Quarterly*, vol. 41, no. 2 (junho de 1926), p. 284.

Boorstin e a historiografia do pós-guerra não iriam, portanto, fundar uma tradição intelectual propriamente nova nos Estados Unidos. No entanto, no período que se seguiu à Segunda Guerra Mundial, a ideia do excepcionalismo americano ganharia importância política por ser um dos pilares da chamada historiografia do consenso, segundo a qual a história americana teria sido marcada por um consenso fundamental ao longo de toda a sua trajetória. Tal historiografia, portanto, buscava legitimar, acadêmica e intelectualmente, o projeto societário americano tal qual configurado nos anos 1950, baseado no tripé democracia liberal-economia de mercado-consumo de massas.[23] As tradições historiográficas do excepcionalismo e do consenso encontravam sua afinidade na percepção de que o progresso do país seria expresso pela ampliação, pela multiplicação e pela elaboração das instituições fundadoras da República, e não por um processo histórico de mudanças qualitativas,[24] como se a sociedade americana do pós-guerra houvesse finalmente realizado a promessa das instituições fundadoras da República.

O consenso do pós-guerra cumpria, portanto, um poderoso papel unificador em uma sociedade que, apenas alguns anos antes, se encontrava dilacerada pela Grande Depressão e por graves conflitos de classe, relegando a segundo plano campos da investigação histórica que, por sua própria natu-

---

[23]Cf. Thomas Bender, "Politics, intellect, and the American university, 1945-1995", in Thomas Bender e Carl Schorske, (orgs.), *American Academic Culture in Transformation*, Princeton, Princeton University Press, 1997, p. 32.
[24]Cf. Christopher Tomlins, *The State and the Unions. Labor relations, law, and the organized labor movement in America, 1880-1960*, Cambridge, Cambridge University Press, 1995, capítulo 1; Dorothy Ross, *The Origins of American Social Science*, Cambridge, Cambridge University Press, 1991, capítulo 2.

reza, evidenciavam tais conflitos, como os estudos sobre o movimento sindical. No 14° Encontro Anual da Associação de Pesquisa em Relações Industriais, em 1961, George Brooks, da Universidade de Cornell, afirmou que, devido ao amplo consenso social atingido nos Estados Unidos em torno do sistema pluralista das relações de trabalho, a relevância do estudo da história do trabalho tornava-se insignificante ou mesmo inexistente.[25]

A década de 1960, no entanto, marcaria o momento em que a ideia de um grande consenso social americano começaria a revelar fraturas. O assassinato de um presidente, John Kennedy, do principal líder negro pelos direitos civis, Martin Luther King, Jr., e de um candidato à presidência da República, Robert Kennedy; os sangrentos conflitos raciais em grandes centros urbanos como Detroit e Washington-DC; as reações à Grande Sociedade de Lyndon Johnson; a recusa de mulheres e jovens em aceitar o lugar social que lhes fora imposto no pós-guerra e os valores do materialismo, consumismo e conformismo, o que acabou resultando nos movimentos feminista, nos hippies e na Nova Esquerda; as grandes manifestações de massa contra a Guerra do Vietnã — tudo isso colocava em xeque a visão de uma América sem conflitos.

Foi neste cenário, em que alguns *campi* universitários transformaram-se em verdadeiros campos de batalha, que, inspirada principalmente pelos historiadores ingleses Christopher Hill, Eric Hobsbawm, Raymond Williams e E. P. Thompson, nasceria a chamada nova história americana do trabalho, construindo uma visão do passado americano marcada pela presença do conflito social, de partidos de base classista e de

---

[25]Cf. Christopher Tomlins, *op. cit.*, p. xii.

projetos sociais reformistas ou abertamente anticapitalistas.[26] A diferença entre o que passou a ser chamado de a velha e a nova história do trabalho pode ser expressa nas duas figuras que marcaram essas diferentes visões com a força de suas personalidades e trajetórias de vida: John Commons e Herbert Gutman. Commons nasceu no seio de uma família presbiteriana em uma pequena cidade de Indiana e, como militante do Movimento Progressista, desde cedo aceitou a legitimidade da economia capitalista americana. Em seus estudos sobre o movimento sindical, enfocou, sobretudo, instituições como a AFL e, portanto, centrou suas análises sobre o trabalhador branco e qualificado. Gutman, judeu nova-iorquino e filho de um *partisan* bolchevique, pelo contrário, enfatizou os antagonismos de classe na sociedade americana, o papel dos trabalhadores imigrantes e, alinhando-se à onda de insurgência dos anos 1960, questionou não somente as estruturas da economia capitalista, mas também o grau de consenso popular historicamente a elas associado.[27]

A nova história do trabalho revelaria que, principalmente após 1955, quando a AFL e o CIO se uniram para formar a AFL-CIO — cujo presidente, George Meany, chegou a afirmar que nunca havia participado de greves e piquetes e que não via grande diferença entre seus pontos de vista e os da NAM —, o movimento sindical americano tornou-se, de fato, crescentemente conservador. A historiografia do consenso havia projetado tal conservadorismo para as próprias origens

---

[26]Cf. David Brody, "The old labor history and the new: in search of an American working-class", *Labor history*, vol. 20, n. 1 (inverno de 1979), p. 115.
[27]Leon Fink. *In Search of the Working Class. Essays in American labor history and political culture*, Urbana/Chicago: University of Illinois Press, 1994, pp. 3 e 4.

de tal movimento por meio de uma dimensão memorialística que buscava *rememorar* alguns fatos e atores sociais e *esquecer* outros. A nova história do trabalho resgatou, assim, importantes organizações operárias do século XIX, como os Knights of Labor, jornadas sindicais extremamente violentas e movimentos radicais do século XX, como o Industrial Workers of the World (IWW), assim como o Partido Socialista Americano (PSA). Por outro lado, também questionou o conservadorismo daquela que seria a central sindical americana por excelência para John Commons, a AFL, a partir de estudos que revelaram as diversas correntes políticas aninhadas em sua origem, várias de tradição socialista.[28]

O IWW é particularmente representativo da mudança operada pela nova história do trabalho na perspectiva das organizações de trabalhadores do início do século XX. Visto pela historiografia do consenso como um movimento anarco-sindicalista trazido para os Estados Unidos nas primeiras décadas do século por imigrantes politicamente radicais, o IWW surge na nova história do trabalho como um fenômeno político-social essencialmente americano. Ao contrário dos movimentos anarquistas europeus, seus membros já estavam em grande parte desabilitados pelo intenso processo de modernização dos processos produtivos que se seguiu ao fim da Guerra de Secessão e, embora propugnasse a ação direta no

---

[28]Cf. Gary Gerstle, "Ideas of the American labor movement, 1880-1950" in Peter Coclanis e Stuart Bruchey, (orgs.), *Ideas, Ideologies and Social Movements: the United States experience since 1800,* University of South Carolina Press, 1999, p. 73; Nick Salvatore, *Eugene Debs. Citizen and socialist*, Urbana/Chicago: University of Illinois Press, 1982; David Montgomery, *The Fall of the House of Labor. The workplace, the state, and American labor activism, 1865-1925*, Cambridge: Cambridge University Press, 1987; Melvyn Dubofsky, *We Shall be All*, Nova York, Quadrangle Books, 1965.

local de trabalho, a greve geral e a rejeição à política institucionalizada como formas de derrubada do sistema de assalariamento, o IWW teve sua origem articulada ao PSA, que defendia, justamente, a via eleitoral para a construção do socialismo. Ademais, os militantes do IWW eram, em sua grande maioria, americanos de nascença, brancos e negros, trabalhadores rurais e urbanos, muitos dos quais destituídos de família, indivíduos que vagavam pela imensidão do país em busca de trabalho. Exatamente por nele verem um substituto para instituições como a família, o templo, as agências de ajuda mútua, que os imigrantes rapidamente construíram nos Estados Unidos no âmbito de suas comunidades, os militantes americanos do IWW eram-lhe mais fiéis do que os imigrantes.

Os novos historiadores também buscaram repensar as práticas e as ideias dos trabalhadores americanos sob novas luzes, e uma tradição operária distinta da europeia, mas nem por isso menos transformadora socialmente, foi revelada. O PSA e outras organizações operárias substituíram palavras de ordem de inspiração marxista por valores do republicanismo americano percebidos como antitéticos ao capitalismo, não sendo mera coincidência o fato de a maior greve dos Estados Unidos até 1860 ter ocorrido no dia do aniversário de George Washington, marcando a associação entre a luta dos trabalhadores e a herança da Revolução.[29] No mesmo registro, os Knights of Labor, a primeira central sindical americana de massas do século XIX, afirmava, em sua constituição, que os

---

[29]Cf. Leon Fink. "Labor, liberty, and the law: trade unionism and the problem of the American constitutional order", *The Journal of American History*, *The Constitution and American life: a special issue*, vol. 74, no. 3 (dezembro de 1987), p. 907.

Estados Unidos deveriam optar entre o sistema de trabalho assalariado ou o sistema republicano de governo, propondo o fim da propriedade privada dos meios de produção e sua substituição por cooperativas de produtores como forma de abolir o sistema de assalariamento. O assalariamento significava a transformação da força de trabalho em mercadoria e, portanto, a perda de autonomia do sujeito do trabalho. Em uma cultura política que erigia a liberdade como um de seus valores fundamentais, ainda que em disputa sobre seu significado, e na qual a escravidão era uma realidade tangível, a relação de assalariamento era sentida por muitos como perda de autonomia e, portanto, de liberdade, levando à escravidão.

Consequentemente, o que até então era considerado evidência de conservadorismo — a ausência de símbolos e tradições da esquerda europeia e a referência sistemática à Revolução Americana — ganhou novos contornos, assim como os primeiros partidos operários, organizados ainda na década de 1820, em Nova York e Filadélfia. Thomas Skidmore, um dos principais organizadores de tais partidos, defendia que, enquanto a propriedade fosse desigualmente distribuída, o governo deveria ser o responsável por garantir a todos, inclusive às mulheres e aos negros, os instrumentos necessários para que vivenciassem efetivamente suas liberdades e autonomias republicanas. Ao longo do século XIX, vários foram os partidos operários organizados nos Estados Unidos, localizando-se, sobretudo, nos níveis municipal e estadual, dado que, pela interpretação da Constituição então vigente, a regulação das condições de trabalho estava fora da jurisdição federal.[30]

---

[30]Cf. David Montgomery, *Citizen Worker. The experience of workers in the United States with democracy and the free market during the nineteenth century*, Cambridge, Cambridge University Press, 1995, pp. 148 e seguintes.

No âmbito estadual, tais partidos demandavam a criação de estudos estatísticos sobre condições de trabalho, restrições ao trabalho infantil, distribuição gratuita de livros didáticos para alunos pobres, decretação da ilegalidade da importação de trabalhadores fura-greves, jornada de trabalho de dez horas etc. Em algumas localidades, tais demandas tornaram-se vitoriosas, e no fim do século XIX o socialismo municipal era um fenômeno importante nos Estados Unidos.[31] Em Milwaukee, o United Labor Party transformou-se no Social Democratic Party e produziu três décadas consecutivas de programas voltados para os trabalhadores: as escolas se transformaram em centros comunitários, serviços médicos e legais gratuitos foram oferecidos e concertos sinfônicos se tornaram parte integrante da paisagem da cidade. As demandas dos trabalhadores não se limitavam, pois, às leis regulatórias sobre o mercado de trabalho, mas também envolviam esforços para criar espaços urbanos com serviços e infraestrutura que o mercado livre de tais produtos e serviços não oferecia. Ainda assim, a maior parte das demandas dos trabalhadores, mesmo onde havia partidos de trabalhadores organizados, não foi atendida pelos Legislativos municipais e estaduais. Quando a Convenção Constitucional de Nova York se reuniu em 1894, derrotou propostas como merendas escolares gratuitas, limites na jornada de trabalho de mulheres e crianças, uma corte arbitral do trabalho etc. Em consequência, Samuel Gompers, presidente da AFL, afirmaria: "É ridículo imaginar que os assalariados podem ser es-

---

[31]Cf. Irving Howe, *Socialism and America,* San Diego/Nova York/Londres: Harcourt Brace Janovich Publishers, 1985.

cravos no local de trabalho e, ainda assim, ganhar o controle [do governo] por meio de eleições. Nunca existiu simultaneidade entre autocracia no chão da fábrica e democracia na vida pública."[32] O PSA, que logo viria a ser adversário da AFL, nasceu justamente da convicção de Eugene Debs e outros líderes sindicais de que a luta sindical, realizada dentro das balizas do capitalismo, seria ineficaz, tornando-se necessário, portanto, conquistar o Estado e construir o socialismo. Em seu programa de 1912, o Partido Socialista Americano afirmaria:

> Declaramos [que as injustiças e desigualdades sociais] são um produto do presente sistema, no qual a indústria serve aos objetivos da ganância individual, em vez de ao bem-estar social. Declaramos, ainda, que para remediar tais males não pode haver alternativa exceto o Socialismo, no qual a indústria irá se voltar para o bem comum, e cada trabalhador receberá o pleno valor social da riqueza que criar.[33]

O conceito de americanismo também seria repensado pelos novos historiadores, que o perceberam como passível de ter sido apropriado de diferentes formas por uma classe trabalhadora em boa medida imigrante ou americana de primeira geração que fora submetida a um intenso processo de americanização por parte do Estado, de reformadores sociais e

---

[32]Samuel Gompers *apud* David Montgomery *op. cit.*, 1995, p. 159.

[33]Partido Socialista Americano, "Socialist Party Platform of 1912" *apud* Henry Steele Commager, *Documents of American History since 1898*, Nova York, Appleton-Century-Crofts, 1963, pp. 69, 70.

instituições privadas. Desta forma, os trabalhadores americanos teriam retrabalhado a noção de americanismo, transformando-a não em instrumento de submissão política e ideológica, mas de identidade de classe e transformação social, inclusive no sentido de contribuir para que os diferentes componentes étnicos da classe trabalhadora americana se percebessem como uma única classe social.[34] Além disso, a Constituição e suas emendas seriam frequentemente reclamadas pelos trabalhadores. Mesmo o IWW teve como um de seus principais instrumentos de luta a defesa da livre expressão como garantida pela Primeira Emenda à Constituição, percebida como uma liberdade essencialmente americana. William Haywood, o Big Bill Haywood, sua principal liderança, certa vez afirmou que o IWW

> ... desenvolveu, entre os mais baixos segmentos dos escravos assalariados da América, como nunca antes, um senso de sua importância e de suas capacidades. Assumindo o controle de suas responsabilidades e de seus interesses, os desorganizados e desafortunados foram reunidos e conduziram alguns dos mais expressivos movimentos grevistas, lutas pela livre expressão e batalhas pelos direitos constitucionais.[35]

Tais palavras evidenciam que a tradição operária americana, mesmo em sua versão anarco-sindicalista, sempre teve presente a herança republicana da Revolução Americana,

---

[34]Cf. Gary Gerstle *Working-Class Americanism. The politcs of labor in a textile city, 1914-1960*, Cambridge, Cambridge University Press, 1989.
[35]William Haywood *apud* Melvyn Dubofsky. *Hard Work. The making of labor history*, Urbana/Chicago, University of Illinois Press, 2000, p. 74.

a ideia de que, em fins do século XVIII, fundara-se algo politicamente novo, cujo legado não deveria ser monopólio de grupos, classes, partidos ou da Suprema Corte, mas sim disputado na esfera pública e no campo da cultura política. Não à toa, após um de seus períodos encarcerado, Eugene Debs, fundador do PSA, declarou que a concentração de poder econômico e político pelas grandes corporações era uma ameaça à liberdade americana. E, é bom lembrar, mesmo o Partido Comunista dos Estados Unidos julgava-se o herdeiro das tradições de Jefferson, Paine, Jackson e Lincoln.

Se os novos historiadores do trabalho descortinaram um mundo de trabalhadores rico, complexo e combativo, também lhes coube, ao lado de historiadores do direito, ressaltar o papel central do Estado americano, por meio da ação do Poder Judiciário, no processo que levaria à desarticulação de diversas organizações operárias do século XIX e à hegemonia dos segmentos mais conservadores na AFL.[36] De certa forma, o excepcional na experiência histórica dos Estados Unidos no decorrer do século XIX e das primeiras décadas do século XX, face às europeias, parece não ter sido a natureza conservadora de seu movimento operário, mas as instituições estatais americanas, assim como a forma como o Estado e os sindicatos interagiram.

---

[36]Cf. William Forbath *op. cit.*; Victoria Hattam *Labor Visions and the State Power: the origins of business unionism in the United States*, Princeton, Princeton University Press, 1993.

1.2 O PODER JUDICIÁRIO E O MOVIMENTO SINDICAL NO SÉCULO XIX

Ao criticar a AFL em sua convenção de fundação, em 1905, o IWW afirmava:

> Os trabalhadores não são mais classificados por diferenças de ofício [em razão da desabilitação profissional advinda de novos processos de trabalho], mas os empregadores os classificam de acordo com as máquinas para as quais são designados. Tais divisões, longe de representar diferenças em ofício ou interesses entre os trabalhadores, são impostas pelos empregadores para que os trabalhadores se voltem uns contra os outros e para que toda a resistência à tirania capitalista possa ser enfraquecida por distinções artificiais.[37]

Com tais palavras, o IWW ressaltava a distinção entre o tipo de perfil sindical que defendia, o industrial, no qual todos os trabalhadores de um mesmo ramo de produção deveriam pertencer a um só sindicato, e o sindicalismo profissional da AFL, no qual as organizações operárias eram divididas por ofícios. Mas as diferenças entre o IWW e a AFL iam além. O programa do primeiro afirmava que a classe trabalhadora e a capitalista nada tinham em comum e que entre as duas deveria haver uma luta permanente, até que os trabalhadores tomassem posse da terra e dos meios de produção e acabassem por abolir o sistema de assalariamento. Por esta razão, dian-

---

[37]International Workers of the World, *Manifesto adotado em 2, 3 e 4 de janeiro de 1905, apud* Joyce Kornbluh (org.), *Rebel Voices. An IWW anthology*, Chicago, Charles Kerr Publishing Co., 1998, pp. 8, 9.

te do que considerava o conservadorismo político e social da AFL, assim como seu diversionismo no seio do movimento sindical, expresso na insistência em organizar os sindicatos por ofícios, Big Bill Haywood afirmaria, não sem ironia: "Foi dito que esta convenção tem o objetivo de formar uma organização rival à AFL. Isto é um erro. Nós estamos aqui para formar uma *organização operária.*"

O sindicalismo industrial e a crítica ao sistema de trabalho assalariado não eram criações do IWW. Ambos surgiram no século XIX, em larga medida em consequência de dois fenômenos interligados que se desenvolveram na economia e na sociedade americanas no período que se seguiu à Guerra Civil: a introdução de novas técnicas de produção, o que acarretou a crescente desabilitação da força de trabalho e tornou menos eficazes as organizações reunidas em torno de ofícios e, já na década de 1890, a consolidação das grandes corporações, que generalizaram as relações de assalariamento, empregando um conjunto heterogêneo de trabalhadores.[38] Tais processos iriam contribuir para a constituição de organizações de trabalhadores voltadas para negociações com empregadores corporativos, e o sindicato industrial, por abarcar conjuntos mais amplos de trabalhadores, revelava-se o formato institucional mais adequado à nova realidade econômica e à nova forma organizativa do empresariado. A primeira grande organização operária americana, a Knights of Labor, fundada em 1869, já possuía tal perfil industrial, chegando a reunir cerca de um milhão de membros na década de 1880.

---

[38]Cf. Louis Galamobos e Joseph Pratt. *The Rise of the Corporate Commonwealth. US business and public policy in the twentieth century*, Nova York, Basic Books, Inc., 1988.

Graças às demandas dessa organização foram criadas as primeiras agências estaduais para o estudo das condições de vida e trabalho dos operários e artesãos americanos, destacando-se, em 1869, o primeiro Bureau of Labor, no estado de Massachusetts.[39]

Mesmo a AFL, fundada em 1886, em seu programa de 1894, fazia uma profunda crítica às relações de trabalho fundamentadas no salário. Em 1891, seu presidente, Samuel Gompers, afirmava:

> Educar nossa classe, prepará-la para as mudanças vindouras, estabelecer um sistema industrial cooperativo no lugar do sistema de assalariamento, emancipar os trabalhadores do jugo dos capitalistas, esses são os nossos objetivos finais. Estamos nos aproximando de uma grande revolução que, baseada na ação organizada, está destinada a assumir o controle das indústrias e do governo da nação.[40]

No início do século XX, no entanto, a Knights of Labor já estava morta e a AFL não defendia mais o fim do sistema de assalariamento. Sua preocupação central era assegurar o controle sobre os mercados de trabalho em que seus sindicatos profissionais atuavam, estabelecendo regras que estabilizassem as condições de trabalho e elevassem a remuneração de seus membros. A liberdade de contrato entre agentes privados com o objetivo de alcançar o padrão de vida americano tornara-se a palavra de ordem da AFL, que abandonava a

---

[39]Cf. Estelle Stewart (Bureau of Labor Statistics), "A quarter century of governmental labor activity", *Monthly Labor Review*, Washington, US Government Printing Office, vol. 46, no. 2, fevereiro de 1938, p. 299.
[40]Samuel Gompers *apud* Christopher Tomlins, *op. cit.*, p. 56.

visão que articulava os interesses dos trabalhadores com a cidadania republicana e rejeitava qualquer participação do Estado na regulação do mercado de trabalho.

Entre o republicanismo dos Knights of Labor e o contratualismo da AFL do princípio do século XX, o movimento sindical americano passou por um intenso processo de desarticulação por parte do Poder Judiciário, cujo poder já havia chamado a atenção de Tocqueville:

> O que um estrangeiro tem maior dificuldade para compreender nos Estados Unidos é a sua organização judiciária. Por assim dizer, não há ocorrência política para a qual ele não ouça ser chamada a autoridade do juiz, e conclui, à vista disso, naturalmente, que o juiz é, nos Estados Unidos, uma das primeiras forças políticas. Depois, quando passa a examinar a constituição dos tribunais, só descobre nela, a princípio, atribuições e hábitos judiciários. Aos seus olhos, o magistrado nunca parece se introduzir nos negócios públicos a não ser por acaso; mas esse mesmo acaso repete-se todos os dias. (...)
>
> O juiz americano assemelha-se, pois, perfeitamente aos magistrados das demais nações. É, entretanto, revestido de um imenso poder político.[41]

E os juízes americanos exerceram amplamente seu poder político, apoiados para tanto nas peculiaridades da formação do Estado americano.[42]

---

[41]Alexis de Tocqueville *A democracia na América*, Belo Horizonte/São Paulo, Itatiaia/Edusp, 1977, p. 82.

[42]Cf. Stephen Skowronek *Building a New American State. The expansion of national administrative capacities, 1877-1920*, Cambridge, Cambridge University Press, 1997.

A Revolução Americana representou uma revolta não apenas contra um poder colonial específico, o britânico, mas também uma rejeição aos princípios organizacionais e políticos deste poder. Ao contrário da independência do Brasil, em que o processo de separação da metrópole colonial se deu por um membro da própria coroa, o que resultou na manutenção do regime monárquico e na internalização da metrópole, a república americana nasceu criticando a concentração e a especialização das instituições estatais e sua capilaridade no seio da sociedade civil.[43]

O desafio dos constitucionalistas de 1787 era o de, rejeitando o modelo centralizado dos Estados europeus, formular e legitimar uma organização estatal que eliminasse os riscos da desintegração política e territorial inerente aos Artigos da Confederação de 1777. Tal desafio revelou-se de complexa superação, e a engenharia institucional resultante deixaria uma ampla gama de questões jurisdicionais sem respostas claras.

A Constituição criou um sistema federalista no qual, no nível da União, o poder era dividido em três ramos: um Legislativo bicameral, um Executivo e um Judiciário. Cada ramo deveria representar o povo em sua totalidade, mas fazê-lo de forma distinta, por distintas serem as formas de indicação de seus membros. Ademais, cada um dos poderes contrarrestaria o poder dos demais, e mesmo dentro de um mesmo poder, o Legislativo, o Senado atuaria como um contrabalanço aos atos legislativos da Câmara dos Representantes e

---

[43]Cf. Maria Odila Silva Dias "A interiorização da metrópole (1808-1853)", in Carlos Guilherme Mota (org.), *1822. Dimensões*, São Paulo, Perspectiva, 1986, pp. 160-184.

vice-versa. Por fim, tanto os atos do Legislativo quanto a ação do Executivo seriam passíveis de revisão judicial, ainda que tal poder não estivesse explicitamente colocado pela Constituição.

Se cada poder contrarrestava os demais, a força da soberania popular também deveria ser limitada — em nome da estabilidade política e dos direitos de propriedade — por um sistema eleitoral que, principalmente no que concerne à indicação do presidente, objetivasse filtrar a vontade popular por intermédio do colégio eleitoral. Alexander Hamilton chegou mesmo a propor a nomeação permanente de senadores e presidente:

> Todas as comunidades se dividem (...) entre uma elite e uma multidão. A primeira é formada pelos ricos e a gente de berço, a segunda é formada pela massa do povo. Diz-se que a voz do povo é a voz de Deus, mas, sem embargo, ainda que esta máxima seja frequentemente repetida, não corresponde à verdade. O povo é turbulento e cambiante e raramente faz julgamentos corretos. Em consequência, dê-se à primeira classe um lugar claro e permanente no governo; isto vai contrarrestar a insegurança da segunda; e, como de fato, não há nenhuma vantagem na mudança, a segunda manterá sempre um bom governo. Nada melhor do que um corpo imutável para contrarrestar a imprudência da democracia. Suas disposições turbulentas e sem freio exigem um contrapeso.[44]

---

[44]Alexander Hamilton *apud* Marie-France Toinet *El sistema político de los Estados Unidos*, México, Fondo de Cultura Económica, 1994, p. 34.

Por fim, o poder da União era contrarrestado pelo poder dos estados, dado que a Constituição vedava à União atividades políticas, administrativas e regulatórias que não fossem expressamente a ela designados. E poucas atividades eram expressamente a ela designadas. Assim, por exemplo, no que se refere às questões relativas à regulação econômica, inclusive condições de trabalho, o Poder Legislativo da União só poderia legislar sobre atividades que envolvessem o comércio entre estados ou o comércio exterior, nunca sobre atividades econômicas que se localizassem no interior de um estado.

A Constituição dos Estados Unidos conformava um sistema político no qual os diferentes poderes da União e o sistema federativo buscavam criar um novo aparato estatal de molde diferente do centralizado e burocratizado Estado europeu. Ainda assim, os instrumentos de separação do poder criados pela Constituição foram julgados insuficientes para defender o indivíduo contra o arbítrio do Estado, e a obra constitucional só foi efetivamente finalizada em 1791, com a criação das dez primeiras Emendas que viriam a constituir a Carta dos Direitos, que garantia a liberdade de religião, pensamento e imprensa.

Diante de tal cenário institucional, logo surgiram propostas de construção de aparatos e rotinas estatais que, mesmo que não se conformassem inteiramente à tradição centralizadora estatal europeia, ao menos conferissem alguma viabilidade operacional à nova organização estatal. De fato, esta mostrava-se tão institucionalmente fragmentada e com fronteiras jurisdicionais tão tênues que se temia pela sua dissolução. Alexander Hamilton foi o principal proponente da concentração do poder pelo governo da União e, no âmbito deste, pelo Poder Executivo. No entanto, ao contrário do que temia Hamilton, a União não se fragmentou — e enfrentou com sucesso até mesmo uma Secessão — em razão da contribuição decisiva de duas instituições: os partidos políticos e o sistema judiciário.[45]

Os partidos políticos deram coerência operacional às instituições governamentais, estabelecendo rotinas para a mobilização dos votos em um sistema bipartidário que acabou por funcionar como um canal de ligação entre os cidadãos, os estados e o governo da União. É bom lembrar que os Estados Unidos foram o primeiro país a derrubar, ainda na primeira metade do século XIX, distinções censitárias para o direito de voto, processo que se tornou possível, ao menos em parte, em razão do fato de que, com exceção de Rhode Island, em todos os outros estados o eleitorado era constituído, em sua grande maioria, por pequenos ou grandes proprietários. Em 1840, cerca de 2,5 milhões de americanos votavam, enquanto apenas cerca de 250 mil estavam formalmente alistados nas igrejas, e ao longo do século XIX as manifestações partidárias reuniam mais pessoas do que os serviços dominicais.

O papel do sistema judiciário para a construção da coesão das instituições republicanas foi outro. Como árbitro final das disputas jurisdicionais, a Suprema Corte torneou as relações intergovernamentais, legitimando formas de interação entre estados, entre o nível estadual e o nacional e dentro do nível nacional. Ademais, enquanto os partidos eram menos notórios por seus programas do que por sua unidade

---

[45]A análise a seguir é baseada em Stephen Skowronek, *Building a New American State. The Expansion of National Admministrative Capacities*, 1877-1920, Cambridge, Cambridge University Press, 1997.

institucional, os tribunais tornaram-se fundamentais pela sua definição substantiva da lei, herdada da tradição da *common law*, o sistema de leis desenvolvido por juízes e fundamentado em precedentes e na tradição. E fez tudo isso de forma relativamente autônoma, pois o Judiciário revelou-se o ramo de poder mais refratário a ser contrarrestado pelos outros poderes.

Consequentemente, quando as relações de trabalho assalariado se generalizaram nos Estados Unidos, no período que se seguiu à Guerra Civil, foram os tribunais, e não o Poder Legislativo, como na Europa, que normatizaram as novas relações entre patrões e empregados. A rigor, particularmente nas duas últimas décadas do século, o destino do movimento sindical americano moldou-se a partir de seus embates com os tribunais. Portanto, ainda que de forma diferenciada do que havia ocorrido na Europa, onde Estados crescentemente centralizados foram ganhando cada vez mais recursos políticos e administrativos ao longo do século XIX, o Estado americano, embora possuindo uma burocracia relativamente reduzida e poderes relativamente limitados, não esteve em absoluto ausente da regulação da vida social e econômica dos Estados Unidos. Pelo contrário, a partir da ação do Poder Judiciário, impôs restrições efetivas à expressão política e às formas organizativas dos trabalhadores.

O princípio fundamental que norteava a ação do judiciário na normatização das relações de trabalho era a liberdade de contrato. Em um país que havia pouco abolira a escravidão, a ideia do contrato incorporava a visão de que as partes contratantes punham-se de acordo sem coerção de qualquer espécie, voluntariamente, com base na visão de igualdade entre elas. E a ausência de coerção significava contratação individual do trabalho, entendidas as associações de trabalhadores como uma ameaça à liberdade de trabalho do indivíduo. Em suma, a tradição jurídica americana do século XIX estava fortemente marcada pela tradição liberal que via no indivíduo a matriz básica de organização da sociedade e, para preservar a ideia de contrato individual de trabalho, os tribunais americanos desenvolveram uma série de princípios para evitar a ação coletiva dos trabalhadores visando à contratação coletiva do trabalho.

Em 1806, um tribunal federal elaborou e utilizou pela primeira vez a doutrina da conspiração contra uma organização de trabalhadores, inspirada tanto pela *common law* como pelas Combination Acts britânicas, aprovadas pelo Parlamento em 1799 e 1800, no clima de reação à Revolução Francesa. Aliás, a Assembleia Francesa também aprovaria, em 14 de junho de 1791, a Lei Chapelier, que proibia qualquer associação de pessoas da mesma ocupação, mesmo que para fins recreativos, tomando por base a ideia de que, no regime da liberdade, nenhum corpo intermediário entre o Estado e o indivíduo deveria ser reconhecido.[46] A doutrina americana definia a conspiração como um acordo entre duas ou mais pessoas para perpetrar um ato ilegal — e afirmava que a contratação coletiva do trabalho representava uma conspiração contra a operação natural do mercado, uma vez que elevava artificialmente os salários e destruía a competitividade econômica. Em uma cultura legal em que interesses de grupo ou

---

[46]Cf. Gaston Rimlinger "Labor and the government: a comparative historical perspective", *Journal of Economic History*, vol. 37, no. 1 (março de 1977), pp. 211, 212.

coletivos não encontravam amparo na letra da lei, criou-se uma jurisprudência para as relações de trabalho segundo a qual era negado aos trabalhadores o direito de dispor ilimitadamente de sua força de trabalho por meio de greves ou boicotes, se tal disposição infringisse os direitos de outros trabalhadores, prejudicasse a comunidade ou diluísse o valor e o uso da propriedade privada.

O caso que deu origem à sentença de 1806, o *Philadelphia Cordwainers' Case*, girava em torno da legalidade de uma associação de trabalhadores criada em 1794, quando os jornaleiros do ofício de sapateiro da Filadélfia uniram-se em uma sociedade, a Federal Society of Journeymen Cordwainers, e exigiram dos mestres do ofício que empregassem apenas membros da associação. Para os mestres, a sociedade representava uma ameaça às liberdades de outros trabalhadores, pois negava aos que dela não faziam parte o direito de vender seu trabalho livremente. Segundo a opinião expressa pelo tribunal, uma associação de trabalhadores poderia ser considerada de duas maneiras: uma forma de beneficiar seus membros ou uma forma de causar prejuízos àqueles que dela não fizessem parte. E a lei condenava ambas.

Para os membros da sociedade, a liberdade e a independência prometidas pela Revolução Americana abarcavam a liberdade de estabelecer, coletivamente, as condições que lhes permitissem a vivência efetiva da independência econômica e social republicana. Para mestres e juízes, liberdade e independência republicanas significavam a liberdade dos indivíduos de usarem suas propriedades, inclusive sua força de trabalho, livres de constrangimentos oriundos de regulações coletivas. De 1806 a 1842, 17 condenações por conspiração foram realizadas contra organizações de trabalhadores.

Em 1842, a doutrina da conspiração começou a ser alterada no caso *Commonwealth v. Hunt*, que girava em torno da capacidade de uma organização de trabalhadores de impor sua disciplina sobre seus membros individualmente. Jeremiah Horne fora multado pela associação da qual fazia parte por ter trabalhado horas extras sem remuneração. Quando seu empregador pagou as horas extras que lhe eram devidas, a multa foi retirada, mas logo Horne foi novamente multado por outra infração. A associação então decidiu expulsá-lo, deixando, no entanto, aberta a possibilidade de sua refiliação, caso ele se dispusesse a pagar a multa correspondente e prometesse respeitar as normas associativas. Diante de sua recusa, a associação exigiu de seu empregador que o demitisse. Horne dirigiu-se ao tribunal municipal de Boston e acusou a associação de coação. O tribunal, com base na doutrina da conspiração, deu-lhe ganho de causa, e os sete membros da associação acusados de coação por Horne apelaram para a Suprema Corte de Massachusetts, que reverteu a decisão do tribunal municipal, afirmando que os melhores interesses da comunidade seriam resultado da competição, e que as associações de trabalhadores constituíam um dos meios de estimular a competição.

A decisão estabelecia, portanto, que as associações, em si, não eram ilegais, ainda que seus atos pudessem sê-lo. As associações que visassem ao monopólio de seus ofícios deveriam ser consideradas ilegais, por buscarem regular o mercado contra suas próprias leis naturais, mas aquelas que defendessem os interesses de seus membros voluntariamente reunidos deveriam ser consideradas legais. Logo, os tribunais passaram a proteger a liberdade de trabalhadores individuais contra o que consideravam uma coerção ilegal de associações de trabalhadores que, em si, eram legais. No caso *Curran v. Galen*, de 1897, a *closed-shop* (uma unidade fabril totalmente sindicalizada em consequência de um contrato coletivo de trabalho) foi declarada ilegal, dado que pertencer ou não a um sindicato foi julgado como um direito individual que não poderia ser imposto a um trabalhador para que ele obtivesse emprego. Portanto, se as associações de trabalhadores já não constituíam, por si mesmas, conspirações contra o bem público, diversos tribunais continuaram a tratar suas atividades como tais em razão do princípio da liberdade de contrato, fundamentando tal liberdade na percepção de que empregados e empregadores, do ponto de vista individual, eram juridicamente iguais e, portanto, livres para celebrar acordos.[47]

A partir de 1877, embora diversos tribunais continuassem a condenar associações de trabalhadores por conspiração, o principal instrumento jurídico utilizado para desarticular os esforços associativos dos trabalhadores seriam *labor injunctions* — ordens emitidas por juízes sem a realização de julgamentos. Entre 1877 e 1931, cerca de 10 mil *labor injuctions* foram emitidas contra líderes sindicais exigindo a cessação de boicotes, as panfletagens e outras formas de luta sindical.

As *labor injunctions* foram responsáveis, em larga medida, pela desarticulação de um dos mais importantes sindicatos industriais da década de 1890, o American Railway Union (ARU), fundado em 1893. O setor ferroviário, que era con-

---

[47]Cf. Robert Cottrol "Law, labor, and liberal ideology: explorations on the history of a two-edged sword", *Tulane Law Review*, vol. 67, no. 5, 1993, p. 1535.

trolado por corporações e reunia trabalhadores de diferentes qualificações, seria um dos principais palcos de disputa entre os defensores de organizações operárias reunidas em torno de profissões, como a Brotherhood of Locomotive Engineers (BLE), e os defensores de organizações industriais que englobassem vários ofícios, como o ARU, que conduziu a greve da Pullman Car Company.

A greve da Pullman Car Company, de 1894, teve início quando George Pullman, proprietário da empresa e inventor dos vagões-dormitórios, decidiu, por conta de dificuldades financeiras, demitir 1/3 de seus funcionários e cortar em 30% os salários dos remanescentes, sem cortar proporcionalmente os aluguéis das casas de sua vila operária nas cercanias de Chicago. Contra a greve, várias *labor injunctions* foram emitidas por diferentes juízes e, por desobedecê-las, inúmeras lideranças operárias foram enviadas à prisão. A Corte Federal de Chicago chegou a emitir uma *labor injunction* proibindo o ARU de enviar cartas, mensagens ou comunicados que orientassem, incitassem, encorajassem ou instruíssem qualquer pessoa a interferir nos negócios da Pullman ou persuadissem qualquer trabalhador ferroviário a não executar suas tarefas. Eugene Debs, principal líder do ARU, preso por desobediência a uma *labor injunction*, acabou por cumprir pena de seis meses de reclusão, após os quais fundaria o PSA. Segundo ele: "... não foi o exército [nem] outro poder qualquer, mas simplesmente os tribunais dos Estados Unidos que acabaram com a greve."[48] Após a derrota da greve da Pullman, os sindicatos profissionais ferroviários, como a BLE, acabariam por se fortalecer, uma vez que as corporações que operavam as

---

[48]Eugene Debs *apud* William Forbath, *op. cit.*, p. 76.

ferrovias passaram a preferir negociar com eles, a fim de evitar novas contestações, politicamente mais radicais e organizacionalmente mais amplas, vocalizadas por sindicatos industriais como o ARU. As *labor injunction* emitidas contra o ARU tiveram grande impacto sobre Samuel Gompers, presidente da AFL, convencendo-o da inviabilidade de estratégias sindicais que tivessem por base organizações industriais e politicamente radicais. Para Gompers, era fatal que tais estratégias trouxessem como consequência a repressão brutal, encorajada e legalmente sancionada pela Suprema Corte.

A partir da década de 1890, os tribunais passaram a decretar a ilegalidade das organizações operárias também a partir da Lei Sherman Antitruste, segundo a qual qualquer contrato ou acordo que visasse a restringir o comércio e as trocas entre os diferentes estados da União e entre esta e países estrangeiros passava a ser ilegal. No caso *United States v. Workingmen's Amalgamated Council of New Orleans*, de 1893, o juiz Edward Billings, da Corte Distrital Federal da Louisiana, utilizou, pela primeira vez, uma *labor injunction* com base na Lei Sherman, vendo no sindicato uma conspiração para restringir o comércio interestadual.

Ao longo do século XIX, portanto, o poder judiciário foi elaborando um repertório de instrumentos legais que, em torno da ideia de liberdade de contrato, entendido como contrato individual, desfavoreceu sistematicamente os esforços associativos dos trabalhadores.[49]

---

[49]As razões pelas quais o sistema judiciário elaborou tal repertório são alvo de debate entre historiadores do direito. Para uma discussão a respeito, Cf. William Fisher III, Morton Horwitz e Thomas Reed (org.), *American Legal Realism*, Nova York/Oxford, Oxford University Press, 1993, p. XII.

Desde cedo as organizações de trabalhadores criticaram o papel dos tribunais na desarticulação de seus esforços associativos. Ainda em 1806, John Milton Goodenow afirmaria:

> Como é absurdo, em um governo livre, deixar a um corpo de homens [o tribunal], sábio como Salomão e honesto como Job, dizer o que deve ou não constituir um crime, após os atos [em julgamento] terem sido cometidos; e quão imprudente seria conceder o poder de *declarar* a lei àqueles responsáveis pelo julgamento dos supostos ofensores [da lei].[50]

Exatos cem anos depois das palavras de Goodenow, Gompers afirmaria:

> Eu devo respeitosamente advertir ao poder legislativo para não sustentar estes déspotas [juízes], imitadores da tirania do velho mundo [por utilizarem a *common law*], em seus abusos de poder. (...) A classe trabalhadora, diante do poder usurpado pelos juízes de fazer legislação especial [as *labor injunctions*], já suportou bastante. Apontar homens para cargos vitalícios e apoiá-los sem levar em conta a vontade popular é o princípio básico da autocracia, retirado de outros sistemas e implantado no nosso. Deveria ser a defesa zelosa de todos os homens honestos e patriotas desencorajar tais abusos de poder, e ninguém deveria, se valoriza a paz e a preservação dos outros ramos do governo, apoiar, por palavra ou ato, estas discriminações judiciais em favor de uma classe contra a outra.[51]

---

[50]John Milton Goodenow *apud*, David Montgomery, *op. cit.*, 1995, p. 47.
[51]Samuel Gompers *apud* Christopher Tomlins, *op. cit.*, p. 65.

O caso *Buck's Stove and Range Company* é ilustrativo das questões em jogo nas palavras de Gompers. Durante anos, a AFL publicou em seu jornal *American Federationist* listas de empresas que, supostamente, seriam hostis ao trabalho organizado, sugerindo que seus leitores não comprassem os produtos por elas produzidos. A Buck's Stove and Range Company deu início, então, a uma ação judicial solicitando que fosse vedado à AFL o direito de publicar seu nome na lista, sob o argumento de que seu negócio estava sendo destruído por uma conspiração. O caso ganhou relevância pelo fato de que o presidente da empresa também era presidente da NAM, que começava então uma grande ofensiva contra práticas tradicionais do sindicalismo americano, como as listas de boicote. Na *labor injunction* de primeira instância contra a AFL, o juiz do caso declarou que os agentes da AFL estavam proibidos de

> ... conspirar, acordar ou combinar, de qualquer forma, para restringir, obstruir ou destruir o negócio da empresa... e de imprimir, editar, publicar ou distribuir, por cartas ou de qualquer outra forma, quaisquer cópias ou cópia do *American Federationist* ou de qualquer outro jornal, revista, circular, carta ou outro documento ou instrumento que contenha ou faça qualquer referência ao nome da empresa, suas atividades ou seus produtos nas listas de "não consuma seus produtos" ou na lista de "injustos".[52]

No caso *Loewe v. Lawlor*, quando a Suprema Corte dos Estados Unidos, vista pela AFL como um obstáculo aparente-

---

[52]Cf. John Kennedy "An important labor injunction", *The Journal of Poliltical Economy*, vol. 16, no. 2 (fev. 1908), p. 103.

mente intransponível à democratização das relações de trabalho nos Estados Unidos, afirmou que os trabalhadores em greve poderiam ser acusados de conspiração de acordo com a Lei Sherman, o Conselho Executivo da AFL, reunido em 18 de março de 1908, mais uma vez condenou a privação dos direitos e liberdades dos trabalhadores, solicitando emendas à Lei Sherman que excluíssem organizações sindicais de sua jurisdição e limitassem o uso de *labor injunctions*, o que em parte acabaria acontecendo com o Clayton Act de 1914, considerado por Samuel Gompers como a Magna Carta do movimento operário. O Clayton Act ainda tinha o sabor — caro aos progressistas — de uma dimensão moral do capitalismo, pois afirmava que o trabalho humano não era uma mercadoria ou um artigo de comércio.[53] A lei, no entanto, não chegou a produzir os impactos que o movimento sindical havia esperado em função da liberdade de interpretação que os juízes tinham na análise de cada caso. Em 1922, apenas no setor ferroviário, 300 *labor injunctions* foram emitidas.

Para além das *labor injunctions*, das condenações por conspiração e da aplicação da Lei Sherman, os tribunais mantinham suas interpretações antissindicais em um outro registro. Vistos como associações voluntárias, os sindicatos não possuíam, segundo a interpretação da grande maioria dos juízes, personalidade legal e, consequentemente, o direito de processar empregadores que não cumprissem os acordos porventura assumidos com eles. Dito de outra forma: os acordos entre empregadores e sindicatos não tinham o valor legal de contratos entre partes legalmente constituídas. O papel dos

---

[53]Estados Unidos, "The Clayton Anti-Trust Act. Oct. 15, 1914", *apud* Henry Steele Commager, *op. cit.*, pp. 99, 100.

sindicatos, de acordo com tais tribunais, deveria ser o de induzir os empregadores a respeitar o costume vigente na indústria em que atuassem no tocante aos salários e às condições de trabalho, deixando que cada trabalhador determinasse individualmente, por si só, em que medida o seu próprio contrato de trabalho estaria de acordo com tais costumes.

Em meio a tais embates jurídicos e políticos, o candidato vitorioso nas eleições presidenciais de 1908 seria o republicano William Howard Taft, juiz federal que sempre defendera as *labor injunctions* contra as organizações de trabalhadores. Em seu discurso de posse na presidência da República, Taft afirmou que, caso se retirasse dos tribunais o poder de emitir *labor injunctions*, iria se criar uma classe privilegiada de trabalhadores, "poupando os foras-da-lei de um remédio necessário e disponível a todos os homens para a proteção de seus negócios contra a invasão ilegal."[54] É importante frisar que, se Taft era contra as organizações de trabalhadores, não tinha o mesmo enfoque no que tangia aos interesses dos empresários. Como presidente, ele foi um dos fomentadores da criação de uma instituição nacional que representasse os interesses comerciais americanos, de modo a agilizar o intercâmbio de informações e a intermediação dos interesses. Assim, em 1912, o Departamento (Ministério) do Comércio e a própria Casa Branca de Taft tiveram um papel importante na criação da United States Chamber of Commerce, a fim de estimular o comércio exterior.

Por ocasião da greve da Pullman, Taft havia afirmado que o movimento deveria ser dissolvido a qualquer custo, mesmo

---

[54]William Howard Taft, "Extract from Inaugural Adress of President Taft, March 4, 1909", *apud* Henry Steele Commager, *op. cit.*, pp. 53, 54.

que para tanto se fizesse necessário o derramamento de sangue.[55] E, de fato, o sangue rolou em abundância nos conflitos operários do período. Frequentemente por ordem de tribunais, os trabalhadores americanos sofreram sistemáticas violências físicas contra seus esforços organizativos. Alguns dos mais importantes episódios de enfrentamento entre trabalhadores de diversas orientações políticas e forças armadas, tanto privadas quanto estatais, ocorreram então, empregando-se tropas federais na repressão aos movimentos grevistas 18 vezes entre 1870 e a eclosão da Segunda Guerra Mundial.[56]

Em 1877, na primeira grande greve ferroviária dos Estados Unidos, na qual as *labor injunctions* foram utilizadas pela primeira vez, mais de cem pessoas, entre forças federais, grevistas e simples curiosos, perderam a vida. O célebre Massacre de Haymarket, ocorrido em Chicago em maio de 1886, quando trabalhadores que lutavam por uma jornada de trabalho de oito horas diárias acabaram em confronto com policiais, resultou na morte de 14 pessoas. O Massacre de Haymarket acabou por provocar uma histeria antissindical em Chicago, o que resultou na execução de quatro líderes anarquistas em 1887. Um quinto líder cometeu suicídio na cadeia e mais dois cumpriram penas de prisão perpétua. O 1º de Maio, data em que se iniciou o movimento pela jornada de trabalho de oito horas por dia, acabaria por se tornar Dia do Trabalho em diversos países. A partir do Massacre de Haymarket, o estado de Illinois aprovou a primeira lei cri-

---

[55]Cf. Christopher Tomlins, *op. cit.,* p. 65; William Forbath, *op. cit.,* p. 75.
[56]Cf. Estados Unidos, Department of Labor Statistics, "Use of federal troops in labor disputes", *Monthly Labor Review,* Washington, US Government Printing Office, vol. 53, no. 3, setembro de 1941, p. 561.

minal estadual contra o movimento sindical. Por fim, a greve da Pullman, de 1894, resultou na morte de 13 pessoas.

Enquanto a ação dos tribunais, aliada à repressão, contribuía para a desarticulação do sindicalismo industrial nos moldes do ARU e para a construção da feição mais conservadora e antiestatal da AFL, segmentos do Movimento Progressista debatiam as formas mais eficazes de estabelecer a legitimidade dos sindicatos, tanto a partir de uma crítica à cultura legal vitoriana quanto da economia política liberal, ambas centradas no indivíduo como matriz de organização da sociedade.

1.3 O MOVIMENTO PROGRESSISTA E OS SINDICATOS

No início do século XX, os conflitos provocados pelas desigualdades sociais decorrentes da má distribuição da renda assumiam contornos tão intensos que o Estado americano acabaria por nele se envolver de forma crescente, uma vez que já não percebia no livre jogo das forças de mercado os mecanismos adequados a uma distribuição satisfatória da renda nacional. Em 1913, seria criado o Departamento do Trabalho, tendo por objetivo: "Estimular, promover e desenvolver o bem-estar dos trabalhadores assalariados dos Estados Unidos e melhorar suas condições de trabalho, assim como suas oportunidades de um emprego lucrativo."[57] Em 1915, o relatório da Comissão de Relações Industriais dos Estados Unidos defenderia medidas para redistribuir a renda

---

[57]Estados Unidos, Departament of Labor, *Twenty-Fourth Annual Report of the Secretary of Labor, for the fiscal year ended June 30, 1936*, Washington, Government Printing Office, 1936, p. 1.

nacional, afirmando que a única esperança para a solução do conflito social era a rápida extensão dos princípios da democracia para a indústria. Finalmente, em 1918, a Comissão de Mediação do Departamento do Trabalho, em seu relatório para o presidente Woodrow Wilson, afirmava não ser mais possível, nas condições da moderna indústria e da grande corporação, uma empresa lidar com cada empregado individualmente, o que tornava indispensável alguma forma de promoção da contratação coletiva do trabalho.[58] Aliás, a Comissão de Relações Industriais do Congresso Americano, de 1915, já havia afirmado que, com raras exceções, cada indústria básica era dominada por uma única corporação.[59] Tal processo de concentração do capital pelas grandes corporações ocorreu em diversos setores da economia americana. Em 1931, cinco empresas controlavam 40% da produção total de cimento e, em 1934, três empresas produziam 80% dos cigarros dos Estados Unidos. Em 1935, 0,2% das corporações americanas possuíam ativos equivalentes a 50% do total dos ativos de todas as corporações.[60] No setor automotivo, o fenômeno se repetia: das 181 empresas que em algum momento entre 1903 e 1906 fabricavam carros, apenas 44 funcionavam em 1926. Em 1929, a Ford, a GM e a Chrysler eram responsáveis por 80% da produção total de automóveis nos Estados Unidos.

---

[58]Cf. Joseph McCartin. *Labor's Great War. The struggle for industrial democracy and the origins of modern American labor relations, 1912-1921*, Chapell Hill/Londres, The University of North Carolina Press, 1997.

[59]Estados Unidos, The United States Commission On Industrial Relations. "Final Report of the Commission on Industrial Relations, 1915", *apud* Henry Steele Commager, *op. cit.*, p. 108.

[60]Cf. Edwin Martin (Bureau of Labor Statistics), "Basic problems of the national economy", in *Monthly Labor Review*, Washington, US Government Printing Office, vol. 48, no. 1, janeiro de 1939, pp. 11, 13.

Mas não eram apenas as agências do Estado que se mostravam preocupadas com o nível do conflito social, a ponto de propor a promoção da contratação coletiva do trabalho. Segmentos da sociedade americana aninhados no Movimento Progressista também buscavam localizar as origens do conflito social e lhes dar reposta, a fim de reconstruir o que sentiam ser a perdida harmonia social da América.

Longe de monolítico, o Movimento Progressista resultou da ação de uma ampla gama de atores sociais — reformadores de classe média, líderes empresariais, profissionais liberais, sindicalistas, membros do clero e funcionários do Estado — em busca de soluções para o agravamento do conflito social. Portanto, o Progressivismo consistiu em uma ampla gama de respostas — construídas por diferentes atores sociais, em conflito e formando coalizões uns com os outros — ao processo de diferenciação social e modernização que os Estados Unidos vivenciavam nas primeiras décadas do século. Consequentemente, não havia uma, mas várias agendas progressistas, e as diferentes reformas então implementadas surgiram como resultado das coalizões que os diferentes atores conseguiram construir e das sucessivas correlações de forças que tiveram que enfrentar. A unificar as diversas agendas progressistas, uma dimensão política nitidamente conservadora, ancorada na visão do excepcionalismo americano: a defesa da reconstrução da harmonia social da América.[61]

As diversas agendas progressistas podem ser reunidas em dois grandes grupos: de um lado, aqueles que viam os pro-

---

[61]A visão do progressivismo está baseada principalmente em Arthur Link e Richard McCormick. *Progressivism*, Arlington Heights, Harlan Davidson, Inc., 1983.

blemas então enfrentados pelos Estados Unidos como uma crise de valores, e propunham, portanto, uma vigorosa cruzada moral; de outro, os que os percebiam como uma consequência do chamado industrialismo.

Henry Ford, considerado na década de 1910 o exemplo de empresário progressista, representava a primeira corrente. Localizando a origem do conflito social e da perda da harmonia na entrada massiva de imigrantes no país, indivíduos, segundo via, destituídos das virtudes puritanas do trabalho árduo e dados ao anarquismo, ao comunismo, à bebida e ao crime organizado, Ford e outros reformadores sociais defendiam os programas privados de americanização e de eugenia como centrais para a reconstrução da harmonia social. Com suas propostas de reformas morais e higiênicas, a eugenia vinha fornecer vários elementos para a agenda progressista, ao mesmo tempo que surgia, aos olhos dos elementos mais conservadores do movimento, como uma ciência adequada à manutenção da pureza da raça anglo-saxônica e da ordem social. É bom lembrar que em 1900 79% da população de dez cidades com mais de 100 mil habitantes eram constituídos por estrangeiros e americanos de primeira geração e que entre 1900 e 1930 a população urbana passou de 39,6% para 56,1% do total. Entre 1881 e 1930, mais de 27 milhões de estrangeiros entraram nos Estados Unidos como imigrantes, principalmente do sul e do leste europeus, católicos e judeus, e, muito embora muitos tenham regressado aos seus países de origem depois que conseguiram acumular algum pecúlio, a maioria lá permaneceu. Levando-se em conta que a população dos Estados Unidos em 1880 era de 50 milhões de habitantes, o impacto de tal influxo foi decisivo para a reconfiguração da sociedade americana e para a ampliação da oferta de mão de obra.

Os programas de americanização e de eugenia também contaram com a ativa participação do Estado e representaram, para os imigrantes, uma sistemática coerção sobre seus valores e estilos de vida, inclusive no tocante aos seus hábitos etílicos, como evidenciou a Lei Seca. Ao mesmo tempo, cursos de cidadania, criados para fortalecer a lealdade política dos imigrantes, passaram a integrar os currículos das escolas públicas, assim como princípios eugênicos relativos à regulamentação da habitação e à moral operária (a vida em cortiços era associada, por exemplo, a *doenças morais* como a sífilis) tornaram-se parte integrante das posturas municipais de inúmeras cidades americanas.

Ao contrário de Ford, diversos advogados trabalhistas, líderes empresariais e sindicais e professores universitários, a partir do diagnóstico de que a crise americana não estava relacionada simplesmente a valores, propunham a construção de novas formas de regulação da vida econômica e social. A percepção de que o mercado autorregulável havia se tornado uma ficção diante do poder das grandes corporações, tendo em vista a incapacidade do liberalismo de reproduzir uma sociedade liberal, ou seja, quando a livre empresa se transformou em oligopólio e os indivíduos viram sua capacidade de ação se tornar uma farsa diante do poder das grandes corporações, tais progressistas passaram a atribuir papéis ao Estado, aos sindicatos e à promoção da contratação coletiva do trabalho na construção de novas bases da coesão social. No vocabulário político americano, esses indivíduos passaram a ser conhecidos como *liberais*, pois percebiam o Estado como o fiador da liberdade e da dignidade do indivíduo diante da corporação e do oligopólio.* A partir de então, o *liberalismo* americano seria marcado pela defesa da regulação estatal da vida econômica e social dos Estados Unidos. Franklin D. Roosevelt deixaria tal convicção clara ao afirmar, já nos anos 1930, que a definição tradicional de liberdade teria significado a submissão de um povo livre ao capital, mas que, para ele, o *liberalismo*, na tradição americana, constituía, em inglês claro, a responsabilidade do governo em relação à vida econômica.

Os progressistas *liberais*, portanto, muito embora compartilhassem com aqueles progressistas preocupados com o tema da reforma moral as questões relativas à coesão social — e com eles dividissem as ideias fundamentais do excepcionalismo americano —, deles se distanciavam por não concordarem que a solução para os problemas então enfrentados pelos Estados Unidos repousasse em uma utopia restitucionista, na qual cidadãos virtuosos jeffersonianos seriam o pilar do funcionamento da República. Pelo contrário, para problemas modernos sugeriam soluções modernas. Dentre elas, um novo papel para o Estado e os sindicatos.

É evidente que a defesa da participação do Estado na promoção do crescimento e na regulação da economia americana não começou na Era Progressista. Alexander Hamilton, quando secretário do Tesouro nos anos 1790, já adotara um programa econômico que buscava favorecer os interesses comerciais e manufatureiros, e mesmo Thomas Jefferson, quando presidente, ordenara o planejamento da National

---

*Em nome da clareza da exposição, o liberalismo em seu sentido americano será sempre grafado em itálico, *liberalismo*. Da mesma forma, o vocabulário teórico progressista, como *discriminações positivas*, *bons* e *maus* sindicatos, assim como o vocabulário da luta político-partidária, como *normalidade*.

Road, a primeira intervenção estatal de larga escala para melhorar a infraestrutura do país, além de ter comprado a Louisiana como forma de garantir espaço físico para sua república agrária. No entanto, pelo menos até a Guerra Civil, o papel do governo nacional era bastante limitado, inclusive em razão do federalismo econômico da Constituição, que reservava à União apenas o poder de regular o comércio com as nações estrangeiras ou entre os estados. Em uma economia marcada por mercados locais e regionais, tal federalismo não chegava a constituir problema grave. No entanto, após a Guerra Civil, quando a economia americana começou a se tornar cada vez mais diferenciada e a abranger mercados cada vez mais amplos, principalmente a partir do importante papel de integração das estradas de ferro, o federalismo econômico viria a se mostrar problemático para fazer face a uma economia crescentemente nacional, o que ensejou os primeiros conflitos entre os governos dos estados e o governo da União. No campo da regulação econômica, a Interstate Commerce Commission (ICC), de 1887, foi a primeira agência regulatória independente em nível federal, com membros indicados pelo presidente da República e o objetivo de regular as atividades das ferrovias, buscando, assim, superar a fragmentação do conjunto de regulações estaduais para o setor.

Com o advento do Movimento Progressista, o papel do Estado seria de novo colocado na ordem do dia. Herbert Croly, um dos principais intelectuais progressistas, teórico do Novo Nacionalismo de Theodore Roosevelt e fundador, ao lado de Walter Lippman, da revista *New Republic*, defendia uma profunda reestruturação do Estado americano, de modo a torná-lo promotor da *sociedade justa*. Tal visão não era inédita no debate progressista. Antes que Croly publicasse seu *The promise of American life*, em 1909, Henry Demarest Lloyd já havia lançado *Man, the social creator*, no qual defendia a construção de uma nova ordem social cooperativa e fraternal regulada pelo Estado, que se faria possível pela riqueza gerada pela grande indústria. Em *The promise of American life*, Croly propunha a construção de um Estado que extraísse as potencialidades positivas do industrialismo e lutasse contra seus desvios, redistribuindo renda e riqueza e combatesse o individualismo caótico. O resultado seria uma sociedade moralmente aceitável, em bases organicistas e comunitárias, na qual o individualismo e o egoísmo fossem suplantados pela cooperação e a solidariedade, uma sociedade, enfim, em que cada indivíduo encontrasse sua função na construção do projeto nacional:[62]

> A realização da Promessa Americana era considerada inevitável [no século XIX], dado que se baseava em uma concepção que articulava autointeresse e uma natureza humana generosa. Por outro lado, se a realização de nossa Promessa nacional não pode mais ser considerada inevitável, se deve ser percebida como um propósito nacional consciente, em vez de um destino nacional inexorável, o desdobramento necessário é o de que a confiança depositada no autointeresse individual foi, em alguma medida, traído. Nenhuma harmonia prévia pode então existir entre a satisfação livre e abundante das necessidades privadas e o cumprimento de um resultado social moralmente desejável. A Promessa da

---

[62]Cf. David Noble "Herberty Croly and the American progressive thougtht", in John Roche (org.), *American Political Thougtht*, Nova York, Evanston/Londres, Harper Torchbooks, 1967, pp. 259-283.

Vida Americana será realizada não apenas por um máximo de liberdade econômica, mas por uma certa medida de disciplina; não apenas pela satisfação abundante dos desejos individuais, mas por uma boa medida de subordinação individual e autorrenúncia. (...) A automática realização da Promessa nacional americana deve ser abandonada justamente porque a tradicional confiança americana na liberdade individual resultou em uma distribuição da riqueza moral e socialmente indesejável.[63]

Como desdobramento, Croly abraçava concepções hamiltonianas de Estado:

É preciso que haja uma regulação [estatal] eficiente; e deve ser uma regulação que atinja o mal pela raiz, não apenas os sintomas. A atual concentração de riqueza e poder financeiro nas mãos de poucos homens irresponsáveis é o desdobramento inevitável do individualismo caótico de nossa organização política e econômica, ao passo que é inimiga da democracia, porque tende a introduzir abusos políticos e desigualdades sociais no sistema. A conclusão a que se chega pode não ser consensual, mas não deve ser abandonada. Ao tornar-se responsável pela subordinação do indivíduo às demandas de um propósito nacional dominante e construtivo, o Estado americano vai, com efeito, fazer de si próprio o responsável por uma distribuição da riqueza moral e socialmente desejável.[64]

---

[63]Herbert Croly *The Promise of American Life,* Boston, Northeastern University Press, 1989, p. 22.
[64]*Idem*, p. 23.

Mas Croly não defendia apenas uma maior participação do Estado na regulação da vida econômica. Defendia também um papel maior dos sindicatos. Afirmava ele, em 1917:

> As democracias, sobretudo a democracia americana, têm, quase selvagemente, evitado o crescimento, dentro da nação, de instituições corporativas cuja competição o governo temesse. Sua filosofia política, herdada de Rousseau, tem sido uma contraditória combinação de individualismo e indivisibilidade, que as persuadiu a discriminar centros alternativos de lealdade. Seus líderes têm falhado em compreender em que extensão uma organização nacional forte e coerente deve ser o reflexo não apenas da independência de caráter dos cidadãos individuais, mas também da genuína independência da parte daquelas associações que representam suas atividades industriais e sociais fundamentais. O reconhecimento legal destas associações constitui a melhor garantia possível contra a arrogância e o abuso tanto do poder estatal quanto do poder de qualquer associação profissional ou comercial. Na medida em que a estas associações é permitido seu florescimento e sua plena capacidade, elas necessitarão do Estado como uma agência correspondentemente forte de coordenação; e por esta mesma razão o Estado deveria buscar fortalecê-las quando estiverem fracas, e desta forma obter uma fundação segura para a legitimidade de sua própria autoridade e para a lealdade de seus cidadãos.[65]

À visão liberal de que o indivíduo era a matriz básica de organização da sociedade, Croly contrapunha a ideia de que esta era organizada por grupos de interesses, e que tais grupos

---

[65]Herbert Croly "The future of the state", *The New Republic*, set. 15, 1917, pp. 182, 183.

deveriam mediar as relações entre o indivíduo, o Estado e o mercado. Portanto, os grupos de interesses dos trabalhadores, ou seja, os sindicatos, eram percebidos por Croly não apenas também como legítimos, mas como socialmente necessários.

Aprofundando sua crítica ao liberalismo, Croly afirmava que o Estado não deveria garantir igualdade de direitos a todos os cidadãos ou grupos de interesses. Tal igualdade, expressa na igualdade jurídica, seria, em sua visão, uma ficção liberal, já que a sociedade estaria permanentemente criando desigualdades. Para combatê-las, o Estado deveria discriminar construtivamente os grupos de interesses, como os *bons* sindicatos, que contribuíssem para a construção do bem comum, diretamente relacionado à superação do conflito social, e punir os *maus*, ou seja, aqueles que estimulassem as lutas de classes. A rigor, a quebra da harmonia social se devia, justamente, ao fato de que tanto as corporações quanto os sindicatos teriam agido, até então, de forma egoísta e particularista. Nos anos 1920, Croly chegaria a flertar com o corporativismo fascista como modelo de organização política capaz de superar o individualismo e o atomismo característicos do liberalismo. E não só ele. Mesmo o historiador Charles Beard afirmava que o fascismo era um experimento que buscava reconciliar o individualismo e o socialismo, a política e a tecnologia, e que seria um erro julgá-lo pelas declarações extravagantes de seu líder, obscurecendo-se assim suas potencialidades e lições.

Quanto ao mundo empresarial, o Estado deveria discriminar decididamente a favor das grandes corporações, e, nesse sentido, Croly defendia o fim da Lei Sherman Antitruste, restringindo o combate às grandes empresas apenas quando estas se transformassem em monopólios. Para Croly, as grandes corporações haviam introduzido eficiência e racionalidade na economia americana, dado que haviam surgido, justamente, para colocar limites à acirrada e caótica concorrência entre as diferentes empresas de um mesmo setor. As pequenas empresas eram condenadas por Croly: "O processo de organização industrial deveria ter liberdade para seguir seu curso. Sempre que o pequeno competidor de uma grande corporação for incapaz de manter sua cabeça fora d'água por seus próprios meios, deve-se deixar que se afogue."[66]

Croly se colocava, portanto, contra o pensamento social-darwinista extremamente popular nos Estados Unidos do século XIX e início do século XX. Um de seus principais expoentes, William Graham Sumner, professor de Yale e presidente da American Sociological Association, afirmava, por exemplo, que a liberdade significava ausência do poder do Estado, que os americanos deviam se acostumar com as desigualdades sociais e que só tinham duas alternativas: liberdade, desigualdade e sobrevivência do mais forte ou ausência de liberdade, igualdade e sobrevivência do mais fraco. Ele ficava com a primeira opção.

Croly defendia, ao contrário, a construção de um novo equilíbrio de forças na sociedade e na economia americana, no qual, sob a arbitragem estatal, as grandes corporações e os sindicatos construíssem, por meio de contratos coletivos de trabalho, as bases de um concerto social harmônico e orgânico. Em tal concerto, os trabalhadores receberiam salários mais elevados e, em contrapartida, disciplinariam os trabalhadores das categorias que representassem, de modo a contribuir para a maximização da eficiência da economia e, portanto, para o bem comum.

---

[66]Herbert Croly, *op. cit.*, 1989, p. 359.

A crítica ao liberalismo e a defesa dos sindicatos, embora a partir de uma perspectiva diferente, também seriam os pontos centrais das reflexões de John Commons, outro importante intelectual e militante progressista. Para Commons, ao contrário do que pensavam os economistas políticos neoclássicos, a economia não se constituía em um fenômeno individual, cujo equilíbrio seria encontrado por meio dos mecanismos de mercado, mas sim coletivo, realizado por grupos de interesses, que necessitava de mecanismos que ajustassem e conciliassem os diferentes interesses.

Dentre os mecanismos de conciliação de interesses apontados por Commons, ponto central para a reconstrução da harmonia social perdida, por ensejar uma melhor redistribuição da renda e da riqueza, estavam as negociações coletivas e os contratos coletivos de trabalho entre sindicatos e corporações. No entanto, para Commons, ao contrário do que queria Croly, as organizações de trabalhadores não deveriam sofrer qualquer tipo de regulação estatal. Entendidas como associações voluntárias e privadas, deveriam permanecer autonomamente organizadas, cabendo ao Estado apenas supervisionar o cumprimento dos contratos por elas celebrados com as grandes empresas. Para ele, o que distinguia a democracia do comunismo e do fascismo era justamente a liberdade de associação que esta conferia: "São essas associações (os grupos de interesses), e não o individualismo da livre ação individual, os refúgios modernos do liberalismo e da democracia contra o comunismo, o fascismo ou o capitalismo dos banqueiros."[67] Commons era contrário até mesmo ao estabelecimento, por legislação, de salários e jornada de

---

[67]*Idem*, p. 116.

trabalho, percebendo ambos como necessariamente frutos da contratação coletiva do trabalho. Era contrário, também, a que o Estado obrigasse o patronato a reconhecer os sindicatos, uma vez que, para fazê-lo, teria que garantir o caráter democrático de cada um deles, imiscuindo-se forçosamente em suas vidas internas.[68] Croly e Commons, como de resto os *liberais* progressistas, não faziam portanto, uma crítica à relação de assalariamento em si, mas defendiam que uma maior parcela da renda nacional fosse apropriada pelos salários.

Mas não eram apenas os intelectuais que percebiam um papel importante para os sindicatos naquele momento. Algumas instituições ligadas ao mundo empresarial também começaram a pensar os sindicatos a partir de uma lógica regulatória. Durante a Grande Guerra, a Taylor Society, que reunia defensores e estudiosos de técnicas científicas de organização da produção, sofreu uma profunda inflexão política. Até a morte de seu inspirador, em 1915, as reflexões e propostas da Taylor Society relativas às relações entre trabalhadores e direção corporativa revelavam uma visão gerencial profundamente autoritária. A partir de então, alguns de seus membros, como William Leiserson, perceberam que os chamados métodos prussianos na indústria haviam chegado ao fim e que a autoridade patronal deveria repousar no consentimento dos trabalhadores, pois apenas tal consentimento produziria mais eficiência.

Tal percepção estava de acordo com a teoria da contratação coletiva do trabalho, conforme elaborada por teóricos

---

[68]Cf. Daniel Ernst "Common laborers? Industrial pluralists, legal realists, and the law of industrial disputes, 1915-1943", in *Legal History Review*, vol. 11, no. 1 (primavera de 1993), pp. 59-100.

e militantes sindicais, segundo as quais caberia aos sindicatos frear a competição entre as empresas, de modo a permitir a elevação dos salários.[69] Tal visão também convergia para a postura de alguns importantes líderes sindicais, como Sidney Hillman, que mais tarde seria um dos mais próximos colaboradores de Roosevelt dentro do movimento sindical durante o New Deal. Como presidente do Amalgamated Clothing Workers of America (ACWA), Hillman contribuiu para a construção de novas formas de gestão do trabalho, que articulavam a gestão científica da produção com mecanismos de controle dos trabalhadores sobre seu processo de trabalho. Em colaboração com membros da Taylor Society, Hillman buscou introduzir uma ordem coletivamente contratada das relações entre trabalhadores e gerência, assim como instaurar um padrão científico de produção, formulado e acordado por todas as partes.[70]

Também na área do direito, críticas à contratação individual do trabalho começaram a se fazer ouvir. Roscoe Pound, professor da Universidade de Harvard que viria a ter forte influência sobre os realistas legais dos anos 1920 e 1930, escreveu, em 1909, no *The Yale Law Journal*, um artigo cha-

---

[69]Cf. Harry Millis "The union in industry: some observations on the theory of collective bargaining", *The American Economic Review*, vol. 25, no. 1 (mar. 1935), p. 5.

[70]Cf. Sidney Hilmann. "Statement of Sidney Hillman, President, Amalgamated Clothing Workers of America, and Member of the Labor Advisory Board", Hearings before the Committee on Education and Labor of the United States Seventy-Third Congress, Thursday, March 15, 1934, Second Session on S. 2969. A Bill to equalize the bargaining power of the employers and employees, to encourage the amicable settlement of disputes between employers and employees, to create a National Labor Board, and for other purposes, in National Labor Relations Board, *Legislative History of the National Labor Relations Act, 1935. Vol. 1*, Washington, United States Government Printing Office, 1985, p. 153.

mado "Liberty of contract", que repercutiu profundamente no pensamento sobre as relações de trabalho nos Estados Unidos. No artigo, Pound afirmava que a visão de que trabalhadores e empregadores eram igualmente livres para acordar entre si as condições de trabalho e remuneração constituía uma falácia, tendo em vista as evidentes desigualdades sociais entre ambos. Para ele, tal falácia teria sido legitimada por uma concepção individualista da justiça, que enfatizava os direitos de propriedade e de contrato e os direitos privados sobre os públicos, uma concepção jurídica superada pela realidade sociológica, mas resistente a mudanças.[71]

Nas duas primeiras décadas do século XX ocorreu, portanto, um processo de afinidade de estratégias de reformadores sociais, líderes empresariais e sindicais e, mesmo, advogados, no sentido de transformar os sindicatos em elementos legítimos e de regulação da concorrência entre as empresas e de disciplinarização da força de trabalho, em troca de uma maior autonomia no local de trabalho e salários mais altos. Membros da Taylor Society chegaram até mesmo a defender a criação de sindicatos nacionais, de forma a regular a economia americana como um todo. Nos anos 1920, a Taylor Society transformou-se em um foco de interesses por parte das indústrias voltadas para o mercado urbano de massas, como as lojas atacadistas Filenes e Macy's, da indústria do lazer, da construção civil etc, e alguns de seus membros, como Leiserson, teriam importante atuação em agências do New Deal.

---

[71]Cf. Roscoe Pound "Liberty of contract", in William Fisher, Morton Horwtiz e Thomas Reed. *American Legal Realism*, Nova York/Oxford, Oxford University Press, 1993, pp. 27-33.

Esse intenso debate intelectual e político se deu na conjuntura da Grande Guerra, que trouxe a questão operária para uma centralidade política de que ela jamais gozara até então, pois que o intenso conflito social então vivenciado precisava ser minimizado a fim de que não viesse a se transformar em obstáculo para o esforço de guerra.

1.4 A RELAÇÃO ENTRE O ESTADO E OS TRABALHADORES DURANTE A GRANDE GUERRA

A Grande Guerra foi percebida, por diversos intelectuais progressistas, como a grande oportunidade de fazer avançar um Estado regulador.[72] De fato, durante o conflito, diversas agências federais foram criadas para gerenciar a produção bélica e regular os preços, o que fez surgir uma nova burocracia técnica e um novo Estado administrativo. É importante notar, no entanto, que, não tendo herdado burocracias nacionais ao estilo das monarquias europeias, o executivo federal americano desenvolveu capacidades administrativas bastante limitadas até pelo menos o New Deal, e mesmo então teve que enfrentar oposição do Congresso, da Suprema Corte e dos governos estaduais e locais. Consequentemente, o principal instrumento de regulação estatal da economia seriam agências administrativas que, por delegação do Congresso, congregavam funções executivas, legislativas e judiciais a serem aplicadas no ramo econômico sobre o qual deveriam exercer suas atividades regulatórias.

---

[72]Cf. Ellis Hawley. *The Great War and the Search for a Modern Order*, Prospect Heights, Waveland Press, 1997.

A National War Labor Board era uma dessas agências e seu objetivo era tentar harmonizar o conflito entre as grandes corporações e seus trabalhadores, assegurando a continuidade da produção bélica.

Dentre os princípios que a NWLB delineou para administrar o conflito distributivo durante a guerra, estavam o direito de todos os trabalhadores de participar de sindicatos, de negociar coletivamente com seus empregadores e a ilegalidade de práticas antissindicais por parte destes. Tendo mediado mais de mil greves até o fim da guerra, a NWLB diminuiu consideravelmente o poder discricionário do patronato e, sob seus auspícios, pelo menos um milhão de trabalhadores americanos se tornaram sindicalizados. A partir da experiência da NWLB, a AFL chegaria até mesmo a sugerir o estabelecimento de agências públicas que agissem como fóruns de discussões e contratação coletiva do trabalho, cabendo ao governo federal o papel de coordenar tais agências, ainda que sem interferir nos termos dos contratos. Em sua Convenção de 1917, a AFL afirmava: "Os acordos e as relações entre os trabalhadores e o Governo Americano estabeleceram um novo período no mundo industrial — um período no qual o governo sanciona padrões fundamentados em princípios de bem-estar humano, em substituição ao velho sistema, no qual o lucro era supremo."[73]

A NWLB chegou até mesmo a fazer uso de um vocabulário político próximo daquele do movimento sindical ao acionar palavras de ordem como a de democracia industrial. A

---

[73]American Federation of Labor, "Thirty Seventh Annual Report of the American Federation of Labor", *apud* Estados Unidos. Department of Labor. Bureau of Labor Statistics, *Monthly Labor Review*, Washington, US Government Printing Office, vol. 6, no. 1, janeiro de 1918, p. 140.

rigor, a ideia de democracia industrial era extremamente polissêmica. Enquanto para a NWLB ela significava colocar um limite em práticas consideradas antidemocráticas das corporações americanas, no momento em que tropas americanas lutavam nos campos de batalha europeus, para os setores mais radicalizados do movimento operário, como o IWW, ela se revelava um poderoso instrumento para atacar a autoridade do patronato no local de trabalho. A percepção da AFL era mais próxima à do governo, uma vez que afirmava que as corporações que se opunham à contratação coletiva do trabalho estavam criando obstáculos ao esforço de guerra, revelando, elas próprias, uma natureza despótica e autocrática. No dizer de Felix Frankfurter, em artigo publicado quase uma década após o fim da guerra, havia, na consciência dos trabalhadores americanos, um descontentamento que surgia da disparidade entre os direitos, as oportunidades e os privilégios que exerciam na esfera política e a falta de oportunidade que enfrentavam para controlar sua própria vida econômica.[74] Urgia, portanto, *deskaiserisar* a indústria americana, retirando o ranço prussiano dos administradores corporativos. Desta forma, a AFL percebia-se como um agente da democracia industrial, fazendo da sindicalização um ato patriótico.

As diferentes concepções de democracia industrial, de estratégias e de projetos políticos entre a AFL e outros setores do movimento operário, como o IWW, não passaram despercebidas ao governo Wilson. A aproximação entre a AFL e o governo representou um custo elevado para o IWW e o

---

[74]Cf. Felix Frankfurter "Rationalization in industry and the labor problem", *Proceedings of the Academy of Political Science*, vol. 13, no. 1 (jun. 1928), p. 172.

PSA, que então sentiram a pesada mão de ferro do governo com particular intensidade. Com a aprovação pelo Congresso do Espionage Act, de 1917, logo suplementado pelo Sedition Act, de 1918, todos os movimentos considerados politicamente radicais foram sistematicamente reprimidos pelo governo. Em 1918, 101 militantes do IWW foram levados a júri na Corte Federal de Chicago, acusados de sabotagem e conspiração contra o esforço de guerra. Com o fim do conflito mundial e o aumento do número de greves que se lhe seguiu durante o Medo Vermelho, o IWW foi desarticulado, e em alguns estados a simples filiação a ele passou a ser considerada crime. O PSA não teria destino mais promissor. Em 9 de abril de 1917, o partido adotou uma resolução pela qual afirmava ser a declaração de guerra do governo americano um crime contra o povo dos Estados Unidos. Nas eleições daquele ano, os socialistas obtiveram êxitos importantes em grandes cidades e centros industriais: 22% dos votos em Nova York, 34% em Chicago, 44% em Dayton, 34% em Toledo, 19% em Cleveland. No entanto, Eugene Debs, seu maior líder, acabou sendo condenado a cumprir sentença de vinte anos na prisão federal de Atlanta, de onde, com o número de prisioneiro 9653, concorreu à presidência dos Estados Unidos em 1920, tendo recebido 900 mil votos. A partir de então, porém, o PSA conheceu um decréscimo acentuado em seu número de militantes, passando de 118 mil em 1900 para 11 mil uma década depois.

Ao Medo Vermelho de 1919, quando 4.160.348 homens — 20% da força de trabalho dos Estados Unidos — cruzaram os braços em 3.630 greves em meio a atentados contra empresários e funcionários públicos, seguiu-se um violento movimento de repressão que visava à deportação de trabalhadores estrangeiros tidos como radicais.[75] O primeiro de vários ataques governamentais organizados contra líderes operários, que ficaram conhecidos como *Palmer raids* em razão de seu mentor, o advogado-geral da União A. Mitchel Palmer, foi desferido em novembro de 1919, com a prisão de 250 membros da União dos Trabalhadores Russos. Em dezembro, 249 trabalhadores, sobre os quais não pesava qualquer acusação formal, foram deportados para a Rússia, inclusive a líder anarquista Emma Goldman, defensora de bandeiras tidas na ocasião como bem pouco americanas, como a homossexualidade, o controle de natalidade e o amor livre. Em janeiro de 1920, em uma única noite 4 mil trabalhadores supostamente comunistas foram presos em 33 cidades, a maioria sem mandado judicial, sendo-lhes negados direitos constitucionais básicos. Esses prisioneiros foram mantidos incomunicáveis, foram interrogados com violência e, em algumas cidades, submetidos a tratamento público humilhante. Ao todo, algo em torno de 600 pessoas foram deportadas no período, que deixou como principais símbolos os anarquistas Sacco e Vanzetti, presos em 1920 e executados em 1927. Para a AFL, a virtual eliminação do PS e do IWW, assim como a expulsão de imigrantes tidos como radicais, era um passo necessário para a integração do movimento operário e de imigrantes não radicais, representados por ela própria, a uma sociedade aberta e ordeira, baseada em contratos coletivos de trabalho, que a central esperava emergisse da guerra.

---

[75]Cf. Florence Peterson (Bureau of Labor Statistics), "Review of strikes in the United States", *Monthly Labor Review*, Washington, US Government Printing Office, vol. 46, no. 5, maio de 1938, p. 1066.

1.5 A VOLTA À *NORMALIDADE*

O cenário americano do pós-guerra não se revelou, contudo, propício às visões morais do capitalismo, à continuidade das reformas progressistas, à legitimação do movimento sindical e, consequentemente, ao aprofundamento das relações entre este e o Estado americano. Nas eleições parlamentares de 1918, congressistas conservadores, tanto republicanos quanto democratas, fizeram a maioria do Congresso, rejeitando qualquer avanço institucional e organizativo do movimento operário. O Medo Vermelho, ao lado da forte reação empresarial pelo fim da ingerência governamental nas relações de trabalho, aliado ao temor do governo Wilson de que aumentos salariais obtidos em negociações coletivas pudessem alimentar a espiral inflacionária, fizeram com que o ambiente político e institucional no qual o trabalho organizado ligado à AFL conhecera abrigo e estímulo fosse restringido, e agências como a NWLB acabaram por ser desmontadas. Entre 1920 e 1921, a AFL perdeu grande parte dos recursos políticos que havia conquistado durante a Grande Guerra, assim como cerca de 30% de seus então 4 milhões de filiados.

Além disso, as clássicas concepções do individualismo possessivo como matriz de organização da sociedade e da autorregulamentação dos mercados estavam presentes na plataforma do candidato republicano vitorioso nas eleições presidenciais de 1920, Warren Harding, que defendia o fim do que entendia ser o despotismo do Executivo federal, expresso nas agências administrativas e a volta à *normalidade*, ou seja, o laissez-faire.

Se a NWLB não chegou a se constituir na *discriminação positiva* ao movimento sindical propugnada por Croly desde

1909, e tampouco a Era Progressista chegou a construir o grande Estado e o grande trabalho por ele defendidos, seria incorreto afirmar que, no pós-guerra, o estatuto do trabalho organizado tenha permanecido o mesmo de antes do conflito.

Algumas corporações de diferentes setores industriais começaram a perceber que a simples repressão não resultaria em consentimento operário e preocuparam-se em também construir as bases simbólicas deste, pelo que ficaria conhecido como *welfare capitalism*, a implantação, pelas próprias empresas, de programas de bem-estar, saúde, aposentadoria, esportes e outros benefícios indiretos, assim como de planos de representação de trabalhadores nos locais de trabalho. O *welfare capitalism* baseava-se no princípio de que o trabalhador individual, sua empresa e a sociedade eram partes de um todo orgânico e desejavelmente harmonioso.[76] Os planos de *welfare capitalism* da General Motors Corporation, por exemplo, incluíam programas habitacionais, bônus, fundos de investimentos, compra de ações da empresa e atividades educacionais e recreativas, o que não significa dizer que a empresa tenha deixado de buscar desarticulação dos esforços de associação autônoma dos seus trabalhadores.

Para além da ideia da construção do consentimento operário por meio de programas de bem-estar, as visões que a Taylor Society havia formulado sobre o sindicato como instrumento para a maximização da eficiência produtiva e o disciplinamento da força de trabalho também prosperaram entre alguns círculos empresariais.

---

[76]Cf. Estados Unidos, Department of Labor, Bureau of Labor Statistics, "The organic development in business", *Monthly Labor Review*, Washington, US Government Printing Office, vol. 3, no. 4, outubro de 1916, pp. 86-88.

Além disso, o sindicato começava a ser percebido como instrumento de regulação da concorrência entre as empresas de um mesmo setor econômico. O problema da concorrência entre as empresas era central para vários setores econômicos, uma vez que o avanço das agências administrativas da Era Progressista e o processo de fusão de empresas e consolidação corporativa que vigorou na virada do século XIX para o século XX não resultaram em um ambiente institucional capaz de administrar a competição tida como destrutiva.

Um dos principais elementos de concorrência entre as empresas notadamente destrutivo relacionava-se aos custos da mão de obra e à jornada de trabalho. Pela interpretação então corrente da Constituição, o governo federal só podia regular horas e salários de seus próprios funcionários, além de trabalhadores envolvidos em atividades interestaduais, e no comércio exterior. No âmbito dos estados, as realidades eram múltiplas. Em 1913, apenas 13 estados possuíam limites de horas, que variavam de oito a dez por dia, para trabalhadores envolvidos em atividades perigosas, particularmente nas minas.[77] Ainda em 1933, a legislação da Califórnia permitia uma jornada diária de 12 horas, a da Louisiana de 10 a 12 horas, dependendo da categoria profissional, e a de Oregon até 14 horas para trabalhadores de ferrovias, ainda que a jornada média semanal, em 1909, fosse de 51,7 horas, ou 8,6 horas/dia em uma semana de seis dias de trabalho.[78] Em 1933,

---

[77]Cf. Arthur Goldberg. *Growth of Labor Law in the United States*, Washington, United States Deparment of Labor, US Bureau of Labor Standards, 1962, p. 83.
[78]Cf. Estados Unidos, Department of Labor Bureau, of Labor Statistics, "Legal restrictions on hours of labor of men in the United States, as of January 1, 1933", *Monthly Labor Review*, Washington, US Printing Office, vol. 36, no. 1, janeiro de 1933, p. 8; Estados Unidos. Department of Labor. Bureau of Labor Statistics, "Wages, hours, and productivity of industrial labor, 1909 to 1939", *Monthly Labor Review*, Washington, US Printing Office, vol. 51, no. 3, setembro de 1940, p. 519.

apenas 16 estados possuíam leis de salários mínimos para mulheres e crianças e, em 1938, 23 estados ainda não tinham nenhuma legislação sobre salário mínimo, 30 não possuíam limites legais a uma jornada diária superior a oito horas, 18 possuíam jornadas semanais legais superiores a 48 horas e 8 não possuíam qualquer tipo de limite para a jornada de trabalho.[79] A definição de horas e salários era deixada a cargo, portanto, dos contratos de trabalho, predominantemente individuais e, por isso, alguns empresários começaram a ver nos sindicatos um mecanismo capaz de equalizar tais variáveis por meio de contratos coletivos de trabalho por todo um setor industrial. Às vésperas do New Deal, já era corrente a tentativa de criar acordos setoriais ou por área geográfica que abarcassem todos os trabalhadores de uma determinada indústria. Como disse um executivo da U.S. Rubber:

> Se temos uma situação na nossa indústria na qual uma unidade está pagando salários de 86, 89 ou 90 centavos a hora e outra unidade está pagando 45 ou 46 centavos a hora, e estas unidades estão competindo entre si, (...) alguma agência [empresarial] deve cuidar desta situação e criar parâmetros salariais para esta indústria (...); e se nós admitirmos que somos incapazes disto, então o trabalho organizado tem razão ao dizer. "Nós temos que tomar conta do caso e fazer o trabalho para vocês."[80]

---

[79]Cf. Estados Unidos, Department of Labor, Bureau of Labor Statistics, "Minimum wage legislations in the United States", *Monthly Labor Review*, Washington, US Printing Office, vol. 37, no. 6, dezembro de 1933, p. 1344; Estados Unidos, Department of Labor, *Twenty-Sixth Annual Report of the Secretary of Labor, for the fiscal year ended June 30, 1938*, Washington, US Printing Office, 1938, p. 4.
[80]*Apud* Colin Gordon, p. 93.

Na década de 1930, muitos empresários chegariam até mesmo a defender os acordos sindicais com cláusulas de *closed-shop*, que só permitiam que trabalhadores sindicalizados fossem contratados, como uma forma de estabilizar as relações de trabalho e cortar a competição destrutiva entre as diferentes unidades fabris e firmas de um mesmo setor industrial.[81]

Nos anos 1920, a visão dos sindicatos como elementos de estabilização da concorrência entre as empresas estava, no entanto, longe de ser consensual no mundo empresarial. A NAM, principal associação industrial do entreguerras, manteve sua postura abertamente antissindical, e os sindicatos continuaram sob a ação desarticuladora do Poder Judiciário. O United Mine Workers (UMW), o maior sindicato industrial do período, na década de 1920 recebeu sentenças condenatórias em todo o repertório legal construído ao longo do século XIX. Em 1921, foi condenado pela Suprema Corte dos Estados Unidos em uma ação de conspiração movida por operadores de minas do estado de West Virginia. No mesmo ano, na corte distrital federal de Indianápolis, assim como em inúmeras cortes estaduais de West Virginia, os proprietários de minas conseguiram *labor injunctions* que proibiam os organizadores do sindicato de se aproximarem das minas em que os trabalhadores não eram sindicalizados ou mesmo fazer propaganda sindical direcionada a mineiros que não pertencessem ao sindicato. No início dos anos 1920, juízes

---

[81]Cf. Estados Unidos, Department of Labor, Bureau of Labor Statistics, "Closed shop and check-off in union agreements", *Montly Labor* Review, Washington: US Government Printing Office, vol. 49, no. 4, outubro de 1939, p. 830.

chegaram a declarar que os esforços associativos do UMW na maior parte do sudoeste de West Virginia e no leste do Kentucky constituíam ato criminoso. Em Arkansas, os embates entre o UMW e a Coronado Company chegaram à Suprema Corte dos Estados Unidos, que declarou as greves que tinham por objetivo organizar os trabalhadores de minas até então não sindicalizadas uma interferência com o comércio interestadual do carvão e, portanto, passíveis de serem suspensas sob os termos da Lei Sherman. Em seus embates com os tribunais, o UMW gastava boa parte de seus recursos, os quais, de outro modo, seriam utilizados para fins de organização. Em 1920, o sindicato gastou mais de 150 mil dólares em despesas legais e no ano seguinte a cifra chegou a 460 mil dólares. Apenas em um ano, ao longo de toda a década de 1920, o UMW teve gastos legais inferiores a 100 mil dólares.

No entanto, o problema da competição entre as empresas, que deprimia os salários, não passava despercebido ao poder público. Herbert Hoover, primeiro como secretário de Comércio, depois como Presidente da República, a partir de 1929 buscou dar resposta a este problema implementando o que chamou de Novo Individualismo, ou seja, mecanismos institucionais que visassem a frear a acirrada concorrência entre as grandes corporações por meio de acordos que regulamentassem a jornada de trabalho, os salários, os níveis de produção etc. No entanto, tais mecanismos deveriam ser construídos pelas associações setoriais das próprias empresas, sem a interferência direta do Estado, que agiria apenas como fomentador do processo.

O Novo Individualismo de Hoover reafirmava sua aparentemente inabalável desconfiança do papel do Estado na regulação da economia. Em discurso pronunciado no dia 22 de outubro de 1928, na campanha eleitoral presidencial em que derrotou o candidato democrata Al Smith, Hoover, ao atacar a plataforma democrata, afirmou que se o governo participasse da vida econômica do país, destruiria a igualdade política, aumentaria a corrupção, inibiria a iniciativa, fragilizaria o desenvolvimento de lideranças, acabaria com as oportunidades e secaria o espírito de liberdade e progresso. Relacionando a plataforma de seu partido às instituições fundadoras da República e à prosperidade anos 1920, Hoover defendia o que chamava de sistema americano, cujas bases se encontravam na liberdade, na igualdade de oportunidades, na livre iniciativa e nos limites do poder do Estado.[82]

O Estado administrativo montado na Era Progressista deveria, portanto, ser substituído por iniciativas associativas privadas: o Estado deixava de regular a economia e passava a estimular a cooperação entre os agentes privados. Várias de tais associações chegaram a funcionar, como o Cotton Textile Institute e o Special Conference Committee, mas acabariam por fracassar tanto pela incapacidade das corporações em traçar e respeitar estratégias coletivas, como pela ausência de mecanismos legais ou políticos que as constrangessem a fazê-lo, além do receio que tinham em incorrer em práticas consideradas ilegais pela Lei Sherman Antitruste.

Talvez nenhuma outra indústria simbolizasse tão bem as contradições da economia americana dos anos 1920 do que

---

[82]Herbert Hoover "Speech by Herbert Hoover, Nova York, October 22, 1928", *apud* Henry Steele Commager, *op. cit.*, p. 225.

a automotiva: a acirrada concorrência entre as empresas, ao mesmo tempo em que tornou o automóvel o sonho de consumo de parcelas expressivas dos trabalhadores americanos, não possibilitava que esses mesmos trabalhadores comprassem seus carros, por deprimir seus salários.

CAPÍTULO 2 O coração da nova economia
americana: a indústria
automobilística e a
Grande Depressão

2.1 FORD, O FORDISMO E OS TRABALHADORES

A indústria automobilística e o próprio automóvel são, possivelmente, a melhor tradução das profundas mudanças pelas quais passou a economia e a sociedade americanas nas primeiras décadas do século XX.

O primeiro automóvel americano foi produzido em 1893 e, seis anos depois, trinta empresas produziam cerca de 2.500 carros anualmente. Na ocasião, estampadores, torneiros, pintores e outros trabalhadores artesanais dividiam os espaços de pequenas fábricas e produziam um reduzido número de veículos para artistas, políticos e magnatas. O novo produto logo atrairia investidores, e entre 1900, ano em que a indústria automotiva nem sequer constava do censo industrial americano, e 1908, ano em que o Modelo T da Ford Motor Company foi produzido pela primeira vez, 485 companhias entraram no negócio de fabricação de automóveis.

Em meio a um ambiente altamente competitivo, coube à Ford conduzir o processo de inovações técnicas e organizacionais na indústria automotiva, iniciado com o parcelamento, a padronização e a rigorosa separação entre concepção e execução das atividades, oriundo da concepção taylorista de organização do trabalho, até chegar à linha de montagem, em 1913.

A introdução da linha de montagem representou uma aceleração do processo de desabilitação da força de trabalho e um aumento espetacular da produtividade dos trabalhadores da Ford. Em 1908, pouco antes do início da fabricação do Modelo T, o ciclo de tarefas médio de um trabalhador da empresa, equivalente ao tempo trabalhado antes que as mesmas operações se repetissem, era de 514 minutos, o que significa dizer que cada trabalhador cumpria um longo ciclo de tarefas, que poderia ser, por exemplo, a montagem completa da carroceria ou do motor. Nesse ano, contudo, cada trabalhador passou a executar apenas uma tarefa. Assim, em 1913, às vésperas da introdução da linha de montagem, o ciclo médio de tarefas já havia caído para 2,3 minutos, e na primavera do mesmo ano, quando a linha de montagem foi introduzida, caiu para 1,19 minuto. No fundo, o que Ford buscava, ao lado das peças intercambiáveis, era o operário intercambiável. Nas palavras do próprio Ford, o resultado de sua organização do trabalho deveria ser a: "... economia de pensamento e redução ao mínimo de movimentos por parte do operário, que, sendo possível, deve fazer sempre uma só coisa com um só movimento."[83] No cinema, o fordismo foi imortalizado por Charles Chaplin em *Tempos modernos*, não apenas nas cenas da linha de montagem, como também naquela da máquina de alimentação, em que o trabalhador perdia o controle sobre o seu tempo de mastigação e sobre a escolha de seus alimentos, prenunciando os tempos do *fast-food*.

Henry Ford nunca se deu por satisfeito com os resultados obtidos por suas inovações e na década de 1920 as contínuas

---

[83]Henry Ford *apud* Benedito Rodrigues Moraes Neto *Marx, Taylor, Ford: as forças produtivas em discussão*, São Paulo, Brasiliense, 1989, p. 48.

modificações que introduzia no processo de trabalho continuavam a desabilitar seus trabalhadores, com aumento no nível de estandardização e menor tempo de treinamento para as tarefas.[84] A elevação da produtividade do trabalho propiciada pela padronização das peças e pela linha de montagem alavancaria a Ford como a maior montadora do mundo. Se em 1902 a Renault francesa produziu 509 carros utilizando 500 trabalhadores e em 1907 a Austin inglesa produziu 147 unidades com 400 trabalhadores, em 1927, ano em que o Modelo T foi retirado do mercado, mais de 15 milhões de unidades haviam sido produzidas pela Ford, e o preço unitário de seus automóveis havia sofrido um declínio expressivo. Em 1908, o modelo mais barato custava cerca de 850 dólares, enquanto em 1922, apesar da inflação que houvera, custava 298 dólares.

Os trabalhadores da Ford, contudo, não se mostravam entusiasmados com as inovações introduzidas no processo de fabricação de automóveis, e o absenteísmo e a rotatividade da mão de obra alcançaram níveis que punham em risco o próprio crescimento da nova indústria. No ano da instalação de sua primeira linha de montagem, a Ford teve que contratar mais de 52 mil trabalhadores para manter uma força de trabalho de 13,6 mil homens, uma rotatividade que alcançava a excepcional marca de 382%.[85]

---

[84]Cf. Estados Unidos, Department of Labor, Bureau of Labor Statistics, "Effect of technological changes upon occupations in the motor-vehicle industry". *Labor Monthly Review*, Washington: US Government Printing Office, vol. 34, no. 2, fevereiro de 1932, p. 249.

[85]Cf. Ralph Graves *The Triumph of an Idea. The story of Henry Ford*, Nova York, Doubleday, Doran & Company, Inc., 1934, p. 60; Thomas Klug. "Employer's strategies in Detroit labor market, 1900-1921", in Nelson Lichtenstein e Stephen Meyer. *On the Line. Essays in the history of auto work,* Urbana/Chicago, University of Illinois Press, 1984, p. 54; Benjamin Coriat. *L'atelier et le chronomètre*, Paris, Christian Bourgois Éditeur, 1994, pp. 94, 95.

A recusa do trabalhador em aceitar o novo processo de trabalho seria confirmada em um estudo realizado em 1915 que revelou que os proponentes de tal processo e os trabalhadores tinham percepções diferentes a respeito da chamada administração científica do trabalho. Para os primeiros, a administração científica do trabalho proporcionava uma harmonia de interesses entre capital e trabalho, pois, ao reduzir os custos gerais da produção, permitia salários mais altos e melhores condições de trabalho; sendo científica, era também democrática, pois substituía a arbitrariedade de inspetores e capatazes por regras impessoais de produtividade; finalmente, sendo seus benefícios sociais gerais, tal forma de administração tornava a contratação coletiva do trabalho dispensável — e, em decorrência, a sindicalização —, evitando as greves e as causas gerais da agitação social. Para os trabalhadores, a organização científica do trabalho tinha o objetivo de aumentar a produtividade e os lucros; eliminava os direitos e o bem-estar dos trabalhadores; aumentava a especialização do trabalho, negando as diferenças humanas; estabelecia rígidos padrões salariais; enfim, era antidemocrática, transferindo para as gerências todo o saber, toda a experiência, toda a capacidade de julgamento e todas as habilidades do trabalhador.[86]

O absenteísmo não foi, no entanto, a única resposta dos trabalhadores automotivos aos métodos gerenciais de Ford. A outra resposta, ou tentativa de resposta, foi a sindicalização. Tal tentativa, no entanto, fracassou tanto em razão

---

[86]Cf. Estados Unidos, Department of Labor, Bureau of Labor Statistics, "Scientific management and labor", *Monthly Labor Review,* Washington, US Government Printing Office, vol. 2, no. 1, janeiro de 1916, pp. 29 e 30.

da resistência patronal quanto por divisões no seio do próprio movimento sindical.

O primeiro sindicato a atuar na indústria automotiva foi o Carriage and Wagon Workers' International Union (CWWIU), filiado à AFL. Quando o CWWIU requereu à AFL a inclusão da palavra "automóvel" em seu nome, com o objetivo de congregar todos os trabalhadores automotivos em um sindicato industrial, acabou por entrar em conflitos jurisdicionais com importantes sindicatos profissionais também filiados à AFL, como o International Brotherhood of Blacksmiths and Helpers (IBBH) e o Upholsters' International Union (UII). Na Convenção Anual da AFL de 1913, nove desses sindicatos apresentaram uma resolução, que acabou por ser aprovada, para que o sindicato, já então denominado Carriage, Wagon and Automobile Workers' International Union (CWAWIU), interrompesse seus esforços organizativos entre trabalhadores de suas jurisdições profissionais. No ano seguinte, os sindicatos profissionais, por intermédio do Metal Trades Department da AFL, iniciaram um esforço organizativo que, apesar de fracassado, não evitou que a AFL ordenasse que o CWAWIU retirasse a palavra "automóvel" de seu nome. O conflito entre a AFL e o CWAWIU, que se recusou a obedecer a ordem, iria durar até 1918, quando o sindicato foi expulso da central. A partir de então, ele foi reorganizado com o nome de United Automobile, Aircraft and Vehicle Workers of America (UAAVW), inteiramente voltado para os princípios do sindicalismo industrial e para a denúncia da AFL e dos sindicatos profissionais que, segundo ele, jogavam categorias de trabalhadores umas contra as outras. Em 1920, o sindicato já possuía 45 mil filiados, mas a oposição patronal, a reação ao

Medo Vermelho, a recessão de 1920-1921 e uma greve fracassada em uma unidade fabril da Fisher Body Corporation levaram-no a uma crise da qual não se recuperaria.

Henry Ford, por seu lado, buscou solucionar a crônica problemática de suprimento e disciplina da mão de obra a partir de uma estratégia que articulava tanto a coerção contra os esforços associativos dos trabalhadores quanto a construção de uma dimensão consensual com eles. Como contrapartida ao trabalho monótono e repetitivo da linha de montagem, Ford elevou o salário mínimo diário de seus trabalhadores de 2,34 dólares para 5 dólares, além de oferecer-lhes um extenso programa de reforma social que visava americanizá-los, uma vez que grande parte de sua força de trabalho era composta por imigrantes. O Dia de 5 Dólares, assim, fazia parte de um esforço amplo, característico da Era Progressista, de inculcar valores americanos em trabalhadores supostamente deles destituídos. Os 5 dólares, no entanto, não eram oferecidos à totalidade da mão de obra da empresa, mas apenas àqueles indivíduos julgados aptos para tanto pelo Departamento Sociológico da empresa após um período de seis meses de observação. O critério para o recebimento do salário mais elevado era, além da produtividade de cada trabalhador, o seu grau de americanização: se formava família, frequentava um templo, distanciava-se das bebidas e do jogo e possuía hábitos de consumo condizentes com seu rendimento. Em seu testemunho diante da Comissão Federal de Relações Industriais, em 22 de janeiro de 1915, Ford afirmava:

OS INVENTORES DO NEW DEAL

> A empresa mantém uma equipe [o Departamento Socioló-
> gico] de quarenta homens, bons juízes da natureza humana,
> que explicam as oportunidades, ensinam os hábitos e costu-
> mes americanos, a língua inglesa e as obrigações da cidada-
> nia, bem como aconselham e ajudam os empregados pouco
> sofisticados a obter e manter condições sanitárias confortá-
> veis e adequadas de vida, além de exercerem a necessária
> vigilância para evitar ao máximo que a fragilidade humana
> os faça cair em hábitos ou práticas que sejam contrárias ao
> progresso na vida.[87]

Entre tais práticas estava, evidentemente, a participação em
sindicatos. Ford era um exímio frasista quando se tratava de
criticar os sindicatos. Suas declarações, conhecidas como for-
dismos, incluíam: "Sindicatos são a pior coisa que existe na
face da Terra, porque tiram a independência do homem";
"Nossos homens devem considerar se é necessário pagar a
alguém de fora [um sindicato] para ter o privilégio de trabalhar na Ford"; "Nós sempre fizemos melhor por nossos empregados do que alguém de fora [um sindicato] faria".[88] O
Departamento Sociológico, o Dia de 5 Dólares e estratégias
similares de *welfare capitalism* faziam parte, portanto, da
estratégia empresarial de *open-shop*, ou seja, de combate aos
sindicatos, que Ford compartilhava com todos os industriais
de Detroit.

No entanto, para além de seus aspectos disciplinadores
sobre a força de trabalho, o Dia de 5 Dólares também en-

---

[87]Henry Ford. *The Ford Plan. A human document. Report of the testimony of Henry Ford before the Federal Commission on Industrial Relations, January 22, 1915,* Nova York, John Anderson Co., 1915, p. 2.
[88]*Apud* Estados Unidos, National Labor Relations Board, "In the Matter of Ford Motor... Decided December 22, 1937", pp. 626 e seguintes.

cerrava um importante aspecto econômico: o repasse para os salários dos ganhos de produtividade do trabalho obtidos com a linha de montagem. Em 1943, em publicação que comemorava os quarenta anos de sua empresa, Henry Ford afirmaria:

> Nosso país prospera ou não com a sorte do trabalhador assalariado. Os gastos dos ricos, somente, não podem sustentar nenhuma indústria básica pois, em primeiro lugar, nós temos muito poucas pessoas que podem ser chamadas de ricas; em segundo lugar, nem suas necessidades nem seu poder de compra são suficientes para sustentar sequer uma indústria de médio porte.[89]

Ford tinha, portanto, plena clareza de que, se nos tempos heroicos da indústria automotiva, pequenas oficinas produziam carros para um mercado extremamente reduzido constituído por consumidores que possuíam uma renda alta, nos tempos da produção em massa — proporcionada por sua linha de montagem —, haveria que se constituir um mercado também de massas, formado por trabalhadores. O desafio era, pois, generalizar salários altos em um cenário no qual a competição era a marca das relações entre as empresas em diversos setores industriais. Ford pôde aumentar o salário de seus trabalhadores em 1913 porque virtualmente não tinha competidores no setor automotivo que então se consolidava. No início da Primeira Guerra Mundial, a Ford ainda controlava cerca de metade do mercado americano de automóveis, o que

---

[89]Henry Ford. *Ford Motor Company. Forty years, 1903-1943*, Detroit, Ford Motor Company, 1943, p. 29.

não ocorria em outros segmentos industriais, nos quais os salários permaneciam como variáveis da concorrência por corresponderem, em média, de 30% a 50% dos custos totais da produção. Assim, mesmo na indústria automotiva, na qual os métodos fordistas rapidamente se disseminaram, os salários altos mantiveram-se insulados na própria Ford. Por pressão das demais montadoras, a Employers' Association of Detroit (EAD) funcionou como instrumento exclusivo de contratação da Ford, de forma a impedir que os trabalhadores de outras montadoras para ela migrassem e, desta forma, forçassem suas empresas de origem a elevar seus salários. A EAD constituiu-se, desde sua origem, em um bastião do *open-shop* em Detroit, tornando a cidade atraente para a instalação de novas indústrias por sua mão de obra abundante, devido à imigração, e desorganizada, devido à ação patronal.

Como Ford havia percebido, o fordismo e seus corolários de produção e consumo de massas expressavam importantes mudanças na economia americana, particularmente a crescente importância dos salários para a formação da demanda. Se nas primeiras décadas do século XX os setores mais dinâmicos da economia eram ligados a bens de capital e insumos básicos, como o carvão e o aço, ou seja, se os compradores de tais insumos eram indústrias, a indústria automotiva — assim como outras indústrias de bens de consumo durável então criadas ou em expansão, e mesmo a indústria do lazer — vinha colocar o consumidor individual e sua família, cuja única renda era o salário, como elemento central da formação da demanda, como atesta o clássico estudo dos anos 1920 sobre a pequena cidade americana de classe média, realizado pelo casal Lynd:

A difusão de novas oportunidades urgentes para gastar dinheiro em todos os setores da vida pode ser demonstrada pelos novos utensílios e serviços usados em Middletown [cidade paradigmática da nova sociedade de consumo americana. O estudo foi feito em Muncie, Indiana] hoje, mas pouco conhecidas até recentemente:

No lar: forno, água corrente e quente, esgotamento sanitário, aparelhos elétricos englobando desde torradeiras até máquinas de lavar louça, telefone, refrigeradores, vegetais e frutas frescos durante o ano todo, grande variedade de roupas, e roupas íntimas de seda, lavanderias comerciais, (...) cosméticos, manicures e cabeleireiros.

No lazer: cinema (...), carros (gasolina, pneus, viagens), fonógrafo, rádio, brinquedos infantis mais elaborados, mais taxas de clubes para mais membros da família, YMCA e YWCA, mais jantares dançantes, (...), cigarros caros.

Na educação: ginásio e faculdade (envolvendo um tempo mais longo em que os pais sustentam os filhos), vários novos custos incidentais, como competições esportivas escolares.[90]

Para se ter uma ideia das mudanças nos hábitos de consumo nos lares americanos, as despesas com alimentação das famílias brancas nova-iorquinas com salários anuais entre 1.200 dólares e 1.500 dólares diminuíram de 43,5% do total para 40,3% entre 1917-1919 e 1934-1935, enquanto as despesas com habitação subiram de 19,8% do total para 29,2%, como um reflexo dos novos itens de conforto doméstico.[91]

---

[90]Robert Lynd e Helen Lynd *Middletown. A study in contemporary American culture*, Nova York, Harcourt, Brace & World, 1929, p. 81-82.
[91]Cf. Faith Williams "Changes in family expanditures in the post-war period", *Monthly Labor Review*, Washington, US Government Printing Office, vol. 47, no. 5, novembro de 1938, pp. 971, 972.

Tal fato não escapou aos analistas do Departamento do Trabalho, que em 1940 afirmaram:

> Um dos mais importantes ganhos dos últimos quarenta anos é o reconhecimento das profundas mudanças do mercado americano. Em décadas passadas, a expansão da fronteira doméstica e a ocupação de áreas subdesenvolvidas do globo foram acompanhadas por um crescimento quase ininterrupto de oportunidades tanto para os investimentos de excedentes de capital como para o emprego lucrativo do trabalho. Novas condições tornaram impossível a antiga dependência da expansão da economia nacional e mundial e mudaram a ênfase para o mercado interno de bens de consumo. Os salários, que antigamente eram considerados custo de produção, passaram a ser vistos como renda necessária para sustentar os mercados internos e manter o ciclo de produção e consumo ininterrupto.[92]

Paralelamente, os trabalhadores americanos dependiam cada vez mais de sua inserção no processo produtivo para o seu sustento. Até o século XIX, a reprodução das condições de vida de um trabalhador ainda se dava em boa medida em um circuito extramercantil. Em 1890, uma pesquisa realizada com 2.500 famílias das principais regiões mineradoras do país constatou que metade possuía ovelhas, galinheiros e pomares, e pelo menos 30% não compravam nenhum outro legume além de batatas durante todo o ano, situação que rapidamente se transformaria com a expansão da agricultura mecanizada e voltada para o mercado que se consolidaria nas primeiras

---

[92]Witt Bowden "Wages, hours, and productivity of industrial labor, 1909 to 1939", *Monthly Labor Review*, Washington, US Government Printing Office, vol. 51, no. 3, setembro de 1940, p. 520.

décadas do século XX. O salário tornava-se, assim, crescentemente importante não só para a formação da demanda de um amplo segmento industrial em expansão, mas também para o sustento das famílias.

No entanto, se os salários se tornavam crescentemente importantes para sustentar a demanda da nova economia de consumo que então se consolidava, o Dia de 5 Dólares não apenas não se generalizou para o conjunto da economia americana, como nem sequer na Ford teve vida longa. Tanto seu fundamento de busca de uma dimensão consensual entre empresa e trabalhadores quanto a visão de Ford de transformar seus trabalhadores em consumidores logo se revelariam insustentáveis.

Durante a Grande Guerra, o slogan da democracia industrial penetrou os recintos de Highland Park, e um crescente descontentamento operário se fez sentir, em grande parte oriundo da aceleração do ritmo da linha de montagem, em razão da competição que a Ford já vinha sofrendo de outras montadoras, como a General Motors Corporation e a Chrysler Corporation. Se em 1915 a rotatividade do trabalho havia caído para 16% contra os 382% de 1913, em 1918 ela já atingia 51%. Rejeitando tanto o diálogo com os sindicatos como qualquer concepção desenvolvida pela Taylor Society de uma nova ordem coletivamente contratada de relações de trabalho, opondo-se, ainda, à mediação do Estado por intermédio da NWLB após a entrada dos Estados Unidos na Grande Guerra, em abril de 1917, a política da Ford para com seus trabalhadores foi se tornando cada vez mais dura, o que acabou por transformar o Departamento Sociológico da Ford na Oitava Divisão Industrial da American Protective League (APL), uma organização nacional criada como uma força auxiliar semioficial do Departamento de Justiça com o objetivo de, em nível local, garantir a implementação da política repressiva do governo Wilson expressa no Espionage Act e no Sedition Act. De abril de 1917 à primavera de 1919, a APL de Detroit funcionou dentro do Departamento Sociológico da Ford, com uma rede de espiões e informantes que relatavam todas as atividades políticas e sindicais dos trabalhadores da empresa, minando sua capacidade organizativa. Em breve, o Departamento Sociológico daria lugar ao Departamento de Serviços como gestor de mão de obra da empresa. Tal Departamento, dirigido por Harry Bennet, um ex-pugilista e notório gângster, era temido até pelos executivos da companhia, a começar por Edsel Ford, filho de Henry.

Por outro lado, a inflação da Grande Guerra e de seu momento posterior, aliada à instabilidade no emprego, acabaria por fragilizar o poder de compra dos 5 dólares, eliminando a disparidade de salários entre a Ford e as demais montadoras. Em 1918, o poder de compra dos 5 dólares estava reduzido ao equivalente a 2,14 dólares de 1914. Em 1925, os ganhos semanais dos trabalhadores da Ford já eram em média mais baixos do que os salários dos trabalhadores das outras montadoras, e em 1937 um eletricista da montadora ganhava, em média, 6,40 dólares por dia, apenas 1,40 dólar a mais do que os 5 dólares dos trabalhadores não qualificados de 1913.[93]

---

[93]Cf. Estados Unidos, National Labor Relations Board, "In the Matter of Ford Motor Company and International Union, UAW of A, Local Union no. 249, Case no. C-1463. Decided May 21, 1941", in *Decisions and Orders of the National Labor Relations Board. Volume 31. April 16 to May 31, 1941*, Washington, United States Government Printing Office, 1942, p. 1059.

Ainda assim, os salários/hora na indústria automotiva eram relativamente mais altos do que em outros setores industriais, o que não significa dizer que resultassem necessariamente em rendas anuais altas para os trabalhadores. Na década de 1920, em razão das demoradas necessidades de ajuste nos equipamentos ocasionadas pela generalização dos modelos anuais, a indústria automotiva caracterizava-se por uma acentuada sazonalidade da produção e alta instabilidade no emprego. A cada outono, uma parcela expressiva dos trabalhadores não qualificados era demitida para que os ferramenteiros preparassem a linha de montagem para o modelo anual seguinte. Assim, mesmo no ano de 1925, durante o qual a indústria automotiva teve um desempenho relativamente bom, o tempo médio de emprego de um trabalhador foi de 46 semanas. Nas seis semanas restantes do ano, ele permaneceu desempregado e sem qualquer rendimento.[94]

O caso de Archie Kling constitui exemplo da instabilidade do emprego na indústria automotiva de então. Em 20 de novembro de 1922, Kling foi contratado pela unidade fabril da Fisher Body em Cleveland, Ohio, para ser demitido em 8 de janeiro de 1924. Em 25 de setembro do mesmo ano, foi recontratado, tendo sido demitido em 4 de novembro. Em 19 de janeiro do ano seguinte foi novamente contratado para ser demitido em 28 de setembro de 1927, tendo sido mais uma vez recontratado em 1º de março e demitido a 29 de agosto de 1928. Em 5 de dezembro, ele foi outra vez contratado e demitido de novo em 2 de julho de 1929. Para traba-

---

[94] Cf. Witt Bowden, *op. cit.*, pp. 510, 511.

lhadores como Kling, não havia qualquer tipo de estabilidade no emprego, direitos adquiridos por tempo de serviço (*seniority rights*) ou garantia de recontratação. Em 1935, o Bureau of Labor Statistics afirmava que na indústria automotiva as horas eram bem pagas, mas as rendas anuais eram baixas, e a maior parte dos trabalhadores não conseguia uma renda suplementar nos períodos de desemprego.[95]

Consequentemente, se o Dia de 5 Dólares apontava a centralidade dos salários para a nova economia de produção de massa, os trabalhadores americanos, como um todo, no decorrer da década de 1920, tornaram-se crescentemente incapazes de consumir a quantidade sempre maior de bens e serviços que lhes era oferecida. Em outras palavras, a produção de massa oriunda do fordismo demandava um novo padrão de consumo, também de massa, mas os salários dos trabalhadores permaneceram baixos ao longo das décadas de 1910 e 1920. Oriundos da contratação individual do trabalho ou, quando coletiva, realizada por sindicatos fragilizados e fragmentados em diferentes ofícios, ou simplesmente determinada pelas empresas dentro de suas estratégias competitivas com as demais empresas do mesmo setor, os salários permaneceram sistematicamente baixos. Em 1918, para uma família com renda média anual de 1.518 dólares, apenas 330 dólares podiam ser gastos com despesas que não fossem de habitação, alimentação e vestuário.[96]

---

[95]Cf. Estados Unidos, Department of Labor, Bureau of Labor Statistics, "Report on labor conditions in the automobile industry", *Monthly Labor Review*, Washington, US Government Printing Office, vol. 40, no. 3, março 1935, p. 646.

[96]Cf. M. Dolfman e D. McSweeny, *100 years of Us Consumer Spending Data for the Nation, New York City and Boston*, in http://www.bls.gov/opub/uscs/1918-1919.pdf.

Na indústria automotiva, a General Motors foi a primeira grande corporação a perceber que, em um quadro de baixo poder aquisitivo dos trabalhadores, eram necessárias novas estratégias para estimular a venda de automóveis. A empresa fora fundada por William Capo Durant em 1908, como resultado de sua visão de que uma empresa que produzisse diversos modelos de automóveis seria mais bem-sucedida do que aquelas que produzissem apenas um, como a Ford Motor Company e seu Modelo T. No período que se seguiu à Grande Guerra, a GM já produzia Chevrolets, Pontiacs, Oldsmobiles, Buicks e Cadillacs.

A primeira ideia da GM para expandir o poder de consumo de seus potenciais compradores foi ampliar-lhes a capacidade de endividamento, para o que introduziu as vendas a crédito em 1919. Em 1923, foram criados os modelos anuais que, ao lado dos diferentes modelos, tinham como objetivo associar o automóvel ao status social de seu proprietário. A propaganda ocuparia lugar de destaque dentro de tais estratégias, já que tinham de ser criadas novas necessidades de status para justificar a aquisição anual de automóveis. Não por acaso os publicitários de então autodenominavam-se "missionários da modernidade", e em 1929 gastou-se em publicidade nos Estados Unidos o equivalente ao investimento realizado em todas as formas de educação. O próprio Ford acabaria por se ver na contingência de abandonar seus escrúpulos puritanos e, em 1927, aposentar o ascetismo de seus Modelos T, rigorosamente iguais, para aderir aos modelos múltiplos e à obsolescência programada da General Motors.

Apesar de todas as inovações na comercialização dos automóveis, as vendas não cresceram a partir de 1926. [97] Em

---

[97]Cf. General Motors Corporation, *Twenty-eighth Annual Report. Year ended Dec. 31, 1936*, Detroit, 1936, p. 10.

um período de pouco mais de trinta anos (1893-1929), a relação carro/habitante passou de um carro para cada 10 mil americanos para um carro para cada 5 americanos. E aí encontra-se seu limite: se entre 1913 e 1924 o número de carros emplacados nos Estados Unidos cresceu 15 vezes, entre 1925 e 1930 cresceu apenas 1,3.[98] Mas o setor automotivo não era o único a lidar com um mercado que envolvia um público de baixo poder aquisitivo. Outros setores industriais voltados para o consumo de massas, e mesmo de produtos de mais baixo valor agregado, enfrentavam situações parecidas. Na indústria de vestuário masculino, ao longo da década de 1920 os americanos maiores de 18 anos consumiam, em média, menos de uma nova muda de roupa por ano devido aos baixos salários.[99]

A ideia de Ford de fazer de seus funcionários consumidores de automóveis não havia se realizado. Uma das consequências da combinação de produção em massa, manutenção da concorrência em torno dos salários e fragilidade do movimento sindical, que resultou na manutenção da contratação individual do trabalho, foi um aumento, entre 1909 e 1939, de 110,5% nos ganhos reais dos salários/hora — que não me-

---

[98] htttp://www.census.gov/statab/hist/hs-41.pdf.
[99] Cf. Sidney Hillman. "Statement of Sidney Hillman, President, Amalgamated Clothing Workers of America, and Member of the Labor Advisory Board", Hearings before the Committee on Education and Labor of the United States Seventy-Third Congress, Thursday, March 15, 1934, Second Session on S. 2969. A Bill to equalize the bargaining power of the employers and employees, to encourage the amicable sttlement of disputes between employers and employees, to create a National Labor Board, and for other purposes, in Estados Unidos National Labor Relations Board, *Legislative History of the National Labor Relations Act, 1935. Vol. 1,* Washington, United States Government Printing Office, 1985, p. 152.

dem, como visto, o poder anual de compra dos trabalhadores —, enquanto a produtividade média dos trabalhadores americanos cresceu 163,6%. Entre 1923 e 1929, tal diferença foi particularmente acentuada: os salários/hora cresceram 6,2%, enquanto a produtividade do trabalho industrial cresceu 31,9%.[100] Em consequência, em 1929, uma porcentagem de 0,1% famílias mais ricas possuíam uma renda agregada equivalente às rendas somadas dos 42% mais pobres. Em números absolutos, aproximadamente 24 mil famílias possuíam uma renda combinada equivalente à das 11,5 milhões mais pobres e 71% das famílias tinham uma renda anual de menos de 2.500 dólares, sendo que 6 milhões possuíam renda inferior a 1.000 dólares anuais. Entre 1918 e 1929, a proporção da renda nacional que ia para os 20% mais ricos da população aumentou em mais de 10%, enquanto a proporção que ia para os 60% mais pobres caiu cerca de 13%. É importante lembrar, por outro lado, que o presidente Coolidge, tão confiante na justa distribuição da renda nacional, havia cortado impostos principalmente dos segmentos mais bem aquinhoados da população, contribuindo para a concentração da renda.[101]

2.2 A GRANDE DEPRESSÃO

Muito embora as origens da Grande Depressão sejam alvo de profundas controvérsias, uma das perspectivas possíveis é a oferecida pela teoria da regulação.

---

[100]Cf. Witt Bowden, *op. cit.*, p. 521.
[101]Cf. Gabriel Kolko *Wealth and Power in America: an analysis of social class and income distribution*, Nova York, Praeger, 1962, p. 14.

OS INVENTORES DO NEW DEAL

A teoria da regulação parte de dois conceitos fundamentais: regime de acumulação e modo de regulação. O regime de acumulação refere-se à estabilização, a longo prazo, da distribuição da produção social entre consumo e acumulação, o que implica uma correspondência entre as mudanças nas condições da produção e da reprodução do trabalho assalariado. Já o modo de regulação refere-se às normas, aos costumes, às leis e aos mecanismos reguladores que produzem comportamentos individuais e coletivos condizentes com a reprodução do regime de acumulação. Portanto, para a adequada compreensão de um modo de regulação, é fundamental que se leve em conta o conjunto das relações sociais e dos arranjos institucionais que estabilizam o crescimento da economia e distribuem renda e consumo dentro de um contexto histórico específico, o que implica a necessidade de um pensar articulado das dimensões política, econômica e cultural.[102]

Segundo tal perspectiva, a história da economia capitalista teria se caracterizado, de um lado, pela busca incessante da elevação da produtividade do trabalho e, de outro, pela luta pela apropriação dos resultados desta elevação entre capital e trabalho. Este conflito encerraria a necessidade, nem sempre reconhecida, de se elevar a remuneração do trabalho, de forma a tanto no plano simbólico quanto no das condições objetivas garantir a expansão da economia. Nos

---

[102]Cf. Alain Lipietz. *Miragens e milagres: problemas da industrialização no Terceiro Mundo*, São Paulo, Nobel, 1988, p. 30. Jorge Pessoa Mendonça; Paulo Nakatani e Reinaldo Antônio Carcanholo (orgs.), *Crise ou regulação? Ensaios sobre a teoria da regulação*, Vitória, Editora Fundação Ceciliano Abel de Almeida, Universidade Federal do Espírito Santo, 1994; Robert Boyer *A teoria da regulação: uma análise crítica,* São Paulo, Nobel, 1990.

Estados Unidos, esta busca e este conflito encontraram seu paroxismo a partir do desenvolvimento do regime de acumulação fordista.

Nas primeiras décadas do século XX, com o advento do regime de acumulação fordista, cuja base é a intensificação da acumulação pelo rápido crescimento da produtividade do trabalho, uma parcela expressiva da produção social teria se destinado à acumulação, fazendo com que a esfera do consumo não conseguisse realizar a demanda necessária para dar continuidade à reprodução do sistema. Tal incapacidade de formar demanda seria fruto, por sua vez, da inadequação da chamada regulação concorrencial em fornecer bases institucionais que permitissem a reprodução do novo regime de acumulação, particularmente em função da fragilidade dos mecanismos regulatórios estatais e da fraca capacidade de intervenção dos sindicatos na formação dos salários.

Enquanto no século XIX e nas primeiras décadas do século XX os baixos salários ocorriam em um quadro em que a produção em massa não estava plenamente desenvolvida e os trabalhadores adquiriam pelo menos uma parte de sua subsistência no circuito extramercantil, a insatisfação operária sinalizava apenas as permanentes e crescentes desigualdades sociais do período. Quando, no entanto, o regime de assalariamento se generalizou — na virada do século, metade dos trabalhadores já trabalhava em estabelecimentos industriais com mais de 250 empregados — e a produção em massa se consolidou por meio da acumulação fordista, o quadro institucional da regulação concorrencial — com base, entre outros pontos, na contratação individual do trabalho — revelou-se cada vez mais incapaz de distribuir renda e riqueza, de modo a formar um mercado de massas.

A partir de 1929, o que estava em jogo, portanto, era a construção de um novo modo de regulação do capitalismo americano, ou seja, novas estruturas institucionais, novos hábitos e costumes, novas leis e novos mecanismos reguladores, de forma a permitir salários mais altos para uma parcela da classe trabalhadora grande o suficiente para possibilitar a sustentação do novo regime de acumulação.[103]

Tal diagnóstico geral, ainda que construído sobre bases teóricas diferentes, possui afinidades com as análises de alguns dos principais atores sociais contemporâneos dos acontecimentos. Já em 1931, William Leiserson afirmava que, ao contrário do que queriam os analistas contemporâneos da Depressão, suas causas não deviam ser procuradas na esfera da produção, mas sim na da demanda. Para ele, a função primordial do governo devia ser estabilizar a distribuição da renda nacional, de forma a tornar os assalariados aptos a consumir.

Em 1938, o Congress of Industrial Organizations faria um diagnóstico bastante próximo:

> O período presenciou o crescimento rápido dos lucros e das rendas dos proprietários em relação aos salários. Isto se deveu, em boa parte, ao fato de que o movimento sindical, até aquele momento, havia falhado em ajustar-se aos fatos da indústria americana [início da produção em massa]. Por outro lado, as políticas governamentais contribuíram para tal

---

[103]Cf. David Saposs "Labor", *The American Journal of Sociology*, vol. 37, no. 6 (maio, 1932), pp. 889-895.

desajuste. O resultado foi que fundos disponíveis para aumentar a capacidade produtiva cresceram rapidamente, enquanto a renda disponível para consumir os produtos da economia cresceram muito devagar.[104]

Elevar o poder de compra dos trabalhadores por meio da promoção da contratação coletiva do trabalho seria um dos desafios a serem enfrentados pelo New Deal diante do fracasso de Herbert Hoover em encaminhar alguma solução para a Depressão.

2.3 HERBERT HOOVER E A GRANDE DEPRESSÃO

Diante da crise econômica, Hoover buscou renovar os esforços associativos do Novo Individualismo, de modo a permitir um freio na competição entre as empresas e uma elevação dos salários dos trabalhadores. Diante da inocuidade de tal estratégia, no entanto, o presidente republicano aceitou, ainda que a contragosto, a necessidade de implementar algumas medidas regulatórias que, intervindo sobre o mercado, corrigissem alguns de seus desequilíbrios. Sua principal medida neste sentido foi a fundação da The Reconstruction Finance Corporation (RFC) em 1932 — a maior intervenção pública sobre a economia da história americana em tempos de paz até aquele momento —, que disponibilizava 2 bilhões de dólares para o financiamento de moradias de baixo custo e obras públicas. No entanto, dada a cautela do governo com

---

[104]Cf. Congress of Industrial Organizations, *Proceedings of the First Constitutional...*, p. 52.

OS INVENTORES DO NEW DEAL

o equilíbrio fiscal, a RFC acabou disponibilizando na economia menos recursos do que os previstos e não teve maiores impactos sobre a geração de empregos.

Por outro lado, Hoover se mostrava contrário a qualquer auxílio direto àqueles atingidos pela crise econômica. Adepto fervoroso do individualismo, o presidente achava que cada americano devia se encarregar de sua própria sobrevivência e que dar dinheiro aos pobres lhes minaria a autoestima, aprofundando ainda mais os problemas por eles enfrentados. Tal visão acabaria resultando, em 1932, em um dos maiores desastres políticos de seu governo.

Em 1924, o Congresso americano havia autorizado a emissão de um bônus de 1.000 dólares aos veteranos da Grande Guerra, a serem resgatados em 1945. Em razão do aprofundamento da Depressão, grupos de veteranos reivindicaram que o Congresso autorizasse o recebimento imediato do dinheiro e, para pressionar deputados e senadores, veteranos de Portland, Oregon (na Costa do Pacífico), reunidos na Força Expedicionária do Bônus, dirigiram-se para Washington. À medida que a FEB, desarmada e empobrecida, se aproximava da capital federal, a ela se reuniam novas levas de veteranos, com esposas e filhos. Em consequência, 20 mil pessoas, mal alimentadas e mal alojadas, acamparam nas cercanias do Capitólio. Diante da recusa do Senado em aceitar a solicitação do adiantamento e da crescente tensão que tal decisão gerou, no final de julho tropas federais, lideradas por dois generais que seriam heróis da Segunda Guerra Mundial, Douglas MacArthur e George Patton, atacaram os veteranos, o que resultou em mais de cem feridos e um morto.

Por outro lado, no último ano do governo Hoover, 1932, alguns setores empresariais, como o da borracha, e grandes

129

empresas, como a General Electric, já demandavam algum tipo de constrangimento legal para que os diversos setores industriais fossem compelidos a chegar a acordos de competição. P. W. Litchfield, presidente da Goodyear Tire and Rubber Co., em discurso dirigido à Câmara de Comércio dos Estados Unidos, responsabilizou os empresários por terem falhado em conciliar ações coletivas e declarou que a contínua queda dos níveis de emprego e do poder de compra dos assalariados estava levando os Estados Unidos ao socialismo ou à anarquia. Para evitar ambos, defendia um mínimo de intervenção estatal e advertia: "Nós fracassamos em tomar os passos necessários voluntariamente, portanto, o elemento de força, a ação compulsória do governo, torna-se necessária."[105] Gerard Swope, da General Electric, elaborou o que ficou conhecido como Swope Plan, um plano de regulamentação dos diversos setores da economia criado por suas associações sob a supervisão do governo, mas tal projeto foi qualificado pelos assessores do presidente como: "... a mais gigantesca proposta de monopólio já feita na história." A rigor, o empresariado americano não estava preparado para agir de forma coletiva no início dos anos 1930 e, na maior parte das indústrias, a competição acirrada entre as diferentes empresas, que deprimia os salários, permaneceu como regra.

O episódio dos veteranos da Grande Guerra, que lembrou a muitos a repressão — também por tropas federais — de trabalhadores em greve em anos anteriores, a recusa em ampliar o papel do Estado na provisão social, a rejeição em

---

[105]*Washington Star,* Washington, 4 de maio de 1933.

redesenhar a distribuição da renda nacional e a crença de que mecanismos tradicionais de autorregulação dos mercados e de equilíbrio fiscal solucionariam os graves problemas econômicos do país custaram caro a Hoover. Nas eleições de novembro de 1932, o presidente republicano seria derrotado por Franklin D. Roosevelt.

CAPÍTULO 3   A primeira fase do New Deal

3.1. O NATIONAL INDUSTRIAL RECOVERY ACT

Ainda antes de Roosevelt assumir a presidência dos Estados Unidos — e diante do agravamento da Depressão —, várias propostas de como enfrentar a crise vinham sendo apresentadas ao debate público: os políticos *liberais* e o setor da construção civil defendiam um programa massivo de obras públicas, de forma a proporcionar emprego e renda para os que haviam perdido seus postos de trabalho; algumas corporações e associações de classe defendiam programas como o Swope Plan, prevendo a elaboração de códigos de competição supervisionados pelo Estado; banqueiros e indústrias de bens de capital defendiam a abertura de linhas de financiamento ou garantias contra prejuízos, bem como políticas monetárias e regulação bancária. Por fim, as indústrias intensivas em mão de obra e a AFL defendiam planos que regulassem a competição entre as empresas e fortalecessem o poder de compra dos trabalhadores.

Diante de tal cenário, no dia 16 de junho de 1933 o Congresso aprovou a NIRA, que propunha a criação de códigos de competição nos diferentes setores industriais, códigos esses que seriam supervisionados pelo Estado. Para os *liberais,* a lei representou uma mudança importante na forma como os setores público e privado interagiam e, por esse motivo, foi vista como a realização, há tanto acalentada, de um "planejamento ordenado da indústria, depois de uma era de caóticas e descoordenadas rivalidades empresariais".[106] Os empresários que demandavam a autorregulação obtiveram a suspensão da Lei Sherman Antitruste e os que advogavam o planejamento estatal obtiveram a participação do Estado na supervisão dos códigos de competição. O presidente da US Chamber of Commerce (USCC), Henry I. Harriman, chegou a prever uma rápida retomada do crescimento econômico em consequência de sua implementação.[107] A AFL, por meio da seção 7(a) da lei, recebeu a garantia não só do direito de livre organização dos trabalhadores e contratação coletiva do trabalho, como também de que os códigos de competição determinariam salários mínimos e horas máximas. Para a central sindical, a seção 7(a) da lei representava um deslocamento importante do Poder Judiciário para os Poderes Legislativo e Executivo como ramos do governo com os quais o movimento sindical preferencialmente se relacionaria.

A ideia fundamental da NIRA era dar coerência aos esforços anticompetitivos hooverianos do Novo Individualismo, fornecendo-lhes uma moldura política e legal, com o objetivo de estabilizar cada setor industrial em um nível lucrativo para o empresariado e salários adequados para os trabalhadores.[108] Os códigos de competição, válidos por um período de dois anos, seriam elaborados pelas próprias corporações em cada

---

[106]Benjamin Kirsh e Harold Shapiro, *The National Industrial Recovery Act. An analysis*, Nova York, Central Book Company, 1933, p. 13.

[107]*The Washington Star*, Washington, 21 de maio de 1933.

[108]Estados Unidos, Congresso dos Estados Unidos, "The National Industrial Recovery Act", in Henry Steele Commager, *op. cit.*, p. 272.

ramo industrial. No entanto, a lei não previa mecanismos de coerção para as corporações que não participassem do código de seu setor ou que, mesmo que dele participassem, não o respeitassem. A máxima punição que uma empresa poderia receber era ter o seu selo Blue Eagle removido, selo este que havia sido criado como uma peça de propaganda para ser exposto em locais públicos pelas empresas que tivessem estabelecido e cumprido seus códigos setoriais e agissem de acordo com o espírito cooperativo da Lei. Na verdade, a cooperação das grandes corporações era o fundamento da NIRA, reproduzindo, assim, uma das fragilidades básicas do Novo Individualismo. Nas palavras de Roosevelt:

... em diversas ocasiões, expressei minha convicção de que podemos, por meio do autogoverno democrático da indústria, obter aumentos gerais de salários e redução nas jornadas de trabalho, de modo a que as empresas paguem aos seus trabalhadores o suficiente para que tais trabalhadores possam comprar e usufruir os produtos que resultam do seu trabalho. Isso só pode ser obtido se permitirmos e encorajarmos a ação cooperativa na indústria, pois é evidente que sem uma ação conjunta poucos homens egoístas, em cada grupo de competição, pagarão salários de fome e insistirão em longas horas de trabalho. Outros nesse grupo o seguirão ou fecharão. Presenciamos o resultado desse tipo de situação na contínua viagem ao inferno econômico dos últimos quatro anos. Há um modo claro de reverter o processo: se todos os empregadores de um mesmo ramo de competição concordarem em pagar aos seus trabalhadores os mesmos salários — salários razoáveis — e aceitarem as mesmas jornadas de trabalho — jornadas razoáveis — então os salários mais altos e as jornadas mais curtas não prejudicarão ninguém. Ademais, tal situação é melhor para o empregador do que o desemprego e os baixos salários, pois cria um mercado consumidor para seus produtos. Essa ideia simples é o coração do Industrial Recovery Act. Se todos os empregadores agirem em conjunto para reduzir as jornadas de trabalho e elevar os salários, podemos colocar as pessoas para trabalhar de novo. Nenhum empregador sofrerá, pois o nível dos custos subirá para todos. Mas se um grupo considerável não cumprir suas obrigações, essa grande oportunidade será desperdiçada e outro inverno desesperado estará diante de nós. Isso não deve acontecer.[109]

A busca de uma ação cooperativa com as corporações encerrava a visão, comum entre diversos New Dealers, de que estas teriam assumido um caráter quase público nas três décadas anteriores. Ao efetivar a dissociação entre a propriedade, disseminada por uma miríade de acionistas, e o efetivo controle dessa mesma propriedade, por parte de executivos e diretores, a corporação teria colocado em xeque as tradicionais noções de propriedade privada típicas do século XIX. Dado que o tamanho das corporações lhes dera um significado social imenso, criando o que se poderia chamar de um sistema corporativo de organização da vida social, as direções corporativas teriam acabado por assumir novas responsabilidades em relação aos acionistas, aos trabalhadores, aos consumidores e ao Estado.[110] A NIRA vinha, portanto, propor

---

[109]Franklin D. Roosevelt http://millercenter.org/scripps/archive/speeches/detail/3300.

[110]Cf. Adolf Berle e Gardiner Means, "The modern corporation and private property", in William Fisher III, Morton Horwitz e Thomas Reed (org.), *American Legal Realism*, Nova York/Oxford, Oxford University Press, 1993, pp. 155-158. O texto é de 1932.

a tais direções uma ação concertada, cooperativa, para que o sistema corporativo funcionasse de forma harmoniosa, de modo a atender aos interesses dos acionistas, dos trabalhadores, dos consumidores e do Estado, como representante do interesse público.

A apresentação do código setorial por indústria obedecia a uma rotina. Quando uma entidade empresarial submetia o código de competição de seu setor ao presidente da República, que deveria sancioná-lo, as seguintes condições tinham de ser cumpridas: a associação não poderia restringir a entrada de novos membros e deveria ser realmente representativa daquele setor industrial; o código elaborado não poderia promover o monopólio nem práticas monopolísticas, bem como não poderia eliminar nem discriminar pequenas empresas; as empresas, seguindo a seção 7(a) da lei, deveriam permitir aos trabalhadores o direito de livre organização e negociação coletiva por meio de representantes por eles próprios escolhidos, ficando livres de interferência, restrição ou coerção dos empregadores ou de seus agentes na designação de tais representantes; nenhum empregado ou candidato a um posto de trabalho poderia ser obrigado, como condição para permanência ou obtenção do posto, a se filiar a um *company union* (sindicato organizado e controlado por uma companhia) nem ser constrangido a se filiar ou organizar um sindicato; os empregadores deveriam seguir um código de horas máximas de trabalho e remuneração mínima, bem como equalizar as demais condições de trabalho.[111]

---

[111]Estados Unidos, Congresso dos Estados Unidos, "The National Industrial Recovery Act", in Henry Steele Commager, *op. cit.*, p. 273.

A seção 7(a) da NIRA logo se tornaria alvo de uma intensa polêmica entre o movimento sindical, a NAM, que a ela se opunha vigorosamente, algumas grandes corporações e os administradores da National Recovery Administration (NRA), agência administrativa criada pela NIRA com o objetivo de estimular e administrar os códigos de competição dos diferentes setores industriais. Tal seção havia sido apresentada nos debates legislativos que precederam a aprovação da NIRA como elemento fundamental para a construção da justiça econômica, do equilíbrio entre capacidade de produção e de consumo e da estabilidade política dos Estados Unidos. Partindo de um pressuposto que faria relembrar as palavras de Herbert Croly, o senador Robert Wagner, um dos principais defensores da lei, afirmou:

> O propósito das leis antitruste era evitar a excessiva concentração da riqueza e manter intactas as oportunidades sociais e econômicas dos pequenos homens de negócios, dos trabalhadores e dos consumidores (...). Desde o começo, o método não tinha a menor chance de ser bem-sucedido, posto que não tinha por base uma filosofia econômica do século XX, nem de 1890 ou de 1875. Era, na verdade, uma aceitação, em sua totalidade, das teorias abstratas de Adam Smith em seu *A riqueza das nações*, de 1776.
>
> As leis antitruste não contrarrestaram minimamente o constante crescimento das unidades econômicas e a intensificação da concentração de poder econômico nas mãos de um número relativamente reduzido de empresas gigantescas. Tais empresas eram o resultado inevitável das mudanças na ciência e na tecnologia. Especialização e serialização fizeram dos Estados Unidos o país mais rico do mundo. Qual-

quer tentativa legal de evitar tal processo seria como Canuto tentando controlar o mar.

O objetivo [da seção 7(a) da NIRA] não é contrarrestar eficientemente, mas extrair os maiores benefícios [da nova economia]. No atual século, mais do que dobramos a riqueza de nossa nação. Mesmo no auge de nossa prosperidade, vários milhões de famílias viviam na pobreza. (...)

Enquanto os lucros cresceram mais que os salários, os ganhos em excesso foram investidos em mais fábricas, produzindo um número cada vez maior de bens. A massa dos consumidores não recebeu o suficiente em salários para comprar tais bens, e assim nos encontramos em uma situação que alguns chamam de "superprodução". A Depressão tornou-se inevitável.

Sob a nova lei, cada código de competição deve reconhecer o direito dos trabalhadores de negociar coletivamente. Todos os códigos devem conter cláusulas de salários mínimos, horas máximas e outras condições de trabalho, que devem ser aprovadas pelo presidente. Desta forma, produção e consumo serão coordenados.[112]

No entanto, parcelas expressivas das administrações corporativas não estavam dispostas a aceitar tranquilamente a sindicalização de seus trabalhadores, implementando a estratégia de formar *company unions* como se fossem sindicatos independentes, como o FBA na Ford Motor Company. O FBA fora fundado por um escritório de advocacia responsável pela formação de quatro outros *company unions*, que só aceitavam membros que tivessem dado um voto de confiança à

---

[112]Robert Wagner. "Radio Address, Industrial Recovery and Public Works Act. NBC, 13 de junho de 1933", *apud* Louis Silverberg, *The Wagner Act: after ten years,* Washington, The Bureau of National Affairs, Inc., 1945, p. 8.

empresa em que trabalhavam e que se posicionassem claramente contra a prática de greves. Em contrapartida, o FBA oferecia tratamento médico e dentário, férias remuneradas e seguro contra acidentes, cobrando uma taxa de apenas 1 dólar ao ano. Os *company unions* só permitiam que empregados na planta fossem representantes dos trabalhadores nas negociações coletivas, o que excluía os sindicatos da AFL, e quando alguns trabalhadores não aceitavam entrar no *company union* e formavam o seu próprio sindicato, as companhias se recusavam a negociar com eles.

A formação de *company unions* se tornou a estratégia dominante das grandes corporações para fazer frente à seção 7(a). A Pittsburgh Plate Glass Co. chegou a orientar a constituição de um *company union* nos seguintes termos:

> Para ter uma representação de trabalhadores, alguém deve começar a organizá-la. Uma vez que ela não pode funcionar sem ter sido escolhida pelos trabalhadores, é altamente benéfico que a sugestão de formá-la parta deles, e que haja sugestões e aprovação deles a cada passo e para o procedimento como um todo.[113]

Os fundamentos que regiam muitos *company unions* eram absolutamente idênticos, dado que elaborados pelas mesmas firmas de consultoria de relações industriais e escritórios de

---

[113]Cf. Estados Unidos, National Labor Relations Board, "Circular da Pittsburgh Plate Glass Co. aos seus trabalhadores, apresentada como evidência por William Green. Statement of William Green, President of the American Federation of Labor. Hearings before the Committee on Education and Labor. United States Senate. Seventy-Third Congress, Second Session on S. 2926. Thursday, March 15, 1934", in *Legislative History of the National Labor Relations Act, Vol. 1*, Washington, United States Government Printing Office, 1985, p. 116.

advocacia. O *company union* da Pittsburgh Plate Glass Co. não fugiu à regra, como sugere a carta do presidente da empresa aos diferentes departamentos e gerentes:

> A direção autorizou a instalação de um plano de representação nesta companhia. O plano (que foi aprovado por um comitê dos empregados) é praticamente idêntico aos que já foram usados, com sucesso, em outras companhias. Como vocês sabem, nós já pensamos na adoção de tal plano por um tempo e agora decidimos implementá-lo para estar em harmonia com o que estabelece o Industrial Recovery Act. (...)
>
> Anexado, segue um conjunto de instruções, bem como outros documentos necessários à condução das eleições. Por favor, leiam estas orientações cuidadosamente, de forma a se tornarem familiarizados com os detalhes.[114]

Por fim, algumas empresas chegaram a mandar cartas para seus empregados anunciando, diretamente, a implementação de planos de representação. Em 14 de junho de 1933, a Illinois Steel Co. mandaria uma carta — idêntica à enviada no dia seguinte para os seus próprios funcionários pela American Steel & Wire Co. — com os seguintes dizeres:

> Temos prazer em anunciar que a Illinois Steel Co., aderindo aos princípios estabelecidos pelo National Industrial Recovery Act, patrocinados pelo presidente dos Estados Unidos e aprovados pelo Congresso, inaugurou um plano de representação de empregados sob o qual os funcionários de vários departamentos e operações terão voz em todos os problemas relativos às relações industriais.

---

[114]*Idem*, p. 116.

Uma cópia do plano pode ser obtida no escritório central de sua unidade fabril ou com o superintendente do seu departamento. Esperamos que você se assegure de obter uma cópia do plano, leia-a atentamente e dê o seu apoio sincero. Sugerimos que arranjos sejam feitos imediatamente para que este plano seja efetivado, com a nomeação e a efetivação de representantes, como determina a lei.

Seu apoio sincero para este plano, assim como o de seus colegas, será apreciado.[115]

A AFL combateria firmemente tal estratégia empresarial,[116] colocando Roosevelt em uma posição delicada. Por um lado, ele precisava da cooperação das grandes corporações para que a NIRA funcionasse; por outro, sabia que também precisava da cooperação dos sindicatos, que, em uma economia complexa como a dos Estados Unidos, e diante das limitadas capacidades administrativas do Estado, deveriam, em última instância, atuar como fiscais da implantação dos códigos. Diante da insistência das corporações em formar *company unions* e das críticas da AFL, o governo resolveu formar uma National Labor Board (NLB), composta por três representantes dos trabalhadores, três representantes dos empregadores e pelo senador Robert Wagner, como representante

---

[115]Estados Unidos, National Labor Relations Board, "Circulares da Illinois Steel Co. e da American Steel Co. aos seus trabalhadores, apresentadas como evidência por William Green. Statement of William Green, President of the American Federation of Labor. Hearings before the Committee on Education and Labor. United States Senate. Seventy-Third Congress, Second Session on S. 2926. Thursday, March 15, 1934", in *Legislative History of the National Labor Relations Act, Vol. 1.* Washington, United States Government Printing Office, 1985, p. 117.
[116]Cf. American Federation of Labor, *Wcekly News Service,* Washington, vol. 23, n. 41, 16 de dezembro de 1933, p. 1.

imparcial do interesse público, para dirimir as controvérsias que surgissem em torno da aplicação da seção 7(a).

A criação da NLB não levou à superação dos impasses entre a AFL e as empresas, razão pela qual o presidente emitiu uma série de Ordens Executivas a partir de 16 de dezembro de 1933, com o objetivo de dar à NLB poderes para dirimir todos os conflitos que ameaçassem a paz industrial nos Estados Unidos. Em 9 de julho de 1934, considerando a persistente ineficácia da agência, nasceria uma primeira NLRB, composta exclusivamente por membros indicados pelo presidente. Tal agência tinha o poder de investigar conflitos e organizar eleições sindicais para apontar o representante dos trabalhadores para fins de negociações coletivas, fazer audiências e investigações referentes a violações da seção 7(a) e agir como uma agência de arbitragem voluntária. Como a Resolução Pública nº 44 havia permitido a criação de Labor Boards também por indústrias, a NLRB também tinha o poder de estudar as atividades destas e recomendar a criação de novas agências, como a Bituminous Coal Board e a Newspaper Industrial Board. Pela resolução que a criou, essa primeira NLRB deveria ser extinta em 16 de junho de 1935.

A rigor, no entanto, a primeira NLRB tampouco tinha poder legal para penalizar as corporações que não cooperassem com suas decisões. A ineficácia da NLRB também foi atestada no caso das divergências que ocorreram na indústria automotiva a respeito da seção 7(a), na qual, por ordem presidencial, foi criada uma Automobile Labor Board (ALB).

3.2 A AUTOMOBILE LABOR BOARD E OS SINDICATOS AUTOMOTIVOS

Até 1935, praticamente inexistiam sindicatos fortes, organizados e atuantes na indústria automotiva. Além da sistemática oposição patronal, outros fatores contribuíam para tal quadro. Na década de 1920, durante a qual a indústria automotiva consolidou-se como a grande indústria de bens de consumo durável americana, a oferta de empregos havia sido relativamente ampla e a rotatividade da mão de obra acentuada, o que dificultava a criação de laços de solidariedade entre os trabalhadores. Por outro lado, a sazonalidade da produção ocasionava longos períodos de desemprego, durante os quais os trabalhadores se desligavam do sindicato, inclusive porque não tinham condições de arcar com suas taxas. Já nos anos 1930, os altos índices de desemprego também inibiam a construção de entidades sólidas de trabalhadores.

No entanto, não menos importante do que tais fatores era, como já visto, a resistência, por parte dos sindicatos profissionais da AFL que atuavam no setor, como o International Association of Machinists (IAM) e o Metal Polishers International Union (MPIU), em organizar os trabalhadores não qualificados, que passaram a representar uma parcela expressiva dos empregados das montadoras. Já em 1922, Ford estimava que 85% de seus trabalhadores eram não-qualificados e que 43% deles precisavam de apenas um dia de treinamento para aprender suas funções. Um estudo do United States Employment Service realizado em 1935 mostrava que 26,9% dos trabalhadores automotivos não precisavam de nenhum treinamento para exercer suas funções e que apenas 9,8% deles precisavam de mais de um ano de treinamento.[117]

A partir da aprovação da NIRA, a AFL iniciou um novo esforço associativo em diversas indústrias, entre as quais a automotiva, tentando conciliar a realidade do trabalho não qualificado predominante com as exigências de seus sindicatos profissionais. A estratégia então adotada foi a mesma utilizada em outras indústrias, como a de alumínio, nas quais os trabalhadores não qualificados constituíam um número expressivo: formar Federal Labor Unions (FLUs) em cada planta, sindicatos sem autonomia e sobre os quais a central sindical exercia controle absoluto. Tais sindicatos podiam aceitar quaisquer trabalhadores da planta em que atuassem, fossem eles qualificados ou não, desde que já não estivessem filiados a outro sindicato da AFL. Os FLUs eram vistos mais como um mecanismo de recrutamento do que de representação, pois a ideia era que seus membros qualificados depois fossem transferidos para os sindicatos que tivessem jurisdição sobre seus ofícios.[118]

O IAM e o MPIU, no entanto, dentre outros sindicatos profissionais da AFL, eram bastante cientes de suas jurisdições. O IAM, em particular, opunha-se tenazmente à inclusão de todos os trabalhadores de uma planta em um único sindicato e, em que pese ter sido um fracasso organizativo, reclamava que os FLUs não deveriam servir como um ponto

---

[117]Cf. Theresa Wolfson e Abraham Weiss *Industrial Unionism in the American Labor Movement*, Nova York, The League for Industrial Democracy, 1937, p. 23.

[118]Cf. Estados Unidos, National Labor Relations Board, *Second Annual Report of the NLRB. For the fiscal year ended June 30, 1937*, Washington, US Government Printing Office, 1937, p. 119; American Federation of Labor, *Weekly News Service*, Washington, vol. 23, n. 21, 29 de julho de 1933, p. 1.

intermediário entre ele e os trabalhadores e que os trabalhadores sob sua jurisdição deveriam ser imediatamente transferidos para ele. A AFL via-se, assim, na difícil situação de, ao mesmo tempo, respeitar as jurisdições de seus sindicatos profissionais e estimular os FLUs automotivos.

A AFL vivia ainda sob uma cultura e uma forma associativa desenvolvidas ao longo das primeiras décadas do século XX, segundo as quais cada sindicato era visto como uma entidade distinta e autônoma, com suas próprias capacidades administrativas e sua jurisdição, procurando atingir seus próprios interesses. O papel da AFL seria restrito à arbitragem das jurisdições dos sindicatos. Portanto, os conflitos entre os FLUs e os sindicatos profissionais eram de difícil administração, o que acabou por fazer com que os esforços da AFL em organizar os trabalhadores automotivos não qualificados se caracterizassem pela timidez. Cada vez mais a AFL demandava o apoio do governo para defender a sindicalização por meio da implementação da seção 7(a), mas ela própria não implantava uma política organizativa agressiva entre os trabalhadores não qualificados, pois receava entrar em choque com seus sindicatos profissionais.[119]

Foi nesse cenário de fragilidade do movimento sindical automotivo que as empresas do setor, não sem alguma resistência, formularam o seu código de competição.

A resistência da indústria automotiva em elaborar um código setorial se devia a diferentes fatores. Por um lado, sua competição setorial já estava oligopolisticamente consolidada, o que diminuía o interesse das Três Grandes em uma legislação

---

[119]Cf. American Federation of Labor, *Weekly News Service*, Wasghinton, vol. 23, n. 32, 14 de outubro de 1933, p. 1.

que punha fim ao combate aos cartéis. Sobretudo, as empresas automotivas buscavam evitar a seção 7(a), mantendo sua histórica política de *open-shop*, e com este intuito chegaram até mesmo a dar aumentos para seus funcionários, de modo a evidenciar que poderiam participar do programa de recuperação econômica sem que, com isto, precisassem elaborar um código setorial. No fim, devido às pressões sofridas por parte do governo, o setor acabou por fazer o seu código que, no entanto, obedeceu a uma série de peculiaridades: ele foi elaborado exclusivamente pela National Automobile Chamber of Commerce (NACC), que se tornou também a agência supervisora do código, em que pese o fato de que tal atividade deveria ser exercida por uma entidade neutra, defensora do interesse público, e não pelo órgão patronal do próprio setor. Com vigência até o dia 31 de dezembro de 1933, regulando horas e salários apenas das montadoras e excluindo as empresas de autopeças, o código afirmava que a NIRA defendia os trabalhadores contra qualquer agente "inescrupuloso", o que, segundo seu entendimento, se referia aos agitadores sindicais, não às indústrias. Consequentemente, afirmava que as empresas não aceitariam interferência externa de sindicatos nas suas relações com os empregados reafirmando a tradicional política de *open-shop* das montadoras. Sobre esta visão particular da seção 7(a) da NIRA, o general Hugh Johnson, administrador da NRA, mostrou-se receptivo. Para ele, o fundamento da NIRA era a recuperação econômica e não a organização dos trabalhadores, e nesse sentido ele buscava parceria preferencial com as corporações, não com os sindicatos.

A AFL, como é evidente, opunha-se radicalmente à interpretação da NACC e do general Johnson a respeito da seção

7(a), pois esta garantia, expressamente, a negociação coletiva do trabalho. William Green, presidente da central, então requisitou auxílio federal para ajudar a implementar um código que favorecesse os trabalhadores. Como o código necessitava de sanção presidencial para ser aprovado, buscou-se uma solução intermediária: a referência à *open-shop* seria dele retirada, sendo, no entanto, substituída por uma cláusula que fazia referência ao mérito individual:

> Sem, de modo algum, buscar qualificar ou modificar, por meio de outra interpretação, os requerimentos da NIRA [no que se refere às negociações coletivas], os empregadores da indústria automotiva podem exercer seus direitos de selecionar, reter ou promover empregados a partir de seus méritos individuais, sem relação alguma com o fato de pertencerem ou não a qualquer organização [sindical].[120]

Tal cláusula representava uma derrota para o movimento sindical, que a denunciou como uma violação ao espírito da lei. No entanto, William Green, sempre cônscio da fragilidade organizacional dos trabalhadores automotivos, buscou apresentar o acordo como uma vitória, ainda que parcial, da AFL.[121]

Vencida a AFL, o grande problema para que o código fosse sacramentado residia na Ford Motor Company. Henry Ford, como era de seu feitio, já em 1913 havia se recusado a se

---

[120]Automobile Manufacturing Industry, "A sample charter: the code of fair competition for the Automobile Manufacturing Industry, 1933", in Alfred Rollins. *Depression, Recovery, and War. Documentary History of American Life, Vol. 7*, Nova York, McGraw-Hill Book Company, 1966, p. 92.

[121]Cf. American Federation of Labor, *Weekly News Service*, Washington, vol. 23, n. 40, 9 de dezembro de 1933, p. 1.

associar à NACC, bem como a submeter a administração de sua empresa a um código de competição e, principalmente, a aceitar a seção 7(a), ainda que esta estivesse mitigada pela cláusula do mérito. Como punição por tal rebeldia, com a aprovação do código, a empresa não receberia o selo Blue Eagle e, após a assinatura presidencial da Ordem Executiva 6646, que exigia que para contratos governamentais a empresa fornecedora obedecesse ao seu código setorial, a Chevrolet praticamente monopolizaria as vendas para o governo de carros pequenos e caminhões.

Em janeiro e fevereiro de 1934, vários dos FLUs automotivos mais importantes começaram a exigir que a NLRB organizasse eleições para determinar o representante dos trabalhadores em suas plantas a partir da regra da maioria, ou seja, os representantes eleitos pela maioria dos trabalhadores representariam todos os empregados passíveis de participar da eleição. Historicamente, o princípio da maioria havia sido legitimado em inúmeras ocasiões. Durante a Primeira Guerra Mundial, embora os contratos de trabalho geralmente fossem individuais, onde os sindicatos eram mais fortes os contratos estabelecidos diziam respeito a todos os trabalhadores do ofício ou da planta, e a NWLB estabeleceu a regra da maioria como um dos seus princípios.[122] Os empregadores, da mesma forma, quando criavam um *company union* ou um plano de representação, tratavam-nos como os úni-

---

[122]Cf. Lloyd Garrison, "Statement before the House Committee Investigating the NLRB. February 2, 1940. Lloyd Garrison (Z-733), Dean of the University of Winsconsin Law School, first Chairman of the old National Labor Relations Board (summer and fall of 1934). Records relating to the Smith Committee Investigation. Franklin D. Roosevelt Libray. Records of the Assistant General Counsel. Records relating to preparation of Board's case, 1939-1940." Entry: 31, 43,07,01, Box n. 2.

cos agentes de negociação. Nesse momento, no entanto, os empresários automotivos se recusaram a aceitar a regra da maioria, no que tiveram a concordância do general Jonhson, para quem a regra da maioria não deveria impedir que uma minoria ou mesmo uns poucos indivíduos pudessem negociar diretamente com os patrões.

Ainda em fevereiro de 1934, diante da crescente insatisfação dos trabalhadores automotivos, da ofensiva das montadoras e das indefinições do governo federal, a AFL decidiu dar uma demonstração de força contra os *company unions*. Em 6 de fevereiro, o organizador sindical William Collins aconselhou a todos os FLUs que exigissem um aumento salarial de 20% e a representação dos trabalhadores na autoridade supervisora do código automotivo, sob ameaça de greve. As empresas automotivas encontravam-se, então, em uma situação politicamente delicada, pois neste momento já tramitava no Congresso a Lei Wagner, cujo objetivo era criar mecanismos legais e institucionais para implementar, de fato, a seção 7(a) da NIRA, eliminando os *company unions*. A estratégia de reação adotada pela NACC foi dupla: por um lado, negou-se a negociar com os sindicatos; por outro, iniciou uma grande campanha publicitária contra a Lei Wagner, que consumiu 185 mil dólares entre 12 de março a 10 de abril. Segundo a NACC, os trabalhadores automotivos simplesmente não queriam se filiar aos FLUs-AFL, que buscavam como alternativa uma sindicalização forçada por meio da Lei Wagner. Se esta fosse aprovada, a filiação sindical, e não o mérito do trabalhador, seria a base da relação empregatícia, e todos os trabalhadores seriam escravos da AFL.

A tensão entre as montadoras e os FLUs chegou a um ponto tal que o próprio presidente Roosevelt resolveu intervir, servindo de intermediário de um acordo que resultou na criação de uma Automobile Labor Board (ALB), composta por um representante dos trabalhadores, um representante da indústria e um elemento neutro. Embora a AFL tenha apresentado a criação da ALB como uma vitória, ela, na realidade, representou mais uma importante derrota para o movimento sindical automotivo.[123] Ainda que os trabalhadores houvessem conquistado o direito à representação na nova agência e as montadoras aceitassem não discriminar nenhum trabalhador por atividades sindicais, a central viu-se na contingência de abrir mão da regra da maioria, com a criação de um sistema de representação proporcional. Mas o grande perdedor do acordo que criava a ALB foi a própria NLRB, que perdeu jurisdição sobre a principal indústria americana. A partir do estabelecimento do acordo, as empresas automotivas intensificaram sua campanha contra a aprovação da Lei Wagner, propagandeada como desnecessária e perigosa.

Diante dos impasses na indústria automotiva, a AFL continuava, publicamente, a apoiar a NIRA:

> Agora, o trabalho organizado possui um tribunal ao qual pode recorrer caso seus direitos sejam negados, há um princípio de ordenamento dos direitos dos trabalhadores e o desenvolvimento de um corpo de precedentes a serem aplicados nas relações de trabalho. Estamos desenvolvendo um corpo de princípios e precedentes com-

---

[123]Cf. American Federation of Labor, *Weekly News Service*, Washington, vol. 24, n. 13, 31 de março de 1934, p. 1.

parável à *common law* no campo legal. As velhas bases das relações entre patrão e empregado jamais serão restauradas.[124]

Em carta privada a Roosevelt, no entanto, o presidente da AFL, William Green, denunciava fortemente o acordo automotivo e a ação da ALB:

> Nossa concordância [com a proporcionalidade] foi de encontro às nossas enraizadas políticas e representou uma deferência aos seus propósitos — já que nos foi anunciado pelo senhor que a proporcionalidade era a única fórmula que as empresas automotivas aceitariam para chegar a um acordo. Por tal ato patriótico nós recebemos, em vez de reconhecimento, apenas críticas e problemas. O plano de representação proporcional revelou-se não um instrumento de negociação coletiva, mas uma negação da negociação coletiva, uma vez que constitui uma divisão e cisma do *front* necessário aos trabalhadores.[125]

A situação da AFL realmente era bastante delicada, pois era a fiadora de um acordo percebido como um equívoco por boa parte dos trabalhadores automotivos, e os FLUs acabaram por perder filiados após a sua concretização. Os trabalhadores e a própria AFL percebiam que a NIRA havia permitido que os empresários se organizassem em seus códigos de competição e, assim, formassem cartéis, mas que a resistência patronal não havia permitido que o pleno gozo dos direitos da

---

[124]Cf. American Federation of Labor, *Weekly News Service*, Washington, vol. 24, n. 26, 8 de setembro de 1934, p. 1

[125]William Green, *Carta a FDR*, Washington, 11 de setembro de 1934, Franklin D. Roosevelt Library, OF 407b, Labor, Box 8.

seção 7(a) se efetivasse.[126] Para muitos trabalhadores auto-motivos, no entanto, era a própria AFL que mostrava inca-pacidade de criar um sindicato automotivo efetivo. Em particular, dois FLUs, o de St. Louis da Chevrolet e o Fisher Body de Bendix, ambos da GM, começaram a buscar articu-lar alguma unidade entre os diversos FLUs espalhados pela indústria.

Em 5 de dezembro de 1934, o FLU de St. Louis organi-zou um encontro em Detroit com o objetivo de formar um Comitê Nacional de todos os trabalhadores automotivos. Para William Green, os trabalhadores automotivos ainda não ti-nham condições de criar um sindicato industrial autônomo, pois os FLUs contavam, então, com apenas 18 mil filiados. A rigor, o problema da AFL com a criação de um sindicato automotivo industrial autônomo não era tanto a fragilidade dos FLUs, mas a questão jurisdicional de seus sindicatos pro-fissionais atuantes na indústria automotiva e que eram fun-damentais para sua saúde financeira.

Na convenção da central de 1934, em São Francisco, a questão da tensão entre o sindicalismo industrial e o profis-sional foi colocada com toda a intensidade. Quanto à indús-tria automotiva, os FLUs defendiam vigorosamente a criação de um grande sindicato industrial que englobasse todos os trabalhadores da indústria, enquanto os sindicatos profissio-nais defendiam vigorosamente suas jurisdições. E coube a estes, aos sindicatos profissionais, a vitória política na conven-ção. Tornava-se cada vez mais evidente que um sindicalismo industrial jamais nasceria na indústria automotiva se os es-

---

[126]Cf. American Federation of Labor, *Weekly News Service*, Washington, vol. 24, n. 37, 15 de setembro de 1934, p. 1.

forços organizativos dos trabalhadores não qualificados se restringissem ao modelo e aos constrangimentos institucionais da AFL.

Diante de suas próprias contradições internas, expressas nas disputas entre os FLUs e os sindicatos profissionais, só restou à AFL tornar-se mais crítica à atuação da ALB, denunciando fortemente a representação proporcional. A central chegou a ameaçar retirar-se da agência quando, no dia 7 de dezembro de 1934, esta tornou pública sua decisão de realizar eleições proporcionais para a designação dos representantes dos trabalhadores em todas as unidades fabris sob sua jurisdição. O plano proporcional da ALB seria aplicado no nível da unidade fabril, e cada unidade fabril formava uma unidade de negociação. A AFL, o MESA e o SDE decidiram boicotar as eleições. Os dois últimos, porque avaliaram que não tinham filiados em número suficiente, em nenhuma planta, para que tivessem uma representação adequada. A primeira, porque não aceitava votar nas dependências patronais e por acusar a ALB de começar as eleições por Detroit porque sabia que seus FLUs eram particularmente fracos no bastião do *open-shop*. A AFL também afirmava que só deveriam ocorrer eleições a pedido dos trabalhadores, e não por imposição de uma agência governamental, e que a regra da maioria deveria prevalecer.

Sem a oposição da AFL, que se retirou da ALB em janeiro de 1935, entre 19 de dezembro de 1934 e 23 de abril de 1935, a ALB organizou 125 eleições. A central sindical, por seu lado, passou a apoiar publicamente, e com vigor redobrado, a aprovação da Lei Wagner, que, em sua seção 9(a), explicitava claramente o princípio da maioria. O embate entre a AFL e a ALB perdeu sentido no dia 27 de maio de 1935, quando a NIRA foi declarada inconstitucional pela Suprema Corte dos Estados Unidos em um curioso caso envolvendo o comércio de galinhas.

Em 13 de abril de 1934, fora aprovado o Live Poultry Code, para regular a produção de aves na área metropolitana de Nova York. A Schechter Poultry Corporation e a Schechter Live Poultry Market atuavam nos mercados atacadista e de abate no Brooklyn, comprando aves vivas em Nova York e, ocasionalmente, na Pensilvânia, e seu público consumidor era formado por moradores e comerciantes do próprio Brooklyn. A firma foi acusada de violar 18 provisões do Live Poultry Code, como aquelas relativas aos salários mínimos e às horas máximas, e de vender galinhas inadequadas para o abate. O caso chegou à Suprema Corte, onde os advogados da empresa argumentaram que os códigos de competição da NIRA constituíam uma delegação inconstitucional de poderes legislativos por parte do Congresso; que o código em questão visava a regular o comércio interestadual de aves, enquanto a empresa atuava apenas no estado de Nova York, e, finalmente, que as multas impostas à empresa constituíam uma violação ao devido processo judiciário, conforme garantido pela Quinta Emenda. A Suprema Corte concordou com tais colocações e como resultado a própria NIRA foi declarada inconstitucional.[127]

A declaração de inconstitucionalidade da NIRA não provocou protestos generalizados, embora William Green tenha lamentado a decisão e afirmado que a luta pela justiça social

---

[127]Estados Unidos, Suprema Corte, "Schecther Poultry Corp. v. United States. 295 US 495", in Henry Steele Commager, *op. cit.*, pp. 278-283.

nos Estados Unidos havia sofrido uma importante derrota,[128] ao passo que a Câmara de Comércio dos Estados Unidos defendia abertamente o seu fim.[129]

A NIRA realmente se revelara incapaz de implementar suas políticas por uma série de razões: os sindicatos eram frágeis para fiscalizar o cumprimento dos códigos nas empresas, que resistiam à seção 7(a). Por outro lado, a NLB, e posteriormente a NLRB, assim como as agências setoriais, como a ALB, não possuíam instrumentos legais para implementar suas decisões, baseando suas ações na cooperação das partes em litígio. Não houve ocasião em que uma dessas agências tivesse sido capaz de exigir que um empregador cumprisse suas decisões se este não estivesse disposto a colaborar, nem de organizar uma eleição sindical se o empregador estivesse disposto a buscar uma *injunction* de um tribunal para impedi-la.[130] No tocante especificamente à contratação do trabalho, portanto, a NIRA havia se revelado incapaz de promover a contratação coletiva nos diversos setores industriais e, particularmente, na indústria automotiva.

A declaração de inconstitucionalidade da NIRA não fez cessar os conflitos internos da própria AFL em torno da indústria automotiva. Em agosto de 1935, sob forte pressão dos FLUs, a central finalmente autorizou a criação de um sindicato industrial, o United Automobile Workers of America

---

[128]American Federation of Labor, *Weekly News Service*, Washington, vol. 25, n. 23, 8 de junho de 1935, p. 1.

[129]Cf. Chamber of Commerce of The United States of America, *Special Bulletin, Referendum Number Sixty-Eight. National Industrial Recovery Act, 10 de janeiro de 1935*, FDR Library, PPF. 1820, Speech Material, Business vs. New Deal, The Constitution, Cont. 9.

[130]Cf. J. Warren Madden. "Birth of the Board", in Louis Silverberg (org.), *op. cit.*, p. 34.

(UAWA), que, no entanto, não poderia atuar sobre várias categorias de trabalhadores automotivos jurisdicionados por sindicatos profissionais da AFL. Consequentemente, em 1936, o UAWA iria aderir a uma dissidência interna à AFL, o Committee of Industrial Organizations, defendendo abertamente a organização da indústria automotiva em um único sindicato de base industrial.[131]

O movimento sindical automotivo encontrava-se, pois, profundamente dividido, e a indústria automotiva largamente não sindicalizada, no momento em que o New Deal entrava em sua segunda fase, marcada pelo fim da NIRA e a aprovação da Lei Wagner.

---

[131]Cf. Estados Unidos, Department of Labor, Bureau of Labor Statistics, "Organized labor movement, 1929 to 1937", *Monthly Labor Review*, Washington, US Government Printing Office, vol. 44, no. 1, janeiro de 1937, p. 6. Raymond Walsh. *CIO. Industrial unionism in action*, Nova York, W. W. Norton & Company, Inc., 1937, p. 110.

CAPÍTULO 4   A segunda fase do New Deal

4.1 QUEM GOVERNA A VIDA DE 80 MIL TRABALHADORES?

A vida de 80 mil trabalhadores e suas famílias devem ser governadas pelas leis dos Estados Unidos da América ou pelos éditos do grão-duque Henry Ford?

Esta é, fundamentalmente, a questão com a qual os agentes da lei se deparam, em consequência da esplêndida ação da NLRB no caso da Ford.

O relatório da NLRB descreve os esforços pacíficos do United Auto Workers of America para organizar os trabalhadores da Ford sob os direitos previstos pela Lei Wagner e declarados constitucionais pela Suprema Corte.

No interesse do governo democrático, é conveniente que a administração [Roosevelt] implemente a lei em Dearborn, Michigan, e garanta que, sob o império da lei, os trabalhadores da Ford possam gozar de seus direitos naturais e Mr. Ford, como outro cidadão qualquer, seja responsabilizado quando desrespeitá-la.[132]

Dearborn, Michigan, 26 de maio de 1937. Walther Reuther, membro da direção executiva geral do United Auto Workers

---

[132] Committee of Industrial Organizations, *CIO News*, Washington, vol. 1, n. 4, 29 de dez. de 1937, p. 2.

of America (UAW), e Richard Frankensteen, diretor do Comitê de Organização da Ford e também membro da mesma direção sindical, encaminharam-se, junto com outros companheiros, para o portão 4 da planta River Rouge da Ford Motor Company. Acompanhando-os, o reverendo Raymond P. Sanford, de Chicago, designado pela Conferência para a Proteção dos Direitos Civis para observar a panfletagem que o sindicato faria no local. O grupo chegou ao portão às 13h45 e encaminhou-se para um viaduto localizado logo adiante, de forma a observar a distribuição dos panfletos. Como a atividade havia sido amplamente divulgada, uma quantidade significativa de jornalistas estava presente. Considerando o histórico de confronto entre o sindicato e a Ford Motor Company, uma atividade do UAW diante de River Rouge certamente renderia, no mínimo, boas fotos. Afinal, poucos meses antes, Ford havia afirmado: "Os [trabalhadores] que entrarem em um sindicato ficarão como os perus [no Dia de Ação de Graças]: seus pescoços serão atingidos."[133]

Naquele momento, embora já houvesse sido suplantada como a maior montadora americana pela General Motors, a Ford ainda representava um colosso industrial. River Rouge era o coração da empresa, a maior planta industrial do mundo, empregando mais de 80 mil homens, e a Ford possuía fábricas de autopeças e revendedores em quase todo o território americano, operava minas em diversos estados, possuía subsidiárias no exterior e mesmo uma frota de navios. Até junho de 1936, ano em que 22,44% dos carros emplacados

---

[133]Estados Unidos, National Labor Relations Board, "In the Matter of Ford Motor Company... Decided May 21, 1941", p. 1002.

A Grande Depressão não atingiu apenas trabalhadores industriais, agrícolas e de serviços. Atingiu também artistas, que perderam seus empregos ou viram suas fontes de renda minguarem com a queda na venda de livros e quadros e com o cancelamento de peças de teatro e concertos. Entre 1930 e 1933, escritores, instrumentistas, pintores, cenógrafos, arranjadores, iluminadores, fotógrafos, contrarregras, roteiristas, vendedores de tintas e telas, copistas de partituras, diretores etc. engrossaram as filas de emprego e sopa.

Para proporcionar trabalho e renda a esses artistas em suas próprias áreas de atividade, o governo Roosevelt criou uma série de programas, como o Public Works of Art Project (PWAP), o Federal Art Project (FAP), o Federal Dance Project (FDP), o Federal Music Projetc (FMP), o Federal Theatre Project (FTP) e o Federal Writers' Projetc (FWP).

O PWAP financiou a pintura de mais de mil murais em prédios públicos, principalmente agências de correios, sofrendo forte influência do muralismo mexicano de Diego Rivera e José Orozco; o FDP incentivou a dança moderna e introduziu elementos folclóricos na dança clássica; o FMP financiou mais de 1,5 milhão de aulas de música para 18 milhões de alunos e realizou cerca de 250 mil concertos em centros comunitários, assentamentos, orfanatos, prisões, hospitais e parques públicos,

além de ter realizado 14 mil apresentações no rádio e distribuído partituras.

O FTP apresentou peças de teatro em todo o país, frequentemente com temas de cunho social,

como a falta de habitações, as condições de vida nas prisões, a discriminação racial e o papel do Estado na arbitragem do conflito entre capital e trabalho.

O FWP produziu milhares de artigos, panfletos, livros e monografias sobre a história regional, o folclore americano, a natureza, o mundo infantil, o mundo do trabalho e o drama dos desempregados.

Esses projetos encerravam a ideia de que a arte deveria sair dos salões sofisticados dos grandes magnatas e mecenas e entrar na vida dos cidadãos comuns, produzindo uma "democracia cultural" ao alcance de todos.

Shakespeare foi encenado em bairros negros de Nova York

e exposições de arte ao ar livre foram realizadas nas ruas menos glamourosas.

A renovação temática da arte, que passava a retratar o homem comum e as minorias étnicas, foi outro dos elementos dos projetos financiados pelo New Deal. Trabalhadores negros passaram a ser percebidos como dignos de representação por artistas brancos,

assim como índios,
hispano-americanos,

trabalhadores rurais e industriais.

Os próprios artistas dessas comunidades passaram a ser beneficiados por políticas públicas.

Por outro lado, os artistas comissionados pelos programas do New Deal também exaltavam as realizações do governo e a valorização do trabalhador,

com uma estética que lembra a de regimes como o fascismo italiano ou o Estado Novo brasileiro.

Em suma, nos projetos de arte financiados pelo New Deal realizava-se a construção de uma nova ideia de América, cujos pilares eram atores coletivos e indivíduos anônimos, os *homens esquecidos*, e não os grandes empreendedores, até então tidos como os realizadores do sonho americano.

nos Estados Unidos trouxeram a sua marca, a empresa havia fabricado mais de 24 milhões de automóveis.[134]

Para o UAW, a sindicalização dos trabalhadores da Ford era de importância estratégica, pois Henry Ford era visto como um déspota empresarial, sendo seu antissemitismo e sua simpatia — correspondida — por Adolf Hitler notórios.[135] Em 1938, Ford chegou até mesmo a receber a Grande Cruz da Suprema Ordem da Águia Alemã. Mesmo uma revista voltada para o mundo dos negócios, como *Fortune*, afirmava que "... a organização do Sr. Ford evidencia ser gerida pelo medo".[136] Mais do que ninguém, Ford personificava a política de *open-shop*: "Nós nunca vamos reconhecer o UAW ou outro sindicato qualquer."[137] Derrotar o Mussolini de Detroit, como Ford era chamado, abriria caminho, portanto, para a sindicalização dos trabalhadores da General Motors e da Chrysler.

A pedido dos jornalistas, Reuther, Frankensteen e outros sindicalistas posaram para fotografias, tendo a grande fábrica como cenário de fundo. Neste momento, foram abordados por três homens que afirmavam ser o viaduto propriedade da empresa e que, portanto, todos deveriam dele se retirar. Em tal momento, "o testemunho unânime indica claramente que o grupo de sindicalistas rumou na direção da escada (...), sem fazer qualquer tipo de objeção. No entanto depois de apenas alguns passos, foram cercados e atacados". A Batalha

---

[134]Cf. Estados Unidos, National Labor Relations Board, "In the Matter of Ford Motor Company... Decided December 22, 1937", pp. 624 e seguintes.
[135]Cf. Carl Raushenbush, *Fordism. Ford and the community*, Nova York, League for industrial Democracy, 1937.
[136]Cf. James Flink, *The Automobile Age,* Cambridge, MIT Press, 1993, p. 125.
[137]Cf. Estados Unidos, National Labor Relations Board, "In the Matter of Ford Motor Company... Decided December 22, 1937", p. 647.

do Viaduto, como ficou conhecido o episódio, foi marcada por extrema violência por parte dos homens do Departamento de Serviços da Ford:

> A história do ataque é quase que inacreditavelmente brutal. Reuther e Frankensteen receberam atenção especial e apanharam terrivelmente. Ambos foram derrubados, socados e chutados em todas as partes do corpo. Depois, foram suspensos no ar diversas vezes e jogados contra o concreto.[138]

Em resposta, o UAW fez questão de lembrar a Ford que River Rouge ficava em Dearborn, Michigan, e não na Alemanha nazista.[139] Homer Martin, presidente do sindicato, em carta aberta a Henry Ford, após associar o fordismo ao antiamericanismo, ao gangsterismo, ao fascismo, ao feudalismo e à autocracia empresarial, afirmava em tom dramático:

> Enquanto seus camisas-negras de Dearborn têm sido bem-sucedidos em aterrorizar e espancar brutalmente os trabalhadores, também têm sido bem-sucedidos em manchar cada carro da Ford, por toda a América, com o sangue vermelho que esparge das feridas destes.[140]

No entanto, ao contrário de tantos outros enfrentamentos tão ou mais brutais entre milícias empresariais e sindicatos, a surra que Reuther, Frankensteen e seus companheiros

---

[138]Estados Unidos, National Labor Relations Board, "In the matter of Ford Motor Company... Decided December 22, 1937", p. 627.

[139]Cf. United Automobile Workers Of America, *United Auto Worker. Official publication,* Detroit, no. 16, ano 1, 29 de maio de 1937, p. 4.

[140]Homer Martin, *Carta aberta a Henry Ford,* Detroit, 5 de junho de 1937, Reuther Library, UAW-GM Collection, General Correspondence, 1938-1945.

sofreram não resultaria apenas em protestos públicos, mas em uma ação, impetrada pelo UAW, na NLRB. Segundo o sindicato, a Ford havia praticado uma *unfair labor practice* (atividade empresarial ilegal contra os esforços associativos autônomos dos trabalhadores), ação esta que resultou em ordens, emitidas pela agência, à empresa no sentido de que parasse com suas atividades coercitivas e intimidadoras sobre os esforços organizativos do UAW ou de qualquer outra organização sindical, assim como parasse de dominar ou interferir na formação e administração do Ford Brotherhood of America (FBA), que o UAW acusava ser um *company union*.[141]

Para a peculiar visão de Ford, a NLRB seria a materialização de uma política da comunidade de Wall Street e do capital financeiro internacional, que visava a unificar os salários para baixo, impedindo que uma empresa benevolente, como a sua própria, pagasse salários mais altos aos funcionários.[142] Consequentemente, mesmo após iniciado o processo, a empresa continuaria a agir com violência contra qualquer tentativa de seus trabalhadores em organizar-se em sindicatos autônomos, a ponto de alguns líderes sindicais chegarem a afirmar que destruir o fordismo na América seria a maior contribuição americana para destruir os Hitlers do mundo. Ford só aceitou as ordens da agência quando es-

---

[141]Cf. Estados Unidos, National Labor Relations Board, *Regional Offices: Comments on current Labor Situation. Confidential. Seventh Region, Detroit: Abril de 1937*, NARA, Records 25, Records relating to the Smith Committee Investigation, Records of the General Counsel, Reading file of the General Counsel, 1939-1941, Records relating to the preparation of the Board's case, 1936-1941, Stack area 530, localização: Entry 23, 43,06,04.
[142]*Detroit Free Press*, Detroit, 14 de abril de 1937.

tas foram confirmadas pela Suprema Corte dos Estados Unidos, já em 1940, momento que o UAW viu como sua maior vitória.[143]

A ação da NLRB no embate entre a Ford Motor Company e o UAW seria captada com perspicácia pelas palavras do *CIO News* que servem como epígrafe para este capítulo. Com a NLRA e a NLRB, os sindicatos tornavam-se, pela primeira vez, objetos de proteção estatal. Não por outra razão, William Madden, membro da agência, afirmaria diante do Subcomitê de Liberdades Civis do Congresso dos Estados Unidos:

> Nos últimos anos, a proteção ao direito de organização dos trabalhadores e de negociação coletiva tornou-se uma questão pública. O reconhecimento verbal de tais direitos transformou-se em uma obrigação assumida pelo governo. A NLRA é hoje o principal bastião de tais direitos.[144]

4.2 O NATIONAL LABOR RELATIONS ACT

Com a inconstitucionalidade da NIRA, tem início o que se convencionou chamar de segundo New Deal, momento em que o governo Roosevelt deixou de lado a estratégia de centrar a recuperação da economia em ações que envolvessem a cooperação das grandes corporações e adotou medidas de

---

[143]Cf. United Auto Workers, *Official Publication,* Detroit, vol. 5, no. 4, 15 de fevereiro de 1940, p. 1.

[144]Cf. United States, Senado dos Estados Unidos, *Opressive Labor Practices Act. Hearings before a Subcommittee of the Committee on Education and Labor of the United States Senate. Seventy-Seventh Congress. May 25 and 26 and June 1, 2, 5, 6, 7 and 13, 1939,* Washington, US Government Printing Office, 1939, p. 61.

caráter regulatório sobre os mercados, como o mercado de trabalho. Duas foram as principais peças legislativas que buscavam regular o mercado de trabalho: o Social Security Act e o National Labor Relations Act, ambos de 1935.

A ideia básica do Social Security Act (SSA) era evitar custos desiguais de programas de bem-estar social entre os estados. Nas décadas anteriores, vários estados industriais, principalmente do nordeste e centro-oeste, haviam implementado programas de pensões e auxílio-desemprego que, com o aprofundamento da Depressão, se tornavam cada vez mais custosos. Outros estados, principalmente do Sul, no entanto, não haviam aprovado tais planos, o que os tornava atraentes para as empresas, em detrimento dos estados que tinham planos e onde os custos do trabalho, portanto, eram maiores.

A competição entre os estados no tocante a atrair as empresas era intensa. Custos como programas de bem-estar e aqueles ocasionados por sindicatos fortes eram calculados pelas empresas na hora de decidir a alocação de suas fábricas. Em pesquisa realizada entre 1935 e 1937, constatou-se que em 105 ramos industriais analisados, o salário/hora médio no Norte era de 69,1 cents, enquanto no Sul era de 47,8 cents, o que refletia a alta concentração das indústrias automotiva e siderúrgica no primeiro e de algodão no segundo. Mas no interior das mesmas indústrias havia diferenças importantes, que refletiam a menor sindicalização no Sul. Comparando-se 832.179 trabalhadores das mesmas indústrias, os do Sul ganhavam em média 18,6% menos que os do Norte. Em 1936, o UAW chegaria a publicar uma notícia com o título de "Vá para o Sul em busca de trabalho barato", reproduzindo — e denunciando — uma mensagem provavelmente enviada pela Câmara de Comércio da Carolina do Sul para atrair empresas para o estado.[145]

A ideia do SSA, portanto, era funcionar como um regulador da concorrência entre as empresas, federalizando os custos com programas de pensão e auxílio-desemprego. Por isso, ele foi fortemente apoiado pelos grandes estados industriais, que haviam criado programas de bem-estar, bem como por setores empresariais que, tradicionalmente, defendiam mecanismos regutórios anticompetitivos. Como afirmou H.W. Story, da Allis-Chalmers Corporation, o sistema de bem-estar precisava de algum tipo de obrigatoriedade que fosse compartilhada por todos os estados, pois "nós já estamos fazendo contribuições em Winsconsin e gostaríamos que nossos competidores o fizessem também".[146]

Mas a peça legislativa mais importante do segundo New Deal foi o National Labor Relations Act, assinado em 5 de julho de 1935 pelo presidente Roosevelt.

A Lei Wagner, como ficou conhecida em homenagem ao seu proponente, o senador democrata Robert Wagner, buscava atacar o que se via como a principal fragilidade da NIRA: a inexistência de mecanismos legais que obrigassem o empresariado a respeitar sua seção 7(a). Assim, a Lei Wagner buscava garantir aos trabalhadores os direitos básicos de autorrepresentação e contratação coletiva do trabalho criando uma nova agência administrativa, uma segunda NLRB, com poderes quase judiciais (suas decisões deveriam ser revistas pelas Cortes de Apelação e, em última instância, pela Suprema Corte dos Estados Unidos), normativos (tinha o poder de definir o

---

[145]Cf. United Auto Workers, *United Auto Worker. Official publication*, Detroit, vol. I, no. 2, 7 de julho de 1936, p. 8.
[146]Cf. H. W Story *apud* Colin Gordon, *op. cit.*, p. 275.

que entendia como práticas ilegais dos empregadores) e executivos (aplicava seus estatutos sobre as empresas), sendo constituída por três membros indicados pelo presidente dos Estados Unidos. A agência também reunia poderes investigativos e quaisquer de seus membros tinha autoridade para intimar e requerer o comparecimento de testemunhas.[147]

A delegação de poderes do Congresso à NLRB para normatizar as relações sob sua jurisdição, como já havia ocorrido com a NWLB e a própria NIRA, era central para as agências administrativas, tal qual pensadas por progressistas no início do século XX e New Dealers. As agências administrativas encerravam a ideia de que, tendo em vista a crescente complexidade da sociedade e da economia, era preciso injetar expertise no processo regulatório. Por outro lado, ao atribuir às agências administrativas o poder de regular os campos sob sua jurisdição, o Congresso, com seu *timing* menos afeito às urgências da vida econômica, dava flexibilidade ao processo regulatório.[148]

Em sua seção 8, a lei declarava ilegais por parte das empresas a interferência, a restrição ou a coerção dos empregados, em suas atividades de organização; o domínio ou a interferência na formação ou administração de qualquer organização operária — ou seja, proibia o *company union* —; o encorajamento ou desencorajamento à filiação a qualquer organização operária por meio de discriminação no tocante à contratação, ao período, ao termo ou à condição de emprego;

---

[147]Os elementos a seguir encontram-se em Estados Unidos, National Labor Relations Board, *First annual report of the National Labor Relations Board...*, pp. 10-28.
[148]Cf. James Landis "The administrative process", in William Fisher III, Morton Horwitz e Thomas Reed (orgs.), *American Legal Realism*, Nova York/ Oxford, Oxford University Press, 1993, pp. 159-163. O texto é de 1938.

a organização de eleições sindicais quando houvesse dúvidas a respeito de que organização sindical representava os trabalhadores em questão; a demissão ou a discriminação de qualquer empregado em razão de queixas contra o empregador, e a recusa das empresas em negociar com representantes dos trabalhadores.

A Lei foi apresentada pelo senador Wagner como a realização, há tanto acalentada, da democracia na indústria americana:

> A luta por uma voz na indústria pelo processo de negociação coletiva está no coração da luta pela manutenção da democracia econômica e social na América. Se deixarmos os homens se tornarem servis nas mãos de seus mestres nas fábricas, estará quebrada a resistência à ditadura política.
>
> O fascismo começa na indústria, não no governo. As sementes do comunismo são plantadas na indústria, não no governo. Mas se os homens conhecerem a dignidade da liberdade e da autoexpressão em suas vidas cotidianas, nunca se curvarão à tirania.[149]

A partir da indicação dos seus três membros pelo presidente, em 24 de agosto de 1935, a agência organizou seu escritório central em Washington e 21 escritórios regionais, e em 14 de setembro, de acordo com a autoridade recebida pela seção 6 (a) da lei, divulgou suas Regras e seus Regulamentos, de modo a criar procedimentos e rotinas de investigação e decisão, como a que estabelecia que apenas um empregado ou organização de trabalhadores poderia pedir uma investigação a

---

[149]Robert Wagner, "The ideal industrial state, as Wagner sees it", *New York Times Magazine*, Nova York, 9 de maio de 1937, p. 23.

respeito de práticas trabalhistas ilegais, e nunca um empregador (Art. III, Sec. 1). Segundo o entendimento da agência, os objetivos dos empregadores em pedir investigações seria obstruir a organização dos trabalhadores, o que iria de encontro ao espírito da lei. Em suma, o objetivo fundamental da lei era fornecer instrumentos legais aos sindicatos para que estes pudessem acumular recursos políticos e realizar a tarefa para eles prevista, mas não alcançada, pela NIRA: elevar o poder de compra dos trabalhadores por meio da contratação coletiva do trabalho, de modo a permitir o crescimento sustentado da demanda e, consequentemente, da produção. A lei eliminava, portanto, e de forma definitiva, os *company unions* e a histórica tendência dos tribunais de aplicar a *common law* para desarticular o movimento sindical.[150] Afirmava o senador Wagner:

> Aos empregadores é permitido que se organizem em associações de forma a reunir informações e experiências e implementar estratégias conjuntas diante dos problemas do industrialismo moderno. Se devidamente direcionada, esta força reunida resultará no bem da Nação. Mas ela é potencialmente danosa para os trabalhadores e consumidores se não for contrabalançada pela organização correspondente dos empregados. Tal igualdade é de central importância no mundo econômico de hoje. É necessário garantir uma distribuição sábia da riqueza entre o empresariado (management) e os trabalhadores, de forma a manter o poder de compra e evitar depressões recorrentes.
>
> (...)

---

[150]Cf. Leon Keyserling "Why the Wagner Act?", in Louis Silverberg (org.), *op. cit.*, p. 6.

O maior obstáculo às negociações coletivas [o único meio de se conseguir tal distribuição da riqueza] são os sindicatos dominados pelos patrões, que se multiplicaram com rapidez depois da aprovação da lei de recuperação [NIRA].

(...)

Sob o sindicato dominado pelo patrão, o trabalhador, que não pode escolher um representante externo para negociar por ele, está fragilizado por duas razões. Em primeiro lugar, ele tem apenas uma ideia superficial do mercado de trabalho ou das condições econômicas gerais. Se proibido de contratar um especialista em relações industriais, ele se torna completamente incapaz de aproveitar as oportunidades legítimas que se lhe oferecem. Ninguém sugeriria que aos empregadores não fosse permitido contratar advogados, financistas ou consultores. Em segundo lugar, apenas representantes que não estão sujeitos ao empregador com quem irão negociar podem atuar livres de constrangimentos. O simples bom senso afirma que um homem não está livre quando deve negociar com aquele que controla seu meio de vida [o salário].[151]

A AFL saudou entusiasticamente a NLRA. Pareciam então findos os tempos em que empresários como Henry Ford e tantos outros recorriam impunemente à espionagem, às milícias privadas, às *company unions* ou aos tribunais, a fim de impedir a livre organização dos trabalhadores. Em 28 de julho de 1935, William Green comparava a Lei Wagner à Carta Magna do movimento sindical, assim como Samuel Gompers

---

[151]Robert Wagner "Statement of Hon. Robert F. Wagner...", in Estados Unidos. National Labor Relations Board, *Legislative History of the National Labor Relations Act, 1935. Vol. 1,* Washington, United States Government Printing Office, 1985, pp. 15, 16.

havia feito com relação ao Clayton Act de 1914, considerando-a a maior conquista legislativa da história do movimento de trabalhadores nos Estados Unidos.[152] E, de fato, entre a promulgação da Lei e 1937, a AFL ganhou cerca de 1 milhão de membros, contando com 3.271.726 filiados em agosto desse ano.[153]

O entusiasmo da AFL baseava-se no fato de que a lei parecia consolidar a perspectiva contratualista e pluralista das relações de trabalho, na tradição de John Commons. Seu objetivo expresso era promover a contratação coletiva do trabalho, objetivo confirmado em diversas ocasiões não só pela NLRB, como também pela Suprema Corte dos Estados Unidos, que, em uma série de ocasiões, estabeleceu que a agência não deveria se imiscuir no conteúdo dos contratos estabelecidos entre as partes e nem sequer os tornava obrigatórios, limitando-se a garantir a equidade destas durante o processo de contratação.[154]

A preocupação de garantir a equidade entre as partes contratantes estava inscrita na letra da lei, que afirmava que "o desequilíbrio do poder de barganha entre empregados que não possuem completa liberdade de associação ou de contrato e empregadores que estão organizados em corporações ou outras formas de propriedade e associação" constituía um sério risco para a economia do país, declarando, portanto, que a política dos Estados Unidos visava a "encorajar a prá-

---

[152]William Green, in *Weekly News Service*, Washington, 28 de julho de 1935, p. 1.

[153]Cf. Estados Unidos, Department of Labor, Bureau of Labor Statistics, *Monthly Labor Review*, Washington, vol. 45, no. 6, dezembro de 1937, p. 1427.

[154]National Labor Relations Board, "NLRB v. Fansteel Metallurgical Corp.", in *Court Decisions Relating to the NLRA*, volume 4, June 1, 1943 to January 1, 1946, Washington, US Government Printing Office, junho de 1946, p. 331.

tica e o processo de negociações coletivas", assim como "proteger o exercício de livre organização e auto associação dos trabalhadores e a designação dos representantes de livre escolha destes para o propósito de negociar os termos e as condições de seu emprego, ajuda mútua ou proteção".[155]

Se o apoio da AFL à lei foi decidido, decidida também foi a oposição patronal. James Emery, conselheiro-geral da NAM, afirmava que os *company unions* haviam sido aperfeiçoados ao longo do tempo, cumprindo sua missão de estabelecer relações de trabalho harmônicas, e que seriam destruídos pela lei e, mais importante, que o direito de regular as relações de trabalho era constitucionalmente local, não federal, e, portanto, a lei era inconstitucional. Emery defendia ainda o contrato individual do trabalho, argumentando que ao trabalhador deveria ser resguardado o direito de contratar individualmente suas condições de trabalho e remuneração. Henry Harriman, presidente da USCC, também afirmava que a Lei Wagner seria desastrosa, da mesma forma que Hal Smith, representando a NACC, para quem a lei estava em contradição com o espírito da ALB, resultado de um acordo entre os trabalhadores, as montadoras e o governo. As grandes corporações automotivas também se colocariam frontalmente contrárias à lei, afirmando ser a projetada NLRB incapaz de lidar com os problemas trabalhistas em todos os Estados Unidos e instando o presidente a não apoiá-la.[156]

---

[155]Estados Unidos, Senado Federal, "S. 1958", in National Labor Relations Board. *Legislative history of the National Labor Relations Act, 1935, Volume I...* p. 3270-3271.

[156]Cf. Alfred Sloan; Walter Chrysler; Roy Chapin, C Nash. *Telegrama enviado a FDR, 6 de abril de 1934*, Franklin D. Roosevelt Library, President's Personal File, 1191 (X-Refs, 1944-45) — 1211.

Cedo, no entanto, a AFL se encontraria em posição de aberto confronto com a NLRB e chegaria mesmo a aliar-se à NAM para propor emendas legislativas à NLRA. Isto porque a lei operava um corte importante na forma como o Estado se relacionava com o movimento sindical, questionando profundamente alguns dos pressupostos do pluralismo industrial tal qual defendidos pela AFL, principalmente o poder por ela atribuído à NLRB de determinar a unidade de negociação.

4.3 A DETERMINAÇÃO DA UNIDADE DE NEGOCIAÇÃO E A REGRA DA MAIORIA

Sugerida pela Comissão de Relações Industriais de 1915, estimulada pela NWLB na Primeira Guerra, a promoção da contratação coletiva do trabalho nunca havia sido alvo de uma promoção estatal sistemática, como a proposta pela NLRA. Até o advento da lei, os sindicatos eram predominantemente percebidos, segundo a tradição pluralista, como organizações privadas e, portanto, não deveriam esperar nenhuma ação estatal em seu benefício. O objetivo da lei, pelo contrário, era dar apoio estatal explícito à sindicalização dos trabalhadores com vistas à promoção da contratação coletiva do trabalho. Os sindicatos surgiam, aos olhos do legislador, como o único instrumento efetivo e constitucional para regular jornadas de trabalho e salários e, desta forma, estabilizar a concorrência entre diferentes empresas de um mesmo setor, elevar os salários e possibilitar a retomada do crescimento econômico. A lei tornava, assim, o contrato coletivo de trabalho uma expressão do interesse público e, neste sentido, publicizava os próprios sindicatos como agentes deste interesse.[157] Consequentemente, para promover a contratação coletiva do trabalho, seria possível até mesmo ferir o que até então era percebido, pelas próprias organizações sindicais, como direitos por elas adquiridos.

Por isso, ao mesmo tempo que a lei encerrava elementos da tradição pluralista, como a não interferência do Estado no conteúdo dos contratos, encerrava também elementos associados ao realismo legal, pensamento jurídico desenvolvido entre as duas guerras. Para os realistas legais, o papel do direito e, portanto, do Estado, não deveria se resumir a administrar conflitos entre agentes privados, mas sim promover um aperfeiçoamento da sociedade. Nesse sentido, a *common law* e a defesa da contratação privada do trabalho, ao enfatizar a chamada liberdade de contrato, eram percebidas como resultado do conservadorismo de juízes, resultando em benefício das grandes corporações em detrimento dos esforços organizativos dos trabalhadores. Influenciados pelo Movimento Progressista e por professores de direito como Roscoe Pound, os realistas legais viam na lei uma função de engenharia social e um instrumento de promoção da contratação coletiva do trabalho. Daí, duas das mais importantes características da lei: a afirmação da regra da maioria e o poder da NLRB de determinar a unidade de negociação.

Em sua seção 7, a lei afirmava que os empregados tinham o direito de se organizar e de se fazer representar em nego-

---

[157]Cf. Lloyd Garrison. *Statement before the House Committee Investigating the NLRB. February 2, 1940. Lloyd Garrison (Z-733), (dean of the University of Winsonsin Law School, first Chairman of the old National Labor Relations Board (summer and fall of 1934)*, Franklin D. Roosevelt Library. Records of the Assistant General Counsel, Records relating to preparation of Board's case, 1939-1940, Entry: 31, 43,07,01, Box n. 2.

ciações coletivas por representantes de sua própria escolha, e a seção 9 (a) afirmava que tais representantes deveriam ser escolhidos pela maioria da unidade em que negociavam e que seriam os representantes exclusivos de tal unidade. Mas a escolha da unidade era atribuída à NLRB, de acordo com a seção 9 (b) da lei:

> A Agência decidirá em cada caso, com o objetivo de assegurar aos empregados o completo benefício de seu direito à livre organização e à negociação coletiva, e para efetuar as *políticas desta Lei* (grifo do autor), se a unidade apropriada para os propósitos de negociação coletiva deve ser a unidade do empregador, da profissão, da planta ou uma outra subdivisão qualquer.[158]

Sendo a *política da Lei* o estímulo à contratação coletiva do trabalho de modo a realizar uma melhor distribuição da renda nacional, a definição da unidade de negociação era um desafio central para a NLRB, como bem apresentou Francis Biddle, secretário-geral da NLRB dos tempos da NIRA:

> A necessidade da NLRB de decidir a unidade de negociação e as eventuais dificuldades em fazê-lo podem ser exemplificadas no caso de um empregador ter duas fábricas produzindo o mesmo produto: cada fábrica deve ser uma unidade ou as duas fábricas, em conjunto, devem constituir uma unidade? Quando houver várias especializações diferentes em uma mesma planta, cada uma deve constituir uma unidade? Permitir que seja atribuída ao empregador a determinação

---

[158]Estados Unidos, National Labor Relations Board, *First annual report...* , p. 18.

da unidade daria lugar a um número ilimitado de abusos e minaria os objetivos da lei. Se aos próprios empregados fosse atribuído tal direito, sem a devida consideração dos elementos que deveriam constituir as unidades apropriadas, eles poderiam minar o significado prático da regra da maioria; e, ao quebrar a unidade em pequenos grupos, poderiam tornar impossível ao empregador gerenciar sua fábrica.[159]

O problema da unidade de negociação não era novo no cenário sindical americano. Os embates entre os Knights of Labor e o ARU de um lado e a AFL, do outro, em fins do século XIX, giravam em torno da defesa que os primeiros faziam das grandes unidades — plantas, empregadores, setores industriais — e daquela feita pela segunda do fracionamento de plantas em categorias de trabalhadores representados por seus respectivos sindicatos de ofício, cada um possuindo jurisdição exclusiva sobre sua categoria profissional.[160] Em suma, tal problema girava em torno, essencialmente, da disputa entre sindicatos industriais e profissionais. A partir dos anos 1920, em razão da generalização dos métodos fordistas na indústria americana, mesmo a AFL já vinha tendo crescentes dificuldades em arbitrar as jurisdições de seus sindicatos profissionais, que começavam a perder as fronteiras seguras de que até então gozavam. Pelo menos desde 1911, a AFL já admitia um amálgama entre sindicatos profissionais

---

[159] Estados Unidos, National Labor Relations Board, *Legislative History...*, p. 109.
[160] Cf. Estados Unidos, National Labor Relations Board, Division of Economic Research, *Outline of materials gathered for the bargaining unit study*, Washington, 19 de janeiro de 1940, National Archives and Records Administration, Records 25, Records relating to the Smith Committee Investigation, Records of the Assistant General Counsel, Records of the Attorneys assisting General Counsel, Entry 38, 43, 07, 02. Box 3.

e industriais em função das alterações no mundo do trabalho, e alguns sindicatos, como o UMW, buscavam organizar todos os trabalhadores envolvidos nos trabalhos de minas e seus entornos. A central viu-se, assim, forçada a aceitar a formação de alguns sindicatos industriais, bem como a reunião de sindicatos profissionais de um mesmo ramo em sindicatos industriais, como o AAISTW.[161]

A diferença é que, com a NLRA, caberia a uma agência administrativa federal, e não à própria AFL, designar a unidade de negociação e, por decorrência, as jurisdições dos sindicatos. Para garantir a execução da *política da Lei*, a NLRA preocupava-se com a própria formação das partes contratantes, ao contrário do que queria a tradição pluralista. Tal inovação devia-se à percepção de que a designação da unidade de negociação, do agente de negociação e a seleção dos representantes para fins de negociação coletiva eram partes inseparáveis do mesmo processo e deveriam, pois, estar submetidos à melhor forma de se efetivar a contratação coletiva.[162] Em suma, para fortalecer o poder de negociação dos sindicatos, a lei proporcionava à agência o poder de designar, em caso de eleição, quem eram os eleitores.[163]

---

[161]Cf. Estados Unidos, National Labor Relations Board, Division of Economic Research, *The changing concept of the Bargaining Unit and the Labor Conflict (An outline)*. Washington, 11 de janeiro de 1940. Walther Reuther Library. Coleção: UAW Research Department. Accesion No. 350. UAW-GM Collection. General Correspondence, 1938-1945. Box 2.

[162]Cf. David Saposs (Division of Economic Research. NLRB). *Bargaining Unit, collective bargaining agency, selection of representantives in relations to majority rule (z-42)*, Washington, 12 de março de 1937, p. 1. National Archives and Records Administration, Records 25, Records relating to the Smith Committee Investigation, Records of the Assistant General Counsel, Records relating to preparation of Board's case, 1939-1940, Entry: 31, 43,07,01. Box 2.

[163]Cf. David McCabe. "Government control of labor representation?", *The Review of Politics*, vol. 3, no. 4 (Oct. 1941), p. 480.

Segundo Wallace Donham, da Harvard Business School, ouvido nos debates legislativos para a aprovação da NLRA na qualidade de especialista em relações industriais, o poder de determinar a unidade de negociação atribuído pela lei à NLRB significava que o Estado passava a controlar os sindicatos, suas jurisdições e eleições, colocando fim ao sindicalismo como até então conhecido.[164] A posição de Donham era próxima daquela defendida pelos pluralistas industriais como William Leiserson e da própria AFL, para os quais a NLRA deveria apenas garantir o princípio da contratação coletiva do trabalho, sem se preocupar com a formação dos agentes contratantes. O senador Wagner, no entanto, possuía uma visão diferente. Os trabalhadores eram percebidos como uma massa de indivíduos que constituíam a força de trabalho, e o objetivo da lei era, justamente, transformar tal massa em uma série de coletividades apropriadas para a negociação e a contratação coletiva do trabalho. Consequentemente, era atribuído à agência o papel de ajustar tal massa a tal objetivo e, neste sentido, os instrumentos adequados eram a determinação por esta da unidade de negociação e a certificação do representante majoritário em tal unidade. Em suma, a lei, ao atribuir à agência o poder de determinar a unidade de negociação, encerrava uma contradição em seu núcleo central: ao mesmo tempo que garantia aos trabalhadores os benefícios da livre organização, submetia esses mesmos trabalhadores aos princípios gerais da *política da Lei*.[165]

---

[164]Estados Unidos, National Labor Relations Board, *Legislative History...*, p. 640.

[165]Cf. Emily Clark Brown "The employer unit for collective bargaining in the National Labor Relations Decisions", *The Journal of Political Economy*, vol. 50, no. 3 (Jun. 1942), p. 322.

A regra da maioria vinha complementar a determinação da unidade de negociação. Durante a vigência da NIRA, como o caso da ALB ilustrou, os empregadores insistiam na proporcionalidade das representações em uma determinada unidade. Não foi outro o sentido do ataque de um dos principais grupos de pressão anti-New Deal em sua crítica à regra da maioria. O National Lawyers Committee of the American Liberty League afirmou, em seu arrazoado condenatório à NLRA:

Empregados individuais ou grupos minoritários não têm direito de negociar com seus patrões os salários, as horas e as condições de trabalho, mas apenas o direito de apresentar "queixas" individuais. (...) É nossa crença que esta cláusula da lei [a regra da maioria] constitui uma interferência na liberdade individual dos empregados, como garantida pela Quinta Emenda da Constituição dos Estados Unidos, que afirma, em sua substância, que nenhuma pessoa pode ser privada de sua vida, liberdade ou propriedade sem o devido processo legal. A liberdade sancionada pela Constituição inclui o direito de cada homem ocupar-se e vender sua força de trabalho da forma como entender. A NLRA constitui um severo constrangimento a esta liberdade de mais de uma maneira. Trabalhadores altamente qualificados podem ter seus salários fixados, em seu prejuízo, por acordos celebrados pelos representantes dos trabalhadores mais numerosos, porém menos competentes. O direito do trabalhador individual ou de um grupo de trabalhadores realizar sua própria negociação é eliminado, e o direito da minoria de formar suas próprias associações para fins de negociação, ignorado. Finalmente, empregados que se recusem a participar da escolha dos representantes estão implicados nos resultados de tal escolha, ainda que não tenham, nem implicitamente, consentido na seleção de tais representantes.[166]

Para os formuladores da Lei Wagner, pelo contrário, quando um empregador buscava negociar com vários agentes dentro de uma mesma unidade de negociação, o resultado era o enfraquecimento do poder de negociação na dada unidade, por fracioná-la, enquanto o empregador mantinha o poder unívoco do lado empregatício. Francis Biddle era categórico nesse sentido: "A experiência (...) indica que a insistência do empregador no direito individual de contratação do trabalho tem como propósito interferir na contratação coletiva e não preservar a liberdade de contrato individual do trabalhador americano."[167] O direito de representação das minorias era, portanto, considerado contraproducente e mesmo antidemocrático, pois a democracia, tanto no governo do país quanto no da fábrica, pressupunha a subordinação da minoria à maioria.

A regra da maioria contradizia frontalmente a tradição jurídica baseada na *common law*, tal qual desenvolvida no século XIX, que privilegiava a iniciativa individual e a contratação individual do trabalho, tornando irrelevantes os interesses e as estratégias de um trabalhador em particular — ou de vários deles que constituíssem uma minoria entre os trabalhadores — e fazendo do sindicato apontado pela

---

[166]National Lawyers Committee of The American Liberty League, *Report on the constitutionality of the NLRA*, Pittsburgh, Smith Bros. Inc., 5 de setembro de 1935, p. 3.

[167]Francis Biddle, Ruth Weigan "Majority rule in collective bargaining", *Columbia Law Review*, vol. 45, no. 4 (jul. 1945), p. 567.

maioria o representante único e exclusivo de todos os trabalhadores da unidade de negociação.

Em suma, a Lei Wagner, ao mesmo tempo que consagrava a tradição pluralista e contratualista das relações de trabalho nos Estados Unidos ao afirmar que o Estado não deveria determinar o conteúdo dos contratos, reconhecia os limites do pluralismo industrial, ao admitir que os grupos de interesses dos trabalhadores deveriam ser formados a partir da intervenção e da organização do Estado com vistas à construção do bem comum.

Ao apoiar a promulgação da NLRA, a AFL tinha por objetivo que o novo estatuto legal legitimasse a estrutura sindical existente, ou seja, que a NLRB não interferisse nas formas organizativas do movimento sindical. Com isto, a central sindical calculava que ela própria, AFL, continuaria encarregada de administrar as disputas jurisdicionais entre seus sindicatos.[168] Para a NLRB, os direitos dos trabalhadores previstos na lei eram ingredientes de políticas públicas, criados por legislação e só poderiam ser vivenciados e implementados de acordo com a legislação. As jurisdições profissionais como balizas de negociação coletiva, tal qual definidas pela AFL, se contestadas por trabalhadores que não se sentissem por elas contemplados, perdiam qualquer validade se não fossem confirmadas pela NLRB.

---

[168]William Green "Statement of William Green, President of the American Federation of Labor. Hearings before the Committee on Education and Labor of the United States Seventy-Third Congress. Thursday, March 15, 1934. Second Session on S. 2969. A Bill to equalize the bargaining power of the employers and employees, to encourage the amicable settlement of disputes between employers and employees, to create a National Labor Board, and for other purposes" in Estados Unidos. National Labor Relations Board, *Legislative History...*, p. 67.

Este ponto é fundamental: antes da aprovação da NLRA, os sindicatos tinham autonomia para traçar suas estratégias para fazer face aos patrões e aos tribunais; com o advento da lei, eles passaram a ter que lidar com decisões de "unidades apropriadas de negociação" que até então eram decididas pela própria AFL e com a regra da maioria. Consequentemente, a principal preocupação dos sindicatos passou a ser atrair eleitores de unidades não por eles escolhidas e que, frequentemente, para eles não faziam sentido. Por outro lado, as novas estratégias sindicais tinham que levar em conta competições eleitorais com outras organizações sindicais, elemento também novo nas relações de trabalho. Antes da NLRA, era perfeitamente possível que um sindicato negociasse com uma corporação por melhores condições de trabalho para seus membros sem levar em conta quantos desses tais membros realmente trabalhavam na unidade fabril em questão. Sob a NLRA, as corporações não podiam negociar com um sindicato que não representasse a maioria dos trabalhadores de uma determinada unidade de negociação determinada pela NLRB e que fosse certificado por essa. Portanto, a vida interna dos sindicatos, suas estratégias organizativas e de contratação passavam a ser largamente condicionadas pela agência.[169]

Muito embora tais questões pudessem ter sido identificadas na letra da lei, elas não se tornaram um problema político para a AFL até o momento em que o movimento sindical americano cindiu-se mais uma vez entre os defen-

---

[169]Cf. Paul Hutchings (presidente do Office Employees International Union-AFL), "Effect on trade union", in Louis Silverberg, *op. cit.*, pp. 73-76.

sores do sindicalismo profissional, a própria AFL, e os defensores do sindicalismo industrial, o Congress of Industrial Organizations (CIO).

4.4 O NEW DEAL E A DISPUTA ENTRE A AFL E O CIO

Na Convenção da AFL de 1936, como já havia ocorrido nas anteriores, o debate sobre como organizar os trabalhadores não qualificados das indústrias de massas em sindicatos industriais foi um dos temas mais importantes:

> Durante a existência da AFL e desde que vários sindicatos nacionais e internacionais foram por ela registrados a partir de ofícios, as mudanças nos métodos industriais foram tantas que as tarefas de milhões de trabalhadores industriais são de natureza tal que não existiam em nenhum dos sindicatos nacionais e internacionais. Isto explicita que a jurisdição sobre estas novas classes de trabalho não poderia ter sido antecipada e atribuída a tais sindicatos nacionais e internacionais em um momento em que elas sequer existiam. (...) Nós declaramos que o tempo chegou quando o bom senso indica que as políticas organizacionais da AFL devem ser moldadas para fazer face às necessidades presentes. Nas grandes indústrias de produção de massa e naquelas em que os trabalhadores são engajados em trabalhos não afeitos às linhas dos sindicatos por ofício, a organização industrial é a única solução. O emprego contínuo, a segurança econômica e a capacidade de proteger o trabalhador individual dependem da organização em linhas industriais. (...). Para organizar os trabalhadores industriais de forma bem-suce-

dida, deve haver uma clara declaração da AFL. Ela deve reconhecer o direito de tais trabalhadores em organizar-se em sindicatos industriais e registrá-los...[170]

A situação de conflito entre sindicatos profissionais e industriais no seio da própria AFL já havia levado, no dia 10 de novembro de 1935, à criação do Committee for Industrial Organizations, dissidência reunindo dez sindicatos, como o UMW, de John Lewis, e o ACWA, de Sidney Hillman, que propunham uma decidida ação em favor dos sindicatos industriais.

A organização do Committee, no entanto, causou uma forte reação na direção da AFL que, desde o início, clamou por sua extinção, por considerá-lo uma ameaça à democracia interna.[171] Em 1936, iniciou-se o processo que levaria à suspensão de tais sindicatos, além de outros que a ele se juntaram, como o UAW, originando a formação do Congress of Industrial Organizations (CIO).[172] O CIO nascia da convicção de que as lutas jurisdicionais da AFL estariam impedindo a organização dos trabalhadores não qualificados das indústrias de massa.[173] As diferenças entre os perfis organiza-

[170]American Federation of Labor. *AFL vs. CIO. The Record*. Washington, DC: American Federation of Labor, 20 de novembro de 1939, p. 7.
[171]American Federation of Labor, *Weekly News Service*, Washington, vol. 26, n. 5, 1° de fevereiro de 1936, p. 1; American Federation of Labor, *Weekly News Serivce*, Washington, vol. 26, n. 29, 18 de julho de 1936, p. 1.
[172]American Federation of Labor, *Weekly News Service,* Washington, vol. 26, n. 48, 28 de novembro de 1936, p. 1. Para uma análise detalhada do processo de formação do CIO, cf. Robert Zieger, *op. cit.*, 1995.
[173]Cf. Congress of Industrial Organzations, *Proceedings of the First Constitutional Convention of the Congress of Industrial Organizations...*, pp. 36, 37. Cf. Estados Unidos. Department of Labor. Bureau, of Labor Statistics, "Industrial disputes", in *Monthly Labor Review*, Washignton, US Government Printinf Office, vol.48, no. 5, maio de 1939, p. 1123.

cionais da AFL e do CIO ficariam evidentes quando, em 1938, 50% das greves que ocorreram nos Estados Unidos foram organizadas por sindicatos ligados à AFL, mas que englobavam apenas 35% dos trabalhadores envolvidos, enquanto o CIO foi responsável por 40% das greves e por 55% dos trabalhadores, devido à sua penetração nas indústrias de massa com grande número de filiados.[174]

Entre 14 e 18 de novembro de 1938 o CIO realizou sua primeira Convenção, na cidade de Pittsburgh, Pensilvânia. John Lewis, o líder mineiro que viria a se tornar seu primeiro presidente, afirmou então o que seria um dos marcos da diferença entre as duas centrais: se nos 57 anos anteriores, na época dos ofícios dos artesãos, a AFL havia prestado grandes serviços aos trabalhadores americanos, na era da máquina seu tipo de organização sindical mostrava-se inadequado, devendo ser substituído pela organização dos trabalhadores industriais.[175] No entanto, as diferenças entre o CIO e a AFL não se limitavam à questão do perfil organizacional. A nova central nascia também com uma agenda política distinta da agenda da AFL, defendendo a ativa participação governamental na regulação da economia e os gastos públicos para a retomada do crescimento econômico.[176]

Fundamentalmente, o que unia o CIO ao New Deal — para horror dos setores mais conservadores, que reclamavam

---

[174]Cf. Estados Unidos, Department of Labor, Bureau of Labor Statistics, "Industrial disputes", *Monthly Labor Review*, Washignton, US Government Printinf Office, vol. 48, no. 5, maio de 1939, p. 1123.

[175]John Lewis. "Discurso proferido no Primeiro Congresso do CIO", *Proceedings of the First Constitutional Convention of the Congress of Industrial Organizations* p. 9.

[176]Cf. Congress of Industrial Organizations, *Proceedings of the First Constitutional Convention of the Congress of Industrial Organizations*, p. 60.

que a aliança entre o governo e o movimento sindical colocava em risco a propriedade privada e os valores americanos[177] — era a percepção de ambos de que a demanda agregada, em uma economia oligopolizada como a americana e voltada para a produção em massa de produtos duráveis, deveria ser garantida pela elevação do poder de compra da classe trabalhadora e por gastos governamentais. Tendo em vista a incapacidade empresarial de construir acordos privados que tornassem possível tal elevação, atestada pelo não funcionamento do Novo Individualismo de Hoover e da NIRA, ela deveria ser realizada por meio de regulação e planejamento estatais. Ambos tinham, assim, uma visão macroeconômica keynesiana, na qual os sindicatos, fortalecidos e legitimados pelo Estado, deveriam extrair, pela negociação coletiva, parcelas crescentes dos ganhos de produtividade do trabalho que haviam se tornado possíveis com o advento do fordismo. A aliança entre o CIO e o New Deal era assim descrita, à época mesma dos acontecimentos:

> O New Deal e o CIO são, em suas essências, gêmeos político-econômicos. O primeiro teve que vir antes para que o segundo pudesse obter seu direito à existência; ambos surgiram do ventre de uma democracia capitalista infeliz e desbalanceada.
>
> O sindicalismo precisava do New Deal porque durante décadas forças poderosas impediram o seu pleno desenvolvimento. A terra livre e a escassez de trabalho mantiveram

---

[177]Cf. H. D. Skinner, *Carta a Franklin D. Roosevelt, de 22 de janeiro de 1937*, Franklin D. Roosevelt Library, OF 407b, Labor Box 8; H. D. Kissinger, *Carta a Franklin D. Roosevelt, de 24 de janeiro de 1937*, Franklin D. Roosevelt Library, OF 407b, Labor Box 8. Ambas as cartas foram escritas durante as grandes greves de ocupação da indústria automotiva.

vivas certas tradições antigas: "igualdade de oportunidades"; a identificação do bem-estar individual com o coletivo; a confiança nas capacidades individuais para resolver o problema da má distribuição da renda, causa dominante dos ciclos econômicos. A AFL construiu uma irmandade bastante bem-sucedida para os trabalhadores qualificados por sua recusa em organizar os milhões de trabalhadores não qualificados que adentraram o mercado de trabalho vindos da Europa e, mais tarde, das fazendas americanas. Por fim, os empresários — radicalmente antissindicatos — escreveram e implementaram a lei por intermédio do Partido Republicano.

Após a Primeira Grande Guerra, uma "Nova Era" marcou o triunfante clímax do capitalismo do século XX. Mas por trás do espetáculo, grandes mudanças estavam em marcha. O avanço tecnológico, o declínio da natalidade, a concentração econômica e financeira e a ascensão da classe média assalariada — estes acontecimentos estavam marcando o nascimento de uma verdadeira era nova. Só após o colapso do grande *boom* o país começou a reconhecer tal fato ou a sentir a incapacidade de nossa liderança política e econômica em perceber tais mudanças.

(...)

Como, portanto, o New Deal se tornou o campeão do sindicalismo? A resposta reside na natureza dos objetivos da administração Roosevelt para a sociedade americana: um maior grau de democracia econômica e política, a mitigação dos ciclos econômicos e a segurança para os indivíduos. A legislação, por si só, não poderia realizar tais objetivos. Embora o presidente não compreendesse isso em seu primeiro mandato, e pareça ainda não ter tirado todas as conclusões práticas, uma relação madura e igualitária entre capital e trabalho forma o ângulo de sustentação do arco que ele busca construir. Em outras palavras, o programa último do New Deal não pode avançar sem sindicatos fortes e poderosos.[178]

A partir de suas diferentes perspectivas sobre o papel do Estado, para a AFL e o CIO, portanto, o poder da NLRB de determinar a unidade de negociação era percebido de formas distintas: para a AFL, significava uma interferência em direitos por ela vistos como historicamente adquiridos, uma usurpação de funções em que a agência tomava a si o encargo de arbitrar disputas entre organizações de trabalhadores, enquanto para o CIO significava a possibilidade de angariar apoio para a superação das unidades de negociação delimitadas pelas jurisdições da AFL, com a consequente consolidação de unidades industriais.[179] Para Edwin Smith, um dos três integrantes da agência indicados por Roosevelt em 1935, a questão da determinação da unidade de negociação era a mais complexa que a agência enfrentava, uma vez que a própria AFL, depois de mais de meio século de existência, ainda não havia sido capaz de resolver definitivamente o problema de a qual sindicato cada trabalhador deveria pertencer.[180]

Quanto à questão da unidade de negociação e a disputa entre a AFL e o CIO, William Leiserson coloca o problema de forma bastante clara:

---

[178]J. Raymond Walsh, *CIO, op. cit.*, p. 251.

[179]Cf. American Federation of Labor, *Weekly News Service*, Washington, vol. 27, no.41, 9 de outubro de 1937, p. 1.

[180]Cf. Edwin Smith. *Statement of Edwin Smith, Member, NLRB, before the Senate Committee on Education and Labor in connection with proposed amendments to the NLRA (R-1761)*, National Archives and Records Administration, RG 25, Records relating to the Smith Committee Investigation. Records of the Assistant General Counsel, Excerpts from speeches and articles, 1935-1939, Stack area: 530, Entry: 35, 43,07,02.

Tome-se uma unidade fabril com uma grande maioria de trabalhadores sem qualificação e um conjunto de trabalhadores qualificados. A maioria se une ao CIO, que diz: "Nós temos o direito de negociar os termos de emprego de todos, pois falamos em nome da maioria." Mas a AFL diz: "Nós temos o direito de negociar para os trabalhadores qualificados, porque representamos a maioria deles e porque suas funções e problemas são diferentes." (...) A dificuldade surge se, nessa unidade fabril, haverá uma ou várias unidades e como elas serão determinadas pela agência. Se a planta como um todo for considerada uma unidade, então o CIO terá o direito de negociar um acordo que cubra todos os trabalhadores da planta. Mas se o departamento de produção for considerado uma unidade e cada ofício for considerado uma unidade específica, então o CIO negociará os termos para os trabalhadores sem qualificação e a AFL, para os trabalhadores qualificados. Portanto, a determinação da unidade de negociação é de tremenda importância. As decisões da agência, se respeitadas, terão considerável impacto no resultado da luta entre o CIO e a AFL.

Não vejo como seja possível para a agência (...) evitar que surjam situações como essa e precisar fazer regras que afetarão profundamente os destinos dos sindicatos envolvidos.[181]

O confronto entre a AFL e o CIO, de fato, não previsto pelo legislador em 1935, colocaria a NLRB no meio de uma acirrada disputa entre as duas centrais sindicais em diversas situa-

---

[181]Cf. Lloyd Garrison, "Government and Labor: the latest phase", *Columbia Law Review*, vol. 37, no. 6 (Jun. 1937), p. 902.

ções concretas resultando no gradual distanciamento da AFL em relação à agência.

A decisão da NLRB no caso *The Globe Machinery and Stamping Company*, de agosto de 1937, ilustra o distanciamento entre a AFL e a NLRB. No caso, três sindicatos filiados à AFL — o MPIU, o IAM e um FLU — queriam dividir os trabalhadores de manutenção e produção da empresa em três unidades distintas, conforme suas respectivas jurisdições. O UAW-CIO disputava tais trabalhadores com tais sindicatos e propunha que todos fossem reunidos em uma mesma unidade. Declarando que os fatores que levava em conta em suas decisões estavam, no caso, muito equilibrados, a agência afirmou que se via incapacitada de tomar uma decisão a respeito, resolvendo dar peso maior à vontade dos próprios trabalhadores. Organizou, então, três eleições separadas para saber, nas três jurisdições dos sindicatos da AFL, se os trabalhadores queriam ser representados pelos sindicatos da AFL ou pelo UAW. Em todos os casos o UAW saiu vitorioso, tornando-se o representante exclusivo de todos os trabalhadores de produção e manutenção empregados pela companhia reunidos em uma mesma unidade. Tal decisão e seu resultado foram percebidos pela agência, pelo CIO e pela AFL de modos distintos: para a agência, representou uma demonstração de sua flexibilidade, de respeito à vontade dos trabalhadores envolvidos; para o CIO, uma tentativa de, ao organizar três eleições segundo as jurisdições da AFL, apaziguar a AFL, ainda que o seu sindicato tenha saído vitorioso; para a AFL, uma importante derrota, pois acabou por evidenciar o fim de suas linhas jurisdicionais tradicionais e o que julgava que fossem os seus direitos adquiridos sobre os trabalhadores destas.[182]

O caso *Globe* deu origem a uma primeira doutrina, ainda que provisória, da agência para tratar das questões de determinação da unidade de negociação. Doutrina, porque criou jurisprudência, e diversos outros casos foram resolvidos à luz de sua orientação; provisória, porque não foi aplicada em um outro grande conjunto de casos, pois não havia consenso entre os três membros da agência quanto à determinação da unidade de negociação, como evidencia o caso *Allis-Chalmers*, de três meses depois. A decisão da agência de determinar eleições por profissões, como queria a AFL, não foi unânime, pois teve a dissensão de Edwin Smith, um dos membros da agência.

A disputa em questão se deu, mais uma vez, entre o UAW-CIO, que pedia a certificação como agente exclusivo de negociação de 10 mil trabalhadores ligados à produção e sindicatos profissionais jurisdicionados pela AFL, como o IAM. A decisão da agência de permitir eleições entre categorias profissionais, entendendo que o fator determinante para a escolha da unidade deveria ser o desejo dos próprios trabalhadores, levou

---

[182]Cf. Estados Unidos, National Labor Relations Board, "In the Matter of The Globe Machine and Stamping Co. and Metal Polishers Union, Local no. 3; International Association of Machinists, District No. 54; Federal Labor Union 18788, and United Automobile Workers of America", in *Decisions and Orders of the National Labor Relations Board*, vol.3, July 1, 1937-November 1, 1937, Washington, DC, United States Government Printing Office, 1938, pp. 294-305; J. Warren Madden. *Memorando a FDR*, de 14 de fevereiro de 1938, FDR Library, OF, 15, Department of Labor, Box 2; Estados Unidos. National Labor Relations Board, *Third annual report of the NLRB. For the fiscal year ended June 30, 1938*, Washington, US Government Printing Office, 1939, p. 7; Christopher Tomlins, *op. cit*, p. 166; James Grosss, *The Reshaping of the NLRB. National labor policy in transition, 1937-1947*, Albany, State University of New York Press, 1981, p. 45.

à crítica e à dissensão de Smith. Para ele, a NRLB havia abandonado sua função, prevista em lei, de determinar a unidade de negociação de acordo com seus próprios critérios, o que permitiria que um pequeno número de trabalhadores decidisse o que aconteceria em uma planta que empregava mais de 10 mil trabalhadores e que constituía uma unidade industrial completa, com evidente desprezo pelo direito da maioria. Para Smith, o objetivo da Lei era estabelecer relações estáveis de trabalho, evitando a balcanização das relações de trabalho em uma empresa, o que enfraqueceria o poder de negociação dos sindicatos e, portanto, não levaria ao objetivo da NLRA. Sua posição a respeito da questão era: sempre que houvesse um conflito entre um sindicato industrial e um sindicato profissional, ele favoreceria o sindicato industrial sem consultar os interesses dos trabalhadores qualificados, a menos que, na disputa em questão, houvesse uma história prévia de negociações coletivas por parte de um sindicato profissional.[183] Para William Green, a posição de Edwin Smith

[183]Cf. Estados Unidos, National Labor Relations Board, "In the Matter of Allis-Chalmers Manufacturing Company and International Union, United Automobile Workers of America, Local 248", in *Decisions and Orders of the National Labor Relations Board*, vol. 3, July 1, 1937-November 1, 1937, Washington, DC, United States Printing Office, 1938, pp. 159-178; Edwin Smith. *Statement of Edwin Smith, Member, NLRB, before the Senate Committee on Education and Labor in connection with proposed amendments to the NLRA (R-1761)*, National Archives and Records Administration, Records relating to the Smith Committee Investigation, Records of the Assistant General Counsel, Excerpts from speeches and articles, 1935-1939, Stack area: 530, Entry: 35, 43,07,02; Edwin Smith, *Memorando para Nathan Witt, 11 de outubro de 1937*, National Archives and Records Administration, RG 25, Smith Committee Subject Files, Caixa 11; Estados Unidos. Câmara dos Deputados, *Report on the investigation of the National Labor Relations Board. Intermediate Report of the Special Committee of the House of the Representatives. Seventy-Sixth Congress. First Session. Appointed pursuant to H. Res. 258 to Investigate the National Labor Relations Board*, Washington, US Government Printing Office, 1940, p. 66.

no caso revelava-se francamente hostil à AFL, embora a decisão desagradasse também ao UAW-CIO, já que no final realmente houve a temida balcanização, e em consequência uma fragmentação da representação.[184]

Embora algumas decisões da NLRB parecessem favoráveis à AFL, em outras a AFL acusava a NLRB de favorecer abertamente o CIO, como nos casos *Consolidated Edison Company*, de novembro de 1937, e *Shipowners' Association of the Pacific Coast*, de junho de 1938.

O caso *Consolidated Edison* surgiu dos conflitos organizacionais entre a International Brotherhood of Electrical Workers (IBEW-AFL) e o United Electrical Workers (UEW-CIO), no início de 1937. Como várias outras empresas, a Consolidated Edison havia respondido à aprovação da NIRA com a criação de um *company union* para fazer frente ao Brotherhood of Utility Employees (BUW), uma organização independente que então buscava se beneficiar da seção 7(a) da lei. Diante do fracasso de seus esforços associativos, o BUW, de modo a potencializar seus recursos, filiou-se a um sindicato da AFL, o IBEW, tornando-se a seção B-752 deste.

Em março de 1937, a seção B-752 deu início a uma nova campanha organizativa entre os empregados da Consolidated Edison, momento em que decidiu se desligar do IBEW-AFL e se transferir para o UEW-CIO. A empresa continuou se negando a negociar com qualquer outra organização que não

---

[184]Cf. William Green. "Testimony of William Green, President, American Federation of Labor, Washington, DC", in Estados Unidos, Câmara dos Deputados, *Hearings before the Special Committee to Investigate National Labor Relations Board. House of Representatives. Seventy-Sixth Congress, Second Session, pursuant to H. Res. 258*, vol. 12, January 25-January 29, 1940, p. 2387; United Auto Workers, *Official Publication*, Detroit, First year, no.44, 27 de novembro de 1937, p. 4.

seu *company union*, o que levou o UEW-CIO a entrar com uma petição na New York Regional Labor Board acusando a empresa de *unfair labor practice*. Nesse ínterim, o IBEW-AFL começou a negociar com a empresa, exigindo reconhecimento e um contrato que cobrisse todos os funcionários da empresa. Ameaçada por uma ação de *unfair labor practice* em razão de um *company union*, a Consolidated Edison decidiu ser mais prudente e negociar com um sindicato ligado à AFL em vez de com um ligado ao politicamente mais agressivo CIO. Assim, entabulou negociações com o IBEW-AFL, de modo a isolar o UEW-CIO.

Em 23 de abril de 1937, seguindo a orientação da empresa, seu *company union* resolveu se filiar ao IBEW-AFL, seguindo-se então a assinatura de contratos coletivos de trabalho entre a empresa e este sindicato, contratos que cobriam apenas os seus filiados. No fim de junho, 30 mil dos 38 mil trabalhadores da empresa eram filiados ao IBEW-AFL, embora não houvesse nenhuma filiação no momento em que a companhia reconheceu o sindicato e com ele estabeleceu um contrato de trabalho. A NLRB declarou tal contrato inválido, alegando que havia sido celebrado em um momento em que o IBEW-AFL não representava a maioria dos trabalhadores da empresa.

Em 14 de março de 1938, a Corte de Apelações do Segundo Circuito manteve a decisão da agência, e o caso foi parar na Suprema Corte, ocasião em que a AFL afirmou que a NLRB estava impedindo o IBEW-AFL de fazer um contrato com um empregador, prática comum de seus sindicatos desde sua fundação. O argumento central da AFL era o de que o IBEW-AFL gozava do direito de fazer contratos coletivos para seus membros, direito este que deveria ser visto como independente de políticas públicas estabelecidas por uma lei e que nada tinha a ver com o fato de este sindicato representar a maioria, a minoria ou qualquer número de trabalhadores.

No entanto, pela Seção 8 da NLRA, a NLRB tinha autoridade para tanto, modificando padrões tradicionais de contratação coletiva do trabalho. O caso tornava evidente que, com a NLRA, a representação dos trabalhadores tornava-se uma questão de política pública, deixando de ser algo acordado entre duas partes privadas.

A doutrina da NLRB de que questões de representação não eram mais privadas, mas que dependiam das deliberações da NLRB a respeito da regra da maioria e da unidade de negociação, destacou-se no caso *Shipowners' Association of the Pacific Coast*. Em fins de 1937, o International Longshoremen's and Warehousemen's Union (ILWU), filiado ao CIO, entrou com uma petição junto à NLRB para ser certificado como agente exclusivo, para fins de contratação coletiva, de todos os estivadores e trabalhadores das docas da Costa do Pacífico. Concorrendo com o ILWU-CIO, o International Longshoremen's Association (ILA), filiado à AFL, pedia a realização de eleições sindicais por porto, sendo o sindicato vitorioso em cada eleição o agente exclusivo dos trabalhadores de tal porto.

Em 21 de junho de 1938, a agência determinou que toda a Costa do Pacífico passasse a constituir uma única unidade de negociação, e o ILWU-CIO, majoritário segundo este critério, passasse a ser o agente exclusivo de negociação em toda a unidade, incluindo os portos em que a organização majoritária era o ILA-AFL. Este caso seria uma das peças-chave das reclamações da AFL contra a NLRB.[185] Decisões como essa, em que uma região inteira passou a ser reconhecida como unidade de negociação, repetiram-se outras vezes, principalmente em regiões de mineração, sempre em detrimento de sindicatos ligados à AFL.[186]

Até 30 de setembro de 1938, de 49 casos decididos pela agência nos quais o principal ponto de discussão entre a AFL e o CIO era a unidade de negociação, particularmente entre unidades de ofício e industriais, as reivindicações da AFL foram atendidas em 24, enquanto as do CIO foram atendidas em apenas 21. Nos demais quatro casos, as reivindicações de ambos foram parcialmente atendidas. Ainda assim — e certamente este era um elemento que desagradava à AFL —, nas eleições sindicais em que ocorreram confrontos diretos entre sindicatos ligados à AFL e sindicatos ligados ao CIO — ainda como uma dissidência da AFL — entre outubro de 1935 e dezembro de 1937, o CIO ganhou em 76,9%, enquanto a AFL em apenas 23,1%.[187] Tal tendência se manteria no ano de 1938, quando os sindicatos filiados ao CIO venceram 67,8% das 816 eleições organizadas pela NLRB de que participaram, enquanto a AFL venceu em apenas 43,5% das 604 de que participou. No decorrer desse ano, portanto, o CIO

---

[185]Estados Unidos, Câmara dos Deputados, *Hearings before the Special Committee to Investigate National Labor Relations Board. House of Representatives. Seventy-Sixth Congress, Second Session, pursuant to H. Res. 258,* vol. 12, January 25-January 29, 1940, "Testimony of William Green, President, American Federation of Labor, Washington, DC", p. 2398.

[186]Cf. Leo Wolman. "The turning point in American labor policy", *Political Science Quarterly*, vol. 55, no. 2 (jun. 1940), p. 168.

[187]Cf. Emily Marks e BARTLETT (National Labor Relations Board). "Employee elections conducted by National Labor Relations Board", in *Monthly Labor Review*, Washington, US Government Printing Office, vol. 47, no. 1, julho de 1938, p. 36.

disputou mais eleições — 86,4% do total — do que a AFL — 63,9% do total.[188] Para além de estatísticas adversas, o que parecia central à AFL era o fato de que suas jurisdições tradicionais estavam sendo questionadas por uma agência federal, o que contrariava suas tradições e concepções sindicais.

A partir de sua Convenção de 1937, a AFL iniciou um vigoroso ataque à NLRB, acusando-a de agir sistematicamente em favor do CIO por meio de uma má interpretação da cláusula que determinava a unidade de negociação, que negava aos trabalhadores o direito de selecionar os representantes de sua própria escolha. A central pedia emendas à lei, que tornassem obrigatório à agência garantir a cada profissão o direito de selecionar seus representantes por voto majoritário, bem como o fim do poder da agência de extinguir contratos já firmados, como no caso *Consolidated Edison*. A AFL defendia uma agência que se limitasse a garantir os direitos historicamente adquiridos por seus sindicatos, que não buscasse alterar as práticas tradicionais destes e que tivesse como objetivo apenas combater os *company unions*, mantida a antiga ordem privada de contratação coletiva do trabalho. Consequentemente, acusava a agência de abandonar os princípios do pluralismo e do contratualismo nas relações de trabalho para se tornar um instrumento do New Deal na arbitragem das disputas no seio do movimento sindical e, sobretudo, para redesenhar este mesmo movimento em favor do CIO. Em vez de simplesmente equalizar o poder de negociação entre patrões e empregados, como queria a teoria contratualista das relações de trabalho e seus defensores da

---

[188]Cf. Estados Unidos, National Labor Relations Board, *Third Annual Report of the NLRB...*, p. 50.

AFL, a agência estaria exercendo o poder, ainda que indiretamente, de determinar quem seria o representante de determinado grupo de trabalhadores pela manipulação da escolha da unidade de negociação. O CIO e o UAW-CIO, ainda que também protestassem contra certas determinações de unidade de negociação da NLRB, colocavam-se contra quaisquer emendas à NLRA, afirmando que a lei constituía uma extensão da Carta de Direitos e que qualquer tentativa de emendá-la iria contra a decência humana e os fundamentos da democracia.[189]

A AFL não se limitou a defender emendas à lei. Até janeiro de 1940, recorreu sistematicamente aos tribunais para buscar reverter decisões de unidades de negociação que julgasse desfavoráveis. Apesar das cortes inferiores sustentarem o direito da agência de definir a unidade de negociação, a AFL levou a questão à Suprema Corte, que, no dia 2 de janeiro de 1940, em três casos, manteve o direito da agência. Como resultado, a Suprema Corte afirmava que todas as decisões referentes às unidades de negociação, formas de voto, procedimentos eleitorais e certificação eram de total responsabilidade e jurisdição da agência.

---

[189]Cf. American Federation of Labor, *Weekly News Service*, Washington, vol. 27, no. 51, 18 de dezembro de 1937; Estados Unidos, Department of Labor, Bureau of Labor Statistics, "Convention of American Federation of Labor", *Monthly Labor Review*,Washington, US Government Printing Office, vol. 47, no. 5, novembro de 1938, p. 1035; American Federation of Labor, *Weekly News Service*, Washington, vol. 27, no. 51, 18 de dezembro de 1937, p. 5; American Federation of Labor, *Weekly News Service*, Washington, vol. 27, no. 41, 9 de outubro de 1937, p. 1; Congress of Industrial Organizations, *Proceedings of the Second Constitucional Congress of the CIO.*, p. 31; United Auto Workers, *Official Publication,* Detroit, vol. 2, n. 4, 22 de janeiro de 1938, p. 4.

No entanto, em que pese a questão da unidade de negociação ser central nas disputas entre a AFL e a NLRB, o que
sugere que a AFL centrava sua atenção exclusivamente em
sindicatos profissionais, entre 1935 e 1939 ela havia pedido
à NLRB duas vezes mais certificações de sindicatos industriais
do que profissionais, sem dúvida um indicador das profundas tensões por ela vivenciadas.[190] É importante lembrar que
a disputa que havia ocorrido entre os estivadores envolvendo a AFL e o CIO não se dera em torno de princípios rígidos
de organização sindical. Entre 1934 e 1937, o ILA-AFL havia considerado toda a Costa do Pacífico como uma unidade
apropriada de negociação e havia negociado nessas circunstâncias. Mas depois que 75% dos estivadores da Costa do
Pacífico votaram em favor do CIO, a AFL passou a acusar a
agência de ser antidemocrática.[191]

O problema que se colocava para a AFL, portanto, era
menos de princípio organizacional do que de pragmatismo.
De fato, a AFL via-se na contingência de preservar as jurisdições de seus sindicatos profissionais, seu esteio político e
financeiro, ao mesmo tempo que necessitava permitir a organização de sindicatos industriais, tendo em vista as novas
características da indústria americana e a crescente concorrência do CIO.

Em 1940, a AFL já possuía pelo menos 10 sindicatos industriais, com mais de 800 mil filiados, e 27 semi-industriais,

---

[190]Cf. Estados Unidos, Câmara dos Deputados, *Hearings before the Special
Committee to Investigate National Labor Relations Board. House of Representatives. Seventy-Sixth Congress, Second Session, pursuant to H. Res. 258*,
vol. 3, Dec. 15 to Dec. 16, 1939, "Testimony of Edwin Smith, Member,
National Labor Relations Board, Washington, DC", p. 667.
[191]Cf. E.B McNatt. "The appropriate bargaining unit problem", *The Quarterly
Journal of Economics*, vol. 56, no. 1, part 1 (nov. 1941), p. 104.

com mais de 600 mil filiados, em um universo total de cerca de 5 milhões de membros. Mesmo alguns sindicatos profissionais, como o IAM, haviam aumentado ou buscavam aumentar suas jurisdições, englobando outras qualificações profissionais, em processos que envolveram profundas disputas jurisdicionais no seio da central.[192] Com a lei, no entanto, a AFL havia perdido tanto a capacidade de preservar suas jurisdições tradicionais quanto de manobrar autonomamente para garantir espaço nas novas indústrias de produção de massa, como a automotiva. Em tal indústria, graças à ação da NLRB, a AFL foi virtualmente eliminada como agente relevante de contratação de trabalho.

4.5 O NEW DEAL E A INDÚSTRIA AUTOMOTIVA

As eleições organizadas pela NLRB entre os trabalhadores automotivos evidenciam que o cálculo, mais do que princípios organizacionais rígidos, estava na base das posições tanto da AFL quanto do CIO no tocante às unidades de negociação.

Detroit continuava a ser, na década de 1930, o coração do *open shop*. As montadoras, para além da intimidação física,

---

[192]Cf. Estados Unidos, National Labor Relations Board, Division of Economic Research, *Outline of materials gathered for the bargajning study*, Washington, DC, 19 de janeiro de 1940, NARA, Records 25, Records relating to the Smith Committee Investigation, Records of the Assistant General Counsel, Rocords of the Attorney's Assistant General Counsel, Entry 38,43,07,02, Caixa 3; Estados Unidos, National Labor Relations Board, *The changing concept of the Bargaining Unit and the Labor Conflict (An outline)*, Washington DC, Jan. 11, 1940, Walther Reuther Library, Coleção: UAW Research Department, Accesion no. 350, UAW-GM Collection, General Correspondence, 1938-1945, Box 2.

OS INVENTORES DO NEW DEAL

da coerção, da formação de *company unions* e de outras práticas que a lei iria considerar *unfair labor practices*, também recorriam a empresas de espionagem para impedir a organização autônoma dos trabalhadores. A General Motors era a principal cliente da Agência de Detetives Pinkerton, tendo empregado 1.288 espiões entre 1933 e 1937. Entre janeiro de 1934 e julho de 1936, a GM gastou 994 mil dólares com espiões e, em 1934, 1.455 dólares com gás lacrimogêneo. A Chrysler Corporation, por seu lado, era a mais importante cliente da Corporations Auxiliary Company (CAC), tendo gastado 72.611 dólares com seus serviços no ano de 1935. Mesmo as empresas menores e várias de autopeças contratavam agentes da Pinkerton. Assim, a Fruehauf Trailer Company contratou um espião da agência que se tornou tesoureiro do UAW, fornecendo listagens de membros ou simpatizantes do sindicato para a gerência da empresa.[193]

A reeleição de Roosevelt, em 1936, trouxe, no entanto, novo alento para os trabalhadores automotivos. O presidente havia dito em sua campanha que se ele próprio fosse um trabalhador industrial, entraria em um sindicato; portanto, sua vitória acachapante sobre o republicano Alfred Landon foi vista por muitos como uma senha para a organização sindical.[194] No final de 1936 e início de 1937, o UAW fez sua

---

[193]Cf. Estados Unidos, Senado dos Estados Unidos, *Senate Civil Liberties Committee (89562, 38, pt. 17, Exhibit 3799)*, NARA, RG 25, Records Relating to the Smith Committee Investigation, Records of the General Counsel, Records Relating to Testimony on Amending the Wagner Act, 1934-1939, Stack Area 530, Entry: 27, 43, 06, 07; Louis Silverberg (Diretor de Informações da NLRB), "Detroit: the battleground", in Louis Silverberg. *The Wagner Act: after ten years*, Washington, The Bureau of National Affairs, Inc., 1945, p. 80.
[194]Cf. United Auto Workers, *Official Publication*, Detroit, ano 1, no. 5, novembro de 1936, pp. 1, 2.

entrada espetacular no cenário político americano ao realizar uma greve de ocupação (*sit-down strike*) na General Motors, exigindo da empresa tornar-se o agente exclusivo de seus trabalhadores para fins de contratação coletiva do trabalho. Confinada a 18 unidades fabris, a greve acabou por praticamente neutralizar outras cinquenta em 25 cidades, atingindo um conjunto de 126 mil trabalhadores.[195]

A greve do UAW não tinha como alvo apenas a GM, mas também sindicatos da AFL que reclamavam jurisdição sobre determinados grupos de trabalhadores qualificados. Em decorrência, logo após o início da greve, oito organizações de trabalhadores ligadas à AFL, entre as quais o IAM e a IBEW, telegrafaram à GM protestando contra qualquer acordo desta com o UAW, se este insistisse em negociar em nome dos profissionais das categorias por elas jurisdicionadas pela AFL. No Dia do Trabalho de 1937, em setembro, a AFL faria uma violenta acusação ao CIO, ao UAW e às greves de dezembro de 1936/janeiro de 1937, acusando o CIO de infiltração comunista e de ter introduzido o ódio, a inimizade e a amargura no seio do movimento operário, enquanto ela, a AFL, portadora dos valores do americanismo, seria marcada pela irmandade, pela fraternidade e pela reciprocidade. A AFL receava, sobretudo, que as *sit-down strikes* levassem a uma reação conservadora e à aprovação de um legislação antigreves. A AFL, portanto, sugeria que ela poderia trazer estabilidade para as relações de trabalho, enquanto o CIO representava greves e agitação.[196]

---

[195]Cf. Florence Perterson (Bureau of Labor Statistics), *op. cit.*, p. 1062.
[196]Cf. American Federation of Labor, *Weekly News Service*, Washington, vol. 27, n. 8, 20 de fevereiro de 1937, p. 1; American Federation of Labor, *Weekly News Service*, Washington, vol. 27, n. 37, 11 de setembro de 1937, p. 1; American Federation of Labor, *Weekly News Service,* Washington, vol. 30 no. 38, 17 de setembro de 1940, p.1.

No dia 12 de janeiro de 1937, diante da recusa da GM em negociar com o UAW, ocorreram as primeiras violências entre os grevistas e a empresa, conhecidas como a Batalha de Bulls Run, mas a ação do governador democrata de Michigan, Frank Murphy, negando-se a enviar tropas estaduais para reprimir os trabalhadores, evitou que o enfrentamento se desdobrasse em um conflito aberto. Em 11 de fevereiro, a GM finalmente reconheceu o UAW como agente de negociação apenas de seus filiados, deixando, portanto, em aberto a questão dos trabalhadores não sindicalizados e daqueles jurisdicionados em sindicatos da AFL. Outras reivindicações do UAW foram parcialmente atendidas, como a semana de trinta horas, dia de seis horas e acréscimo por hora extra de uma vez e meia o valor da hora normal. Embora não houvesse conquistado sua principal reivindicação, a representação exclusiva de todos os trabalhadores da GM, o UAW havia conseguido uma importante vitória parcial.[197]

Com um contrato fechado com a GM, o UAW voltou-se para a organização dos trabalhadores da Chrysler Corporation. Em 8 de março, trabalhadores ocuparam as plantas da empresa, de onde só saíram no início de abril. Mais uma vez, o sindicato obteve uma vitória parcial, tendo se tornado o agente de negociação de seus próprios filiados — e apenas destes. Ainda assim, a campanha da Chrysler revigorou o UAW e o CIO, e poucos dias depois um novo contrato similar foi assinado entre o UAW e outra montadora, a independente Hudson Motor Car Co., após uma greve de cinco semanas.

---

[197]Cf. United Auto Workers, *Official publication*, Detroit, ano I, no. 11, 20 de março de 1937, p. 2.

Ao longo destas jornadas, a NLRB não teve atuação importante. Até aquele momento, os trabalhadores automotivos, insatisfeitos com a atuação da extinta ALB, mostravam-se bastante céticos quanto à NLRA, principalmente por acharem que ela, assim como a NIRA, acabaria por ser declarada inconstitucional pela Suprema Corte dos Estados Unidos. No primeiro ano de sua chegada a Detroit, cidade conhecida pela brutalidade de suas relações de trabalho, apenas 17 casos de *unfair labor practices* deram entrada na agência.[198] Nas greves da GM e da Chrysler, a agência não foi sequer invocada pelo UAW para questionar as *unfair labor practices* das montadoras.

Foi no calor de suas vitórias parciais contra a GM e a Chrysler, acompanhadas pela entrada de grande número de novos filiados, que o UAW voltou suas energias para a organização da Ford Motor Company, resultando na épica surra de Reuther e Frankensteen. No entanto, neste momento, já com a constitucionalidade da NLRA garantida pela Suprema Corte dos Estados Unidos, o UAW entrou com uma ação na NLRB de *unfair labor practice* contra a empresa, colocando "a empresa contra a parede", em suas próprias palavras.[199]

De baluarte dos direitos dos estados e da contratação individual do trabalho, a Suprema Corte, a partir de 1936, passou a aprovar várias leis do New Deal. Tal mudança de atitude da Suprema Corte estava relacionada à vitória de Roosevelt nas eleições presidenciais e à tentativa do presidente de reformar a Corte.

---

[198]Cf. Louis Silverberg (Diretor de Informações da NLRB), "Detroit: the battleground", in Louis Silverberg, *op. cit.*, p. 80.
[199]Cf. United Auto Workers, *Official publication*, Detroit, Ano 1, no. 24, 10 de julho de 1937, p. 7.

O avanço organizacional do UAW-CIO, evidentemente, era visto com grande preocupação pela AFL, uma vez que os trabalhadores de seus sindicatos profissionais estavam expostos à propaganda de um sindicato que não respeitava qualquer linha jurisdicional. Na convenção de 1937 do UAW, no entanto, a AFL vislumbrou uma oportunidade de desacelerar o ímpeto organizativo do sindicato, pois este se dividiu em duas facções. De um lado, colocou-se a facção de Homer Martin, que realizava então uma violenta campanha contra os elementos comunistas do UAW; de outro, Walther Reuther, jovem e agressivo líder dos trabalhadores da GM. Tais disputas internas pela direção do sindicato fragilizaram sobremaneira seus esforços organizativos.[200] No entanto, mais um elemento iria fragilizar o UAW a partir de meados de 1937: a chamada "recessão Roosevelt" de 1937-1938, momento em que o governo, buscando um maior equilíbrio nas suas contas, diminuiu os gastos públicos. Em 1937 a produção de automóveis caiu, a GM demitiu 25% dos seus trabalhadores e o sindicato perdeu quase a metade de seus membros pagantes. Diante de tal cenário, o UAW reduziu drasticamente suas manifestações de enfrentamento com as montadoras, concentrando suas atenções no alívio imediato dos filiados desempregados.[201]

---

[200]Cf. Estados Unidos, National Labor Relations Board, *Regional Offices: Comments on current labor situation. Confidential. Seventh Region, Detroit, for Februrary 1939*, In National Archvies and Records Administration. Records 25, Records, relating to the Smith Committee Investigation, Records of the General Counsel Reading file of the General Counsel, 1939-1941. Records relating to the preparation of the Board's case, 1936-1941, Stack area 530 . Localização: Entry 23,43,06,04.

[201]Cf. Estados Unidos, National Labor Relations Board, *Regional Offices: Comments on current labor situation. Confidential. Seventh Region, Detroit: Dezembro de 1937*, National Archives and Records Administration, Records 25, Records relating to the Smith Committee Investigation, Records of the General Counsel, Reading file of the General Counsel, 1939-1941, Records relating to the preparation of the Board's case, 1936-1941, Stack area 530, Localização: Entry 23,43,06,04.

As disputas internas do UAW teriam um desfecho surpreendente. Ao mesmo tempo que enfrentava seus adversários no âmbito do sindicato, acusando-os de comunistas e agitadores, Homer Martin negociava com Harry Bennett, do Departamento de Serviços da Ford, um acordo pelo qual 100 mil trabalhadores da empresa seriam sindicalizados por um *company union*, a Liberty Legion, sob o controle dele, Martin. Quando tais manobras finalmente vieram a público, em janeiro de 1939, Martin renunciou ao seu cargo de presidente do UAW e foi expulso do CIO. No entanto, ele não se desfiliou do sindicato e organizou uma convenção em Detroit, enquanto Reuther, R.J. Thomas e sindicalistas ligados ao CIO organizaram outra convenção, em Cleveland.

Em uma das convenções R.J. Thomas foi eleito presidente do UAW-CIO e, na outra, Homer Martin fundou um novo UAW, desta vez ligado à AFL.[202] O UAW-CIO afirmava ter expulsado Martin, que, por sua vez, afirmava ter expulsado a facção por ele acusada de comunista. Tal situação abriu a oportunidade para as montadoras se recusarem a negociar tanto com o UAW-CIO quanto com o UAW-AFL, a menos que ficasse esclarecido, por intermédio da NLRB, quem era o efetivo representante dos trabalhadores e o fia-

---

[202]Cf. American Federation of Labor, *Report of the Executive Council of the AFL to the the Fifty-ninth Annual Convention,* Cincinnati, Ohio, 2 de outubro de 1939, p. 18. National Archives and Records Administration, RG 25, Records Relating to the Smith Committee Investigation, Records of the Assistant General Counsel, Records of the Attorneys Assisting General Counsel, Entry 38, 43, 07, 02, Box 4. Para uma análise detalhada da dissidência do UAW, cf. Nelson Lichtenstein, *op. cit.* 1995, capítulo 6.

dor dos contratos estabelecidos em 1937, os quais vinham sendo precariamente renovados.[203]

A partir daí, o UAW-AFL e o UAW-CIO, assim como outras organizações de trabalhadores automotivos independentes, como o MESA, ou sindicatos profissionais filiados à AFL, como o IAM, se enfrentariam em diversas eleições organizadas pela NLRB, que se tornaria, assim, o grande palco de disputa entre a AFL e o CIO no âmbito da indústria automotiva.

Em março de 1939, o UAW-CIO entraria com um pedido na NLRB para realizar eleições na Chrysler Corporation, as maiores até então solicitadas por um sindicato. Tanto o UAW-CIO quanto o UAW-AFL afirmavam ser os representantes dos trabalhadores da empresa e os responsáveis pelo contrato de abril de 1937, que buscavam renovar. Por outro lado, o IAM-AFL também reivindicava representação sobre um conjunto de trabalhadores qualificados e, portanto, questionava as pretensões expansionistas do UAW-CIO.[204]

As eleições da Chrysler representariam um momento de grande conflito entre o UAW-CIO e o UAW-AFL em torno

---

[203]Estados Unidos, National Labor Relations Board, "In the Matter of Chrysler Corporation and United Automobile Workers of America, Local 371, Affiliated with CIO; In the Matter of Chrysler Corporation and International Association of Machinists Die Sinkers Local 1222, Affiliated with the AFL; In the Matter of Chrysler Corporation, a Corporation and International Union, United Automobile Workers of America, Affiliated with CIO; In the Matter of Chrysler Corporation, a Corporation and Local 51, International Union, United Automobile Workers of America (CIO affiliated), of which Local Leo LaMotte is President; Cases Nos. R-1307, R-1308, R-1398, and R-1397, respectively. Decided July 31, 1939", in *Decisions and Orders of the Natinal Labor Relations Board. Volume 13. June 1, 1939 — July 31, 1939,* Washington, United States Government Printing Office, 1939, p. 1309.
[204]Estados Unidos, National Labor Relations Board, "In the Matter of Chrysler Corporation and United Automobile Workers of America... Decided July 31, 1939", pp. 1309-1310.

da questão da unidade de negociação. A AFL defendia tanto a manutenção da jurisdição do IAM-AFL quanto, no caso do sindicalismo industrial do UAW-AFL, que cada planta da empresa fosse vista como uma unidade separada, no que tinha a concordância da Chrysler. O UAW-CIO, por seu lado, calculava ter a maioria dos votos do conjunto dos trabalhadores da Chrysler, embora pudesse perder em algumas unidades fabris isoladas, de modo que defendia que todas fossem reunidas em uma única unidade. A agência decidiu-se pela visão do UAW-AFL, pois por um lado, historicamente cada unidade fabril da empresa já havia se constituído como uma unidade separada e, por outro, tudo indicava que o UAW-CIO teria maioria em algumas plantas e o UAW-AFL em outras, o que tornaria mais justa uma eleição em que cada um dos sindicatos fosse o representante dos trabalhadores nas plantas em que fosse efetivamente o majoritário. Por outro lado, a NLRB também determinou que o IAM tivesse jurisdição sobre os trabalhadores que reivindicava, desde que estes demonstrassem o desejo de ser por ele representados. Enquanto a AFL saudaria tal decisão, ela seria profundamente criticada pelo CIO:[205]

> Por que a NLRB trabalha para frustrar a verdadeira negociação coletiva nesta grande indústria? Os trabalhadores a querem, o demonstraram por meio de seus votos, não querem acordos mistos, não querem doze, ou quinze ou vinte acordos separados sob os auspícios de um sindicato com a mesma corporação. Querem contratos coletivos nacionais.

---

[205]American Federation of Labor, *Weekly News Service*, Washington, vol. 29, no. 31, 5 de agosto de 1940.

Tais atos, perpetrados por aqueles que administram o NLRA, não indicam a insensatez de sua decisão, a temeridade de sua posição? Se a NLRA foi aprovada para promover a paz industrial, para promover os verdadeiros princípios da negociação coletiva e para permitir que os trabalhadores gozem de seu direito de fazer parte do sindicato de sua escolha, por que a NLRB interfere no direito de uma negociação coletiva verdadeira, depois de os trabalhadores terem demonstrado seu desejo de fazer parte de uma negociação coletiva que abarque toda uma corporação? (...)

A AFL não está na indústria automotiva para promover a sindicalização; está na indústria automotiva para promover a desorganização, a dissensão, o descontentamento, para provocar greves, criar confusão e fazer jorrar sangue nas ruas de todas as comunidades nas quais as plantas automotivas estão localizadas. Será então a posição da NLRB a de apoiar tais petições de preconceito e ódio, promovidas por elementos cujo único interesse é quebrar a organização sindical?[206]

Ainda assim, o UAW-CIO decidiu envidar todos os esforços para vencer as eleições nas unidades fabris separadas, o que deixou claro para a direção da Chrysler que, sem greves ou outras formas de enfrentamento, mas pela via eleitoral sancionada pelo Estado, o sindicato havia chegado para ficar. O UAW-AFL, por seu lado, mesmo tendo saído vitorioso em sua proposta de dividir a eleição por plantas, voltaria suas críticas para a NLRB, pois a acusava de, deliberadamente ou por omissão, permitir que o CIO implementasse um reino de terror em Detroit, tornando impossível eleições limpas e

---

[206]Congress of Industrial Organizations, *Proceedings of the Second Constitutional Convention...*, p. 227.

honestas. Para o UAW-CIO, as acusações do UAW-AFL representavam uma manifestação de desespero por parte de um sindicato que antevia, de forma sancionada pelo Estado, sua total eliminação da indústria automotiva.[207]

E as eleições na Chrysler de fato praticamente eliminaram a AFL da empresa. Com exceção do IAM-AFL, que venceu uma eleição para sua unidade de 83 pessoas em uma das plantas em disputa, o UAW-CIO derrotou o UAW-AFL em 11 das 13 unidades fabris em que houve eleições, enquanto o UAW-AFL venceu em uma. Além disso, em uma unidade fabril nenhum dos dois foi escolhido pela maioria dos votos dos trabalhadores. Em algumas unidades, como a Dodge Main Plant, a vitória do UAW-CIO sobre o UAW-AFL foi acachapante: 17.654 votos contra 837. No total, o UAW-CIO recebeu 40.072 votos, contra 4.392 recebidos pelo IAM-AFL e pelo UAW-AFL juntos.[208]

Depois de ter eliminado o UAW-AFL da Chrysler, o UAW-CIO buscaria se tornar o representante exclusivo dos trabalhadores da General Motors em pelo menos sessenta de suas unidades fabris, o que não era tarefa fácil, visto que, em maio de 1939, o entusiasmo das *sit-down strikes* de 1937 já havia arrefecido, a recessão de 1937-38 havia emagrecido o número

---

[207]Cf. United Auto Workers, *Official Publication*, Detroit, vol. 3, no. 29, 16 de agosto de 1939, pp. 2-4; United Auto Workers-Afl, *Press-release*, 13 de setembro de 1939, National Archives and Records Administration, Records 25, Records relating to the Smith Committee Investigation, Records of the General Counsel, Reading file of the General Counsel, 1939-1941, Records relating to the preparation of the Board's case, 1936-1941, Stack area 530, Localização: Entry 23,43,06,04, Box 8; United Auto Workers, *Official Publication*, Detroit, vol. 3, no. 33, 20 de setembro de 1939, pp. 1 e 4.
[208]Cf. Estados Unidos, National Labor Relations Board, "In the Matter of Chrysler Corporation and United Automobile Workers of America... Decided July 31, 1939", pp. 737-748.

de filiados do sindicato e, em consequência, apenas 6% do total de trabalhadores da GM pagavam suas taxas ao UAW-CIO. Por outro lado, na GM, o UAW-AFL revelava-se particularmente forte. Com receio de que a facção de Homer Martin pudesse ameaçar suas pretensões de hegemonia na empresa, ao contrário do que havia ocorrido quando da eleição na Chrysler, no caso da GM o UAW-CIO aceitou, como queria o UAW-AFL, que cada unidade fabril representasse uma unidade separada, decisão saudada como uma evidência da possível colaboração entre os dois sindicatos rivais em nome do interesse público.[209] O objetivo do UAW-CIO, no entanto, não era salvaguardar o interesse público, mas minimizar os riscos de reunir todas as unidades fabris da corporação em uma só unidade sem a certeza da vitória. O UAW-AFL, por seu lado, via-se na obrigação de respeitar as jurisdições de outros sindicatos da AFL atuantes na empresa, como o IAM e o Pattern Makers League of North America (PMLNA), o que permitiu que o UAW-CIO se apresentasse como o real defensor do sindicalismo industrial. Enquanto as disputas

---

[209]Cf. Estados Unidos, National Labor Relations Board, "In the Matter of General Motors Corporation and International Union, UAWA, affiliated with the AFL; In the Matter of General Motors Corporation and Pattern Makers League of North America, affiliated with the AFL; In the Matter of General Motors Corporation and International Union, United Automobile Workers of America, affiliated with the CIO; In the Matter of General Motors Corporation and Local 1411, International Association of Machinists (AFL); Cases Nos. R- to R-1731, inclusive, Decided February 28, 1940", in *Decisions and Orders of the National Labor Relations Board*, vol. 20, February 1-29, 1940, Washington, US Government Printing Office, 1940, pp. 953-955; Estados Unidos, National Labor Relations Board, *Press Release, NLRB (R-2702), de March 4, 1940*, National Archives and Records Administration, RG 25, Records Relating to the Smith Committee Investigation, Records of the Assistant General Counsel, Records of the Attorneys Assisting General Counsel, Entry 38, 43, 07, 02, Box 11.

entre o UAW-CIO e o UAW-AFL persistiram, a GM, como já havia feito a Chrysler, se recusou a negociar com um ou com outro até que a questão estivesse resolvida.

As eleições da NLRB na GM mobilizaram todos os recursos de ambos os UAWs e amplos recursos do CIO e da AFL. O resultado das eleições, como já havia ocorrido na Chrysler, representou uma grande vitória do UAW-CIO, que obteve 84.024 votos contra 25.911 da AFL, vitória que foi saudada pelo CIO: "Os trabalhadores automotivos da América são, definitiva e conclusivamente, CIO."[210]

A vitória do UAW-CIO na primeira grande eleição da GM, embora não houvesse eliminado totalmente a AFL da corporação, havia sido incontestável. O IAM-AFL foi certificado como representante de trabalhadores qualificados em seis unidades fabris, enquanto o UAW-AFL se tornou o representante exclusivo dos trabalhadores de produção e manutenção em cinco. Já o UAW-CIO tornou-se o representante exclusivo de todos os trabalhadores de produção e manutenção em 52 unidades fabris, dentre as quais as mais importantes da corporação, como a Buick Motor Division em Flint, a Chevrolet Motor Division em Toledo, a Chevrolet Motor Division em Detroit e Flint, e a Fisher Body Division de Flint.[211] O UAW-CIO comemorou entusiasticamente a vitória:

---

[210]Cf. Congress of Industrial Organizations, *CIO News*, Washington, vol. 3, no. 17, 22 de abril de 1940, p. 4.

[211]Cf. Estados Unidos, National Labor Relations Board, "In the Matter of General Motors Corporation and International Union, UAWA... Decided February 28, 1940", pp. 159-178.

Quando nós, trabalhadores da indústria automotiva, olhamos para os últimos três anos, podemos sorrir destes tempos engraçados.

Lembram-se quando, em 1937, Alfred Sloan, então presidente da General Motors, solenemente proclamou que a corporação NÃO negociaria com o UAW?

HOJE os executivos da corporação encontram-se com o UAW-CIO como o ÚNICO agente de negociação de 140 mil de seus empregados.[212]

Tendo se tornado o representante exclusivo da grande maioria dos trabalhadores da Chrysler e da GM, o UAW-CIO voltou-se para a organização dos trabalhadores da Ford Motor Company.[213] De modo a fazer face às pretensões do UAW-CIO e evitar os erros cometidos pelo UAW-AFL nos enfrentamentos anteriores, a AFL organizou dois FLUs nas plantas de River Rouge e Lincoln. Segundo a própria AFL, 80 mil trabalhadores em ambas as plantas teriam sido organizados por ela, não com o objetivo de destruir a Ford, como queria o UAW-CIO, mas sim de colaborar por meio do estabelecimento de contratos coletivos de trabalho que levassem a uma relação harmoniosa e construtiva. Portanto, a AFL acreditava ser possível conquistar 90% dos votos dos trabalhadores

---

[212]Cf. United Auto Workers, *Official Publication*, Detroit, vol. 4, no. 16, 1º de maio de 1940, p. 4.

[213]Cf. United Auto Workers, *Official Publication*, Detroit, vol. 5, no. 1, 1º de janeiro de 1941, p. 1. As informações a seguir, a menos que haja alguma observação, encontram-se em Estados Unidos, National Labor Relations Board, "In the Matter of Ford Motor Company, a Delaware Corporation and International Union, UAW of A, affiliated with the CIO. Cases Nos. R-2425 and 2426. Decided April 7, 1941", in *Decisions and orders of the National Labor Relations Board. Volume 30. March 1, 1941 to April 15, 1941*, Washington, United States Government Printing Office, 1942, pp. 985 e seguintes.

de ambas as plantas.[214] Além do UAW-CIO e destes dois FLUs-AFL, também a FBA e o Pattern Makers League of Detroit (PMLD), que buscavam representar um segmento de trabalhadores especializados, disputavam a representação dos trabalhadores da Ford.

Como no caso das eleições da GM, o UAW-CIO, os FLUs-AFL e a NLRB estavam de acordo em que a representação deveria envolver todos os trabalhadores de produção e manutenção da planta Lincoln. Já em River Rouge, houve desacordo: o UAW-CIO insistia em que todos os trabalhadores de produção e manutenção deveriam estar incluídos na mesma unidade, enquanto o PMLD queria uma unidade separada, no que tinha a concordância do FLU-AFL. Em consequência, a agência ordenou que fossem realizadas eleições em River Rouge para saber se os trabalhadores de produção e manutenção queriam ser representados pelo UAW-CIO, pelo FLU-AFL ou por nenhum dos dois, mas ordenou também que os trabalhadores sobre os quais o PMLD pedia jurisdição realizassem uma eleição para determinar se queriam ser representados pelo UAW-CIO, pelo PMLD ou por nenhum dos dois. Do resultado das eleições dependeria a unidade ou unidades de negociação: se ambas as unidades escolhessem o UAW-CIO, então elas constituiriam uma única unidade; se os trabalhadores especializados escolhessem o PMLD, então seriam duas. Em Lincoln, seriam realizadas eleições envolvendo apenas o UAW-CIO e o FLU-AFL. O FBA, embora tivesse apresentado cartões de filiação de 21 mil trabalhadores em ambas as

---

[214]Cf. American Federation of Labor, *Weekly News Service*, Washington, vol. 31, no. 5, 5 de fevereiro de 1941, p. 1; American Federation of Labor, *Weekly News Serivce*, Washington, vol. 31, no. 15, 15 de abril de 1941, p. 1.

plantas, foi excluído das eleições não apenas por ter sido considerado um *company union* pela NLRB — apesar de a Corte de Apelação do Sexto Distrito ter afirmado, em 9 de agosto de 1939, que era um sindicato genuíno —, mas também por depois disso nunca ter feito reuniões, coletado taxas ou buscado arregimentar novos membros.

Apesar de seu otimismo, mais uma vez a AFL foi duramente punida pelas urnas. Em Lincoln, o UAW-CIO obteve 2.741 votos contra 587 dados ao FLU-AFL; em River Rouge, o UAW-CIO obteve 51.866 contra 20.346 do FLU-AFL. Nas eleições de River Rouge entre o UAW-CIO e o PMLD, o primeiro recebeu 161 votos e o segundo, 90. O UAW-CIO tornava-se o agente exclusivo de negociação de todos os trabalhadores de River Rouge e Lincoln.[215]

Com essas vitórias nas eleições organizadas pela NLRB, o UAW-CIO praticamente eliminou os sindicatos da AFL como agentes contratantes relevantes na indústria automotiva. A partir de 1939, o UAW-CIO e as corporações automotivas realizaram contratos coletivos de trabalho de grande importância para a história do movimento sindical americano. Em 1941, a indústria automotiva estava praticamente toda coberta por

---

[215]Cf. Estados Unidos, National Labor Relations Board, "In the Matter of Ford Motor Company, a Delaware Corporation, and International Union, UAW of A, affiliated with the CIO. Cases Nos. R-2425 and R-2426. Supplemental Decisions and Certification of Representatives. June 21, 1941", in *Decisions and orders of the National Labor Relations Board. Volume 32. May 22 to June 26, 1941*, Washington, United States Government Printing Office, 1942, p. 1001; Estados Unidos, National Labor Relations Board, "in the Matter of Ford Motor Company, a Delaware Corporation, and International Union, UAW of A, affiliated with the CIO. Cases Nos. R-2425 and R-2426". In *Decisions and orders of the National Labor Relations Board. Volume 34. August 8 to August 26, 1941*, Washington, United States Government Printing Office, 1942, pp. 436 e seguintes.

acordos coletivos de trabalho, algo inimaginável quatro anos antes, quando Detroit era o coração do *open shop*.

Na Chrysler Corporation, após o UAW-CIO ter sido certificado pela NLRB como agente exclusivo para fins de contratação coletiva do trabalho em 11 unidades fabris da empresa, a corporação aumentou os salários em 3 cents e concordou que as diferenças salariais entre Detroit e as outras localidades fossem diminuídas para 1 cent.[216]

O contrato coletivo do UAW-CIO com a GM também previa a diminuição das diferenças de remuneração dentro de cada planta e entre as diversas plantas da empresa,[217] representando um dos mais importantes passos na reestruturação das relações de classe nos Estados Unidos. Fábricas de uma mesma empresa, bem como empresas dentro de um mesmo setor industrial, deixariam de competir por salários, e dentro das fábricas e empresas as diferenças salariais por ocupação começariam a diminuir, reestruturando por completo o mundo dos trabalhadores industriais americanos. O sindicato começava a assumir, assim, o papel regulatório que lhe havia sido previsto desde os anos 1920 pela Taylor Society e por intelectuais e reformadores sociais como Herbert Croly durante a Era Progressista.

Tal papel regulatório seria expresso com todo o vigor no contrato coletivo estabelecido entre o UAW-CIO e a Ford Motor Company, considerado o melhor acordo da história

---

[216]Cf. Estados Unidos, Department of Labor, Bureau of Labor Statistics, *Monthly Labor Review*, Washington, US Government Printing Office, vol. 50, no. 5, maio de 1940, p. 1087.

[217]Cf. Walter Reuther. *Carta aos membros do sindicato e das plantas da GM filiados ao UAW-CIO*, 18 de junho de 1940, Walter Reuther Library, Coleção, UAW Research Department, Accesion no. 350, UAW-GM Collection, General Correspondence, 1938-1945, Box 1.

realizado até então. Assinado no dia 20 de junho de 1941, o contrato reconhecia o UAW-CIO como o agente exclusivo, para fins de contratação coletiva do trabalho, "de todos os empregados da companhia, em todas as plantas de produção e montagem da companhia nos Estados Unidos da América", com exceção de superintendentes, capatazes, empregados de escritório e cientistas. Além disso, o contrato dispunha de uma cláusula de *union shop* e, portanto, passava a ser condição de emprego que todos os empregados, no presente e no futuro, pertencessem ao sindicato durante a vigência do contrato. Este ponto é importante: havia dois tipos de cláusulas contratuais prevendo a filiação de todos os trabalhadores de uma determinada unidade de negociação no sindicato contratante: a *union shop* e a *closed-shop*. A diferença é que, na cláusula de *closed-shop*, todo novo trabalhador devia ser contratado por meio do sindicato ou já ser membro do sindicato no momento da contratação, enquanto na *union shop* o empregador tinha pleno controle sobre a contratação e o novo contratado não precisava ser membro do sindicato. No entanto, o novo contratado deveria se tornar membro do sindicato após um período de experiência. Se durante esse período ele fosse demitido, a empresa não deveria se reportar ao sindicato.[218] Em 1939, 3 milhões dos 8 milhões de trabalhadores americanos sindicalizados trabalhavam sob contratos de *closed-shop*.[219]

---

[218]Cf. Estados Unidos, Department of Labor, Bureau of Labor Statistics, "Types of union recognition in effect in january 1943", in *Monthly Labor Review*, Washington, US Bureau of Labor Statistics, vol. 56, no. 2, fevereiro de 1943, p. 286.

[219]Cf. Estados Unidos, Department of Labor, Bureau of Labor Statistics, "Closed shop and check-off in union agreements", in *Monthly Labor Review*, Washington, vol. 49, no. 4, outubro de 1939, pp. 834, 835.

O contrato também previa o *check-off*, outro mecanismo que assegurava algum tipo de filiação compulsória: o desconto da contribuição sindical na folha de pagamento, desde que não excedesse 1 dólar por ano. A companhia aceitava ainda pagar salários, nas diferentes classificações, tão altos quanto aqueles pagos pelas empresas que com ela competiam. O direito de contratar e manter a ordem e a eficiência nas plantas eram vistos como prerrogativas exclusivas da gerência, assim como a demissão por justa causa, mas deviam ser submetidos a procedimentos de queixa. O UAW reconhecia ainda o direito exclusivo da empresa em determinar o número e a alocação de suas plantas, a introdução de novas máquinas e ferramentas, a determinação dos produtos a serem manufaturados, os métodos a serem utilizados no processo produtivo e o calendário de produção.

O sindicato comprometia-se, ainda, a não fazer greves ao longo da duração do contrato e a disciplinar seus filiados de modo a impedir que fizessem greves não autorizadas (*wildcat strikes*). De fato, a imposição da disciplina operária pelas direções sindicais era um dos elementos centrais dos contratos coletivos de trabalho. Entre janeiro de 1937, após ter assinado seu primeiro contrato com a GM, e junho do mesmo ano, o UAW-CIO teve que enfrentar mais de 200 *wildcat strikes* na empresa. Em 1940, por causa da persistência de tais movimentos, o sindicato chegaria a publicar uma resolução afirmando que penalizaria as seções que contrariassem contratos firmados realizando greves não autorizadas.[220]

---

[220]Cf. United Auto Workers, *Official Publication*, Detroit, vol. 4, no. 3, 17 de janeiro de 1940, p. 2.

O UAW também pedia a abolição do Departamento de Serviço da Ford, mas, diante da resistência da empresa em aceitar tal cláusula, chegou-se a um meio-termo: todos os funcionários do departamento seriam claramente identificados por uniformes, de forma a distingui-los dos demais trabalhadores. O contrato tinha a validade de um ano, sendo renovável anualmente, a não ser que fosse rompido por uma das partes com pelo menos trinta dias de antecedência.[221]

É importante salientar que as eleições promovidas pela NLRB tiveram impactos importantes sobre a vida dos sindicatos. Antes da agência, as práticas sindicais da AFL e as incipientes investidas de sindicatos do CIO na indústria automotiva seguiam um padrão tradicional: os sindicatos de ambas as centrais implementavam campanhas de organização e, uma vez organizados, realizavam greves, boicotes ou outras formas de luta para se fazerem reconhecer pelas companhias automotivas. Com a organização de eleições pela agência e a certificação do sindicato que houvesse recebido a maioria dos votos, as estratégias de organização deram lugar a estratégias eleitorais, o que acabou por se traduzir em uma diminuição da importância dos militantes nas bases sindicais e na crescente burocratização das direções sindicais. A realização de eleições e a regra da maioria, emanadas da agência, colocavam, portanto, o trabalhador menos como um potencial militante sindical do que como um eleitor. O UAW-CIO tornou-se o representante exclusivo de centenas de milhares de trabalhadores automotivos em pou-

---

[221]Cf. Estados Unidos, Department of Labor, Bureau of Labor Statistics, "Collective agreement with Ford Motor Co", in *Monthly Labor Review*, Washington, US Government Printing Office, vol. 53, no. 2, agosto de 1941, pp. 383, 390.

cos anos sem ter que se preocupar com a efetiva organização deles. As consequências foram contraditórias: se as regras da agência contribuíram para a realização de contratos coletivos, também produziram apatia entre os trabalhadores.[222]

4.6 O ESVAZIAMENTO POLÍTICO DA NLRB

A insatisfação da AFL com a atuação da NLRB iria traduzir-se na proposta de emendas à NLRA enfatizando que cada profissão ou grupo de trabalhadores qualificados tivesse sempre o direito de escolher sua própria unidade de negociação por maioria dos votos e que a agência perdesse o poder de invalidar contratos. Para a AFL, a agência não só não dava direito à existência de seus sindicatos profissionais, em função de suas escolhas de unidades de negociação amplas como também dificultava a realização de eleições solicitadas por sindicatos a ela filiados. Dito de outra forma, a AFL queria garantir que a NLRA, segundo seus próprios termos, assegurasse aos trabalhadores "o completo benefício de seu direito à livre organização e negociação coletiva", mas que perdesse qualquer veleidade de implementar *a política da Lei*. A rigor, para a AFL a lei não deveria ter uma *política*, mas apenas legitimar a organização sindical existente quando de sua promulgação, em 1935.[223]

---

[222]Cf. Ruth Weyand, "Majority rule in collective bargaining", *Columbia Law Review*, vol. 45, no. 4 (jul., 1945), p. 561.

[223]Cf. American Federation of Labor, *Weekly News Service*, Washington, vol. 28, no. 42, 15 de outubro de 1939, p. 1; American Federation of Labor, *Weekly News Service*, Washington, vol. 29, no. 2, 14 de janeiro de 1940, p. 1.

As críticas da AFL à agência logo a aproximariam da NAM e da USCC, ferozes e históricas adversárias da Lei Wagner e do New Deal. Para a NAM, a lei baseava-se em quatro premissas falsas: que todos os trabalhadores desejavam entrar em um sindicato, que os conflitos entre patrões e empregados eram inevitáveis, que os empregadores eram sempre injustos com seus empregados e que era dever do Estado aliar-se aos trabalhadores contra os patrões. Portanto, a agência não só tinha um vício de origem, que indevidamente imiscuía o Estado nas relações de trabalho, como também havia perpetrado os seus próprios pecados, assumindo, em suas regras e regulamentos, que apenas os empregadores eram responsáveis por *unfair labor practices*.

Diante das críticas patronais e da AFL, uma coalizão de republicanos e democratas sulistas, além de propor emendas à NLRA, fez aprovar na Câmara dos Deputados a criação de um Comitê Especial da Câmara dos Deputados para Investigar a NLRB, que viria a ser conhecido como Smith Committee em razão de seu presidente, o deputado Howard Smith.

Como não poderia deixar de ser, a questão da unidade de negociação foi uma das mais discutidas pelo comitê. Em jogo, a disputa entre pluralistas industriais e realistas legais em torno do papel do Estado na regulação da vida sindical. Em seu depoimento diante do comitê, William Leiserson, defendendo sua visão pluralista, afirmou que nada na lei emprestava à NLRB autoridade para forçar minorias de trabalhadores a perder suas liberdades básicas caso suas unidades de negociação tradicionais fossem julgadas inadequadas pela agência. Segundo Leiserson, a agência havia extrapolado sua autoridade nos casos em que a regra da maioria havia sido aplicada em unidades industriais que incluíam todos os trabalhadores de uma planta, em detrimento dos trabalhadores de unidades profissionais. Para ele, o papel da NLRB deveria ser unicamente o de processar disputas trabalhistas e não o de legislar ou dispensar justiça.[224]

As críticas de Leiserson à NLRB também ficariam explícitas em cartas por ele enviadas a seu mentor, John Commons, em setembro de 1939 e março de 1940. Para ele, o grande problema da NLRB havia sido sua decisão de se considerar e agir como um tribunal administrativo que, no entanto, lidava com organizações eminentemente privadas. Assim, por exemplo, os sindicatos, tal como as corporações, deveriam ter o direito de, por meio de suas próprias regras, disciplinarizar seus membros e impor-lhes suas decisões, na antiga tradição da AFL, que a NLRB queria romper.[225]

William Green não ficaria atrás em suas críticas à atuação da NLRB. Diante do comitê, comentando o caso *Pacific Longshoremen*, afirmou que a NLRB havia destruído os sindicatos portuários da AFL na Costa Oeste, obrigando os trabalhadores a eles filiados a se transferirem para sindicatos rivais, filiados ao CIO, sob pena de perderem a voz. Concluindo, afirmou que a agência deveria perder o direito de

---

[224]Cf. Estados Unidos, Câmara dos Deputados, *Report on the investigation of the National Labor Relations Board. Intermediate Report of the Special Committee of the House of the Representatives. Seventy-Sixth Congress. First Session. Appointed pursuant to H. Res. 258 to Investigate the National Labor Relations Board*, Washington, US Government Printing Office, 1940, p. 63.
[225]William Leiserson, *Carta para John Commons*, março de 1940, *apud* Christopher Tomlins, *op. cit.*, p. 212.

determinar a unidade de negociação, que deveria ficar a cargo única e exclusivamente dos próprios trabalhadores.[226] Na ocasião, fazendo sua profissão de fé pluralista, a AFL afirmou: "O Congresso deve estabelecer as regras do jogo que uma nova NLRB deve seguir. Aprendemos com o erro de confiar ampla autoridade discricionária a uma agência governamental quase judicial. A consequência inevitável é o abuso de autoridade."[227]

A questão da autoridade da agência também foi tema do depoimento de Lloyd Garrison diante do comitê. Segundo Garrison, no coração das disputas em torno da NLRB estava seu caráter de agência administrativa, que reunia poderes executivos, normativos e quase judiciais. A NLRB, ao atuar como investigador, juiz, júri e promotor nos processos de *unfair labor practice* e na determinação das unidades de negociação, tornava-se presa fácil de acusações de favorecimento a uma ou outra organização operária. Com a divisão do movimento operário entre a AFL e o CIO, o poder discricionário da agência acabou por ser ressaltado, segundo Garrison, tornando-se impossível a imparcialidade em uma tal disputa. Em sua opinião, em uma questão na qual não havia consenso, precedentes nem jurisprudência, uma agência administrativa não deveria agir. Na pior das hipóteses, quando uma

---

[226]Cf. Estados Unidos, Câmara dos Deputados, *Report on the investigation of the National Labor Relations Board. Intermediate Report of the Special Committee of the House of the Representatives. Seventy-Sixth Congress. First Session. Appointed pursuant to H. Res. 258 to Investigate the National Labor Relations Board*, Washington, US Government Printing Office, 1940, pp. 65, 66.
[227]Cf. American Federation of Labor, *Weekly News Service*, Washington, vol. 30, no. 2, 13 de janeiro de 1940, p. 1.

organização do CIO disputasse com uma da AFL uma representação de trabalhadores qualquer, não deveria haver eleições, nenhuma organização teria exclusividade de representação e o empregador ficaria livre para fazer acordos com todos os envolvidos, desde que nenhum destes acordos envolvesse cláusulas de *closed shop*. O *status quo* permaneceria intacto até que as partes, por si mesmas, chegassem a um acordo ou *modus vivendi*.[228]

Ao longo das sessões do comitê, Edwin Smith, o membro da NLRB mais claramente identificado com as determinações de grandes unidades de negociação, chegou a ser acusado por Joseph Padway, conselheiro-geral da AFL, de ter utilizado os recursos da agência para fortalecer o CIO, ainda que várias de suas decisões tenham sido minoritárias na agência.[229] Smith, por seu lado, faria duras críticas à AFL, atacando suas emendas à NLRA como atos destrutivos aos interesses dos trabalhadores organizados e em acordo com os interesses dos patrões.[230]

Em seu relatório final, o Smith Committee faria um retrato demolidor da NLRB: Edwin Smith surgia como simpático ao Partido Comunista e ao CIO, e suas determinações de unidade de negociação como derivadas de suas filiações políticas radicais. J. Warren Madden, já então afastado da NLRB desde

---

[228]Cf. Lloyd Garrison. *Statement before the House Committee Investigating the NLRB. February 2, 1940. Lloyd Garrison (Z-733), (dean of the University of Winsonsin Law School, first Chairman of the old National Labor Relations Board (summer and fall of 1934)*, National Archives and Records Administration, Records 25, Records relating to the Smith Committee Investigation, Records of the Assistant General Counsel, Records relating to preparation of Board's case, 1939-1940, Entry: 31, 43,07,01, Box 2.
[229]Cf. *The Washington Daily News*, Washington, 19 de abril de 1939.
[230]Cf. *The Washington Daily News*, Washington, 19 de abril de 1939.

27 de agosto de 1940, também era mostrado como simpático às causas radicais e, de forma geral, a agência era associada ao levante operário de 1937, às *sit-down strikes* e à infiltração comunista no seio do governo americano.[231]

A partir de 1939, ainda antes disso, no entanto, o impulso reformista do New Deal já começava a perder seu vigor, e as atenções de Roosevelt voltavam-se cada vez mais para o front externo e para a guerra que se aproximava na Europa. O "Mr. New Deal" cada vez mais assumia a fisionomia do "Mr. Win the War" e, neste cenário, agências como a NLRB, que monopolizavam as manchetes negativas dos jornais e dividiam não só a opinião pública, como o próprio movimento sindical, os partidos políticos e as grandes corporações (cujo apoio seria fundamental para a conversão da economia americana para a produção bélica), tornavam-se cada vez mais problemáticas. Desde 1938, com o país em meio a uma recessão e com uma eleição parlamentar aproximando-se, Roosevelt já vinha sentindo que a ação da NLRB poderia causar problemas à sua coalizão, e o *The New York Times* de 2 de junho já trazia notícias, oficiosas, de que o presidente achava que algumas das decisões da agência haviam prejudicado as corporações.[232]

A solução encontrada pelo presidente para esvaziar politicamente a NLRB não foi a proposição nem o apoio a emendas à NLRA, mas a substituição gradual de seus membros

---

[231]Cf. Estados Unidos, Câmara dos Deputados, *Report of the Special Committee to Invesgate the National Labor Relations Board. Submitted by Mr. Smith of Virginia*, Washington, US Government Printing Office, 1941, 30 de dezembro de 1940, pp. 5-21.

[232]*The New York Times*, 3 de junho de 1938, p. 1.

identificados com a visão de que a agência deveria ter o poder de aplicar sua política por novos membros identificados com o pluralismo industrial. A primeira indicação de peso neste sentido foi a de William Leiserson, em substituição a Donald Wakefield Smith, ainda em junho de 1939, nomeação que seria profundamente criticada pelo CIO.[233]

O desejo de Leiserson de transformar a NLRB em uma agência que respeitasse as regras privadas dos sindicatos logo se tornou clara. Em 21 de junho de 1939, ele enviou um memorando a J. Warren Madden afirmando que a agência deveria evitar determinações de unidade que alterassem relações previamente existentes.[234] Ele buscava assim evitar o que ocorrera no caso *Pittsburgh Plate Glass*, de janeiro de 1939, em que a NLRB havia determinado uma só unidade de negociação em seis unidades fabris de vidros planos da empresa, certificando o Federation of Flat Glass Workers-CIO, apesar de a maioria dos trabalhadores de uma das maiores plantas preferir se manter como unidade separada, representada por um sindicato independente.

Mas a reestruturação do pessoal da NLRB não se encerrou com a nomeação de Leiserson. Harry Millis, em substituição a J. Warren Madden, e Gerard Reilly, em substituição a Edwin Smith, foram indicados para a agência em novembro de 1940 e outubro de 1941, respectivamente, coroando um processo de esvaziamento da NLRB como agência mar-

---

[233]Cf. Congress of Industrial Organizations, *Third Constitutional Convention...*, p. 70.
[234]William Leiserson, *Memorando para William Madden*, 21 de junho de 1939, National Archives and Records Administration, Records 25, Smith Committee, Box 2.

cada por práticas identificadas com o realismo legal, indicando, pelo contrário, o triunfo dos pluralistas industriais.

Para o CIO, a saída de Edwin Smith e J.W. Madden da NLRB significou uma decisiva derrota. Para a AFL, a não recondução de Madden, em 1940, representou o início da limpeza dos elementos esquerdistas pró-CIO que atuavam na NLRB. A partir de então — e cada vez mais —, a agência aplicaria em suas ordens e decisões a visão do pluralismo industrial — com ênfase nos desejos dos trabalhadores para o estabelecimento de unidades de negociação — nas relações de trabalho, o que provocou muitas críticas por parte do CIO.[235] A NLRB de Reilly, Millis e Leiserson buscou, portanto, acomodar as inovações da NLRA às práticas sindicais que prevaleciam antes de sua promulgação, passo importante na consolidação da ideologia industrial pluralista e do contratualismo no centro da lei trabalhista americana.

4.7 OS SINDICATOS E A ORDEM DO NEW DEAL NO PÓS-GUERRA

A partir do momento em que a NLRB começou a agir efetivamente, quando a Suprema Corte dos Estados Unidos confirmou a constitucionalidade da NLRA, em 1937, um dos objetivos da lei, a chamada paz industrial, foi alcançado. Deste momento em diante, os sindicatos passaram a acionar a agência para resolver seus conflitos de *unfair labor practices* e,

---

[235]Cf. Congress of Industrial Organizations, *Daily Proceedings of the Fourth Constitutional Convention of the CIO*, Detroit, 17, 18, 19, 20, 21 e 22 de novembro de 1941, p. 81; American Federation of Labor, *Weekly News Service*, Washington: vol. 30, n. 45, nov. 7, 1940, p. 1; Congress of Industrial Organizations, *Daily Proceedings of the Fourth...*, p. 338.

concomitantemente, recorreram menos ao recurso das greves. Se em 1936 e na primavera de 1937 houve mais greves do que ações iniciadas por sindicatos na NLRB, em 1937 houve 221% mais casos sendo considerados pela NLRB do que o número de greves, tendência que se manteria nos primeiros meses de 1938 e se prolongou por 1939. E o número absoluto de greves também caiu de forma acentuada: 4.740 em 1937, 2.773 em 1938 e 2.283 em 1939, evidência de que o movimento sindical buscou cada vez mais resolver seus conflitos com o patronato pela via da ação do Estado.[236] Em apenas quatro anos, por meio de eleições organizadas pela agência, o UAW-CIO foi capaz de realizar, praticamente sem sangue (excluindo-se as feridas de Reuther e Frankensteen) e com um número relativamente reduzido de greves, o que os trabalhadores automotivos não haviam conseguido em quarenta anos de luta: fazer-se reconhecer pelas montadoras como agente exclusivo dos trabalhadores automotivos para fins de contratação coletiva do trabalho e de fato contratar coletivamente salários e condições de trabalho.

Tendo se tornado praticamente o único interlocutor sindical da Ford Motor Company, da Chrysler Corporation e da General Motors Corporation, o UAW-CIO buscou sistematicamente igualar as condições de trabalho nas Três Grandes, e estas, por seu lado, buscaram estabilizar as relações de trabalho com seus empregados sem o receio de, com isto, elevar seus custos em relação às concorrentes. Como resultado

---

[236]Cf. Estados Unidos. Câmara dos Deputados, *Hearings before the Special Committee to Investigate National Labor Relations Board. House of Representatives. Seventy-Sixth Congress, Second Session, pursuant to H. Res. 258*, vol. 13, January 31-February 1, 1940, "Testimony of Joseph Warren Madden, Chairman, National Labor Relations Board, Washington, DC", p. 2606.

dos contratos coletivos assinados entre o UAW-CIO e as Três Grandes, entre junho de 1940 e novembro de 1941 o salário médio dos trabalhadores automotivos subiu 17%, aumentos estes concentrados principalmente na segunda metade de 1941 (graças ao acordo com a Ford), e que beneficiaram cerca de 300 mil trabalhadores. Os aumentos atingiram de 80% a 90% dos trabalhadores automotivos e foram mais ou menos uniformes por todas as categorias, sem ligação direta com sua qualificação. Um ano antes, o UAW-CIO havia sido o primeiro sindicato atuante nos Estados Unidos a superar a marca de um milhão de filiados.

Evidentemente o UAW-CIO e as empresas automotivas não foram os únicos a realizar contratos coletivos de trabalho neste período. Graças à ação da agência e à crescente percepção, por parte das empresas, das vantagens estabilizadoras da sindicalização de seus trabalhadores, em 1942 o Departamento do Trabalho registrava uma tendência ao aumento no número de contratos coletivos, tendo o Bureau of Labor Statistics arquivado mais de 10 mil deles espalhados por todas as indústrias. Em 1945, de um total estimado de 29 milhões de trabalhadores americanos em ocupações em que os sindicatos eram fortes e atuantes, cerca de 13.800 estavam cobertos por contratos coletivos de trabalho, ou 48% do total. Nas indústrias de transformação, tal índice chegava a 67% e na indústria automotiva era ainda mais alto.[237] E

---

[237]Cf. Estados Unidos, Department of Labor, *Twenty-Ninth Annual Report of the Secretary of Labor, for the fiscal year ended June 30, 1941*, Washington, US Printing Office, 1942, p. 85; Estados Unidos, Department of Labor, Bureau of Labor Statistics, "Extent of collective bargaining and union recognition in 1945", in *Monthly Labor Review*, Washington, US Printing Office, vol. 62, no. 4, abril de 1946, p. 568.

vários desses contratos possuíam escopo nacional, de modo a evitar que as corporações transferissem plantas para regiões de baixa densidade sindical. O sindicato atingia, assim, o seu papel de regular a concorrência entre as empresas, retirando os salários das estratégias de competição e com isso evitando a deterioração do poder de compra dos trabalhadores.

Se a *política da Lei* parecia se consolidar, ou seja, se a promoção da contratação coletiva do trabalho havia possibilitado uma elevação dos salários, para o CIO a contratação coletiva, por si só, era vista como potencialmente incapaz de institucionalizar os ganhos materiais dos trabalhadores. A partir do início da Segunda Guerra, e, portanto, após o esvaziamento da NLRB de seu enfoque realista legal, o CIO passou a propor a construção de um novo pacto social, institucionalizado por intermédio de agências tripartites de concertação social, tal qual os macroacordos social-democratas europeus, nos quais representantes do Estado, do trabalho organizado e do empresariado acordassem políticas de renda e produção.[238] A preocupação básica do CIO era a de trazer o Estado para o centro de uma política nacional de renda.

As exigências da conversão da economia americana durante a Segunda Guerra, quando várias agências tripartites foram criadas, tais como a Office of Price Administration (OPA), a War Production Board (WPB) e a War Labor Board (WLB), foram percebidas pelo CIO como centrais para o

---

[238]Cf. Estados Unidos, Department of Labor, Bureu of Labor Statistics, "CIO Convention, 1941", in *Labor Monthly Review*, Washington, US Goverment Printing Office, vol. 53, no. 6, dezembro de 1941, p. 1453.

redesenho da economia americana no pós-guerra, as bases de uma nova ordem corporativa que permitisse a construção de macroacordos sociais para a implantação de políticas econômicas keynesianas e a manutenção dos altos salários. Já em 1944 o CIO deixava claro o seu projeto para o pós-guerra:

> O desastre pode vir por acidente, mas a prosperidade, no mundo moderno, só pode advir do planejamento, que deve começar desde já. Os empresários pedem o fim da intervenção do Estado, mas não provaram que deixaram para trás suas crenças e práticas que causaram a Depressão dos anos 30. Sua visão ainda é muito estreita para abarcar o bem-estar de todo o povo. Uma agência federal, contando com representantes da agricultura, do trabalho organizado e das corporações, deve ser criada rapidamente para realizar uma transição ordeira para o consumo, o emprego e a produção plenos no pós-guerra.
>
> Os planos do pós-guerra devem estar fundamentados no claro reconhecimento da responsabilidade do governo federal para a manutenção do pleno emprego, da produção e do consumo.[239]

Em 1944, o CIO defenderia a criação de uma Agência Nacional de Planejamento, a ser indicada pelo presidente da República e com representantes de diversos setores da economia, assim como de conselhos tripartites em cada indústria, de modo a planejar a economia americana do pós-guerra, inclusive com uma política nacional de rendas.[240]

---

[239]Congress of Industrial Organizations, Postwar Planning Committee, Department of Research & Education, *As we win*, Report no. 1, Washington, janeiro de 1944.
[240]Cf. Congress of Industrial Organizations, Political Action Committee, *Jobs for All After the War*, Washington, 1944.

No entanto, as agências tripartites instaladas durante a guerra deixariam muito a desejar ao CIO. Por causa da necessidade de cooperação das grandes corporações, em algumas agências, como a WPB, o trabalho organizado tinha papel apenas nominal. Após a morte de Roosevelt, o fim da guerra e a ascensão ao poder de Harry Truman, o CIO encontraria crescentes dificuldades para sustentar sua proposta de uma nova economia política americana. Neste cenário, a Conferência Capital-Trabalho organizada pelo governo em 1945 para desenhar um macroacordo social para o pós-guerra resultou inócua, tendo as divisões no próprio movimento sindical contribuído para tal desfecho.[241] John Lewis, o líder mineiro que havia sido um dos fundadores do CIO e que com este havia rompido em 1940, chegou a afirmar, abraçando uma visão próxima à da AFL, que o CIO defendia "... um Estado corporativo, no qual as atividades do povo são reguladas e constrangidas por um governo ditatorial. Nós nos opomos a um Estado corporativo."[242]

Em resposta a uma situação em que os ganhos materiais, simbólicos e institucionais do New Deal apresentavam-se em perigo, setores do movimento sindical, liderados pelo UAW-CIO, iniciaram uma onda de greves em fins de 1945, cuja palavra de ordem era a necessidade de se manter o nível salarial elevado, de forma a se evitar uma recessão ocasionada pelo processo de reconversão da indústria para a produção

---

[241]United States Department of Labor, Division of Labor Standards, *The President's National Labor-Management Conference. November 5-30, 1945. Summary and Committee Reports*, Washington, United States Department of Labor, 1946.

[242]John Lewis, *apud* Nelson Lichtenstein, *op. cit*, 1995, p. 226.

civil. Fundamentalmente, o que o UAW-CIO buscava era elevar o nível salarial dos trabalhadores da indústria automotiva sem repassar os custos desta elevação para os preços dos automóveis. A negativa sistemática da GM em aceitar o que considerava uma intromissão sindical em seu poder corporativo, a precificação de seus produtos e a delimitação de sua margem de lucros, levou a greve do UAW a uma derrota histórica, colocando um ponto final nas esperanças do CIO de reorganizar as relações de classe nos Estados Unidos segundo moldes social-democratas.[243]

As greves de 1945-1946 teriam como resultado um clima político extremamente desfavorável aos sindicatos. Em que pese a tentativa destes de dissociar ganhos salariais de aumentos de preços aos consumidores, a luta sindical foi amplamente apresentada à opinião pública como inflacionária, e recaiu sobre os sindicatos a responsabilidade pela inflação do pós-guerra. Neste cenário, os republicanos e sua tradicional oposição ao mundo do trabalho seriam os grandes vitoriosos nas eleições parlamentares de 1946, em cuja legislatura seria aprovada a Lei Taft-Hartley, de 1947. Se a NLRA colocava limites claros à conduta corporativa em suas relações com o movimento sindical, a Lei Taft-Hartley emendava-a, colocando limites à ação sindical, banindo o *closed-shop* entre trabalhadores sob jurisdição federal, proibindo greves no setor público, exigindo um aviso prévio para a realização de greves no setor privado, tornando ilegais greves e boicotes de solidariedade e instituindo a figura do *unfair labor practices* também para os sindicatos.

---

[243]Cf. General Motors Corporation, *General Motors reply to UAW-CIO Brief. Submitted in support of Wage Demand for 52 hours pay for 40 hours work*, Detroit, 1945, pp. 1-44; Nelson Lichtenstein, *op. cit.*, 1989, p. 133.

Se a conjuntura de 1945-1947 levou o CIO a abandonar qualquer projeto sindical de molde social-democrata, as grandes corporações americanas encontravam-se em situação bastante confortável. Ao contrário do Japão e da Europa, cujas infraestruturas e parques fabris haviam sido fortemente atingidos pela guerra, os Estados Unidos não haviam recebido uma única bomba em seu território continental e seu mercado interno estava protegido da competição internacional. Embora com algumas oscilações, a economia americana cresceu com vigor ao longo dos anos 1950 e parte da década de 1960, e as empresas americanas não precisavam se preocupar constantemente com os preços e a qualidade dos seus produtos, podendo pagar salários mais altos e benefícios indiretos a seus trabalhadores. Neste cenário, as empresas buscaram construir um novo acomodamento com os trabalhadores, que se traduzisse em consentimento operário no longo prazo. É importante frisar que, embora politicamente derrotado, o movimento sindical ainda acumulava recursos políticos e econômicos suficientes para causar interrupções significativas no processo de produção. A greve da GM de 1945-1946, por exemplo, havia durado mais de 100 dias, e só no mês de fevereiro de 1946, 130 mil trabalhadores cruzaram os braços, resultando em 21.500 dias perdidos de trabalho.[244]

Gestava-se, assim, a regulação fordista keynesiana da economia americana, que teria nos chamados Acordos de Detroit, de 1950, o seu principal símbolo. Celebrado entre o UAW e

---

[244]Cf. United States, Department of Labor, Bureau of Labor Statistics, "Work stopages in February 1946", in *Monthly Labor Review*, Washington, DC, United States Government Printing Office, vol. 62, no. 4, abril de 1946, p. 609.

a General Motors, o contrato de trabalho de 1950, com validade de cinco anos, garantia pensões, seguro-saúde, ganhos de produtividade e reposição da inflação, constituindo, portanto, ganhos salariais reais para os trabalhadores e um sistema privado de bem-estar. Nos anos 1960, mais de 50% de todos os principais contratos coletivos de trabalho seguiam esses princípios gerais, que deixavam fora de seus benefícios grande parte dos trabalhadores negros, latinos e mulheres não sindicalizados.[245] Os sindicatos, por seu lado, comprometiam-se a combater greves não autorizadas (*wildcat strikes*) e consentiam no pleno poder das companhias em "dirigir" seus negócios, abrindo mão, definitivamente, da democracia industrial, de discussões sobre inovações tecnológicas e acerca da construção de uma nova economia política para o capitalismo americano. Como parte contratante, o UAW-CIO assumia, por exemplo, responsabilidade crescente na construção de relações de trabalho estáveis e harmônicas, como exigiam o espírito e a própria *política da NLRA*, principalmente quando tal contrato contivesse uma cláusula de *union shop*, situação em que os trabalhadores se comprometeriam com os padrões de produtividade propostos pela empresa. Seja como for, a promoção estatal da contratação coletiva do trabalho, por meio da NLRB, contribuiu para que os salários operários se tornassem aptos a sustentarem a demanda de uma economia de produção em massa de bens de consumo duráveis. Além da produção em massa passou a existir, também, o consumo de massa.

---

[245]Cf. Nelson Lichtenstein, "American trade unions and the 'labor question': past and present", in The Century Foundation, *What's Next for Organized Labor?*, Nova York, The Century Foundation Press, 1999, p. 77.

Se, ao contrário do que desejava o CIO desde a sua fundação, os princípios pluralistas da AFL haviam prevalecido nas relações de trabalho expressas na vitória dos pluralistas no âmbito da NLRB, ou no desmonte das agências tripartites ao fim da guerra, isto não significa dizer que no fordismo keynesiano o Estado não tivesse um papel. Pelo contrário. De forma não institucionalizada em termos de macroacordos sociais, o Estado passava a assumir, a partir de então, novos papéis regulatórios. Caberia a ele regular a dimensão do exército industrial de reserva, por meio da seguridade social e outros mecanismos compensatórios, estabelecer um frágil arcabouço de regulação do trabalho e executar as políticas monetária e fiscal, realizar encomendas públicas, como ao complexo industrial-militar e aeroespacial, e programas de obras públicas. Dentre estes, foram de particular importância a Administração Federal de Habitação e o Programa Rodoviário Federal, que, juntos, iriam contribuir para o redesenho da paisagem americana, salpicando-a de subúrbios cortados por vias expressas, rodovias e viadutos. O Programa Rodoviário Federal acabou por se constituir no maior programa de obras públicas da história, envolvendo mais de 40 bilhões de dólares, materializando o sonho defendido pela GM, desde a década de 1920, de ver automóveis produzidos pela iniciativa privada, de preferência por ela própria, rodando em estradas construídas pelo poder público. As encomendas públicas ao setor privado vinham, assim, complementar o consumo das famílias para sustentar a demanda. Como havia proposto Croly no início do século XX, Estado, sindicatos e grandes corporações pactuaram na construção de um novo equilíbrio de forças, capaz de, nos termos de David Harvey, construir um novo modo de regulação do capitalismo americano, no qual uma relação salarial, construída a partir da contratação coletiva do trabalho promovida pelo Estado, seria instrumento de construção do consumo operário.

Em outras palavras, o modo de regulação fordista keynesiana construiu os mecanismos institucionais adequados à reprodução da acumulação fordista. A partir desse novo modo de regulação, uma maior parcela da riqueza nacional foi apropriada pelos salários, justamente o que a regulação concorrencial, com sua contratação individual, não havia permitido.

Neste cenário, a própria AFL, ainda então a maior central sindical, representando 60% de todos os trabalhadores sindicalizados, e o CIO acabariam por fundir-se em 1955, a fim de potencializar as finanças e a capacidade organizativa do movimento sindical. A rigor, após a expulsão dos comunistas do CIO, em 1949, e do abandono deste de projetos de reforma social-democratas, não havia mais divisões claras — tanto ideológicas quanto organizacionais — entre as duas centrais sindicais. Mesmo Walther Reuther, já então presidente do UAW e um dos mais aguerridos defensores de uma concepção social-democrata de pacto social institucionalizado por meio de agências tripartites, diante da nova situação colocada pelo clima do pós-guerra, chegou a afirmar, em sua nova defesa das negociações coletivas como instrumento central da luta sindical: "Eu prefiro negociar com a General Motors do que com o governo. (...) A General Motors não tem exército." Uma grande distância política havia sido percorrida pelo líder sindical desde 1937, ocasião em que foi vítima das milícias privadas da Ford Motor Company e quando buscou, na proteção estatal, condições para negociar com a empresa.

No pós-guerra, os trabalhadores industriais, sobretudo os brancos, foram convidados a participar do grande consenso americano baseado no tripé produção, consumo de massas e democracia representativa, mas tiveram um preço a pagar por isto. A AFL-CIO tornava-se, aos seus próprios olhos e aos olhos de outros segmentos da sociedade, apenas mais um grupo de interesses da tradição pluralista, interessado na manutenção de uma ordem social que lhe trazia ganhos materiais e simbólicos. Tal preço seria cobrado em breve, em forma de isolamento político. De um lado, tendo sido incapaz de incorporar organicamente os trabalhadores negros, deixando-os de fora dos benefícios negociados com as grandes corporações, a AFL-CIO não foi capaz de fazer frente à explosão racial iniciada ainda na década de 1950; de outro, os grandes movimentos sociais dos anos 1960, como a luta pela emancipação das mulheres, a luta contra a Guerra do Vietnã, a New Left, a contracultura, o ambientalismo etc., muitas vezes chegaram a se opor a ela abertamente, por sua identificação com a sociedade de consumo, bem como por suas posições políticas, como a defesa da Guerra do Vietnã, só questionada sistematicamente na presidência de Richard Nixon.

A partir dos anos 1970, quando a Ordem do New Deal, ou a regulação fordista keynesiana, começou a sofrer fissuras, a AFL-CIO viu-se também diante de novos desafios, em um momento em que a economia americana passou a conviver com a associação entre queda no crescimento e inflação, acompanhada por mudanças importantes no cenário internacional, como a concorrência crescente do Japão. Na década de 1980, a nova ofensiva empresarial, política e cultural contra o trabalho organizado liderada pelo governo Ronald Reagan, nos marcos da crise da regulação fordista keynesiana, colocou o movimento sindical americano em uma posição essencialmente reativa.

O advento da globalização produtiva e financeira, liderada pelas corporações que transcendem largamente os marcos regulatórios e legais dos Estados nacionais, a desindustrialização de tradicionais áreas fabris e o crescimento do setor terciário, assim como as novas formas de organização da produção mais flexíveis, inspiradas no toyotismo, e a robótica, a microeletrônica, a telemática etc., representaram novos elementos de fragilização do movimento sindical americano, que no fim do século XX congregava apenas 11% dos trabalhadores do setor privado, menos de 1/3 de quarenta anos antes.[246] Mais do que a quebra dos compromissos sociais da Ordem do New Deal assumidos no pós-Segunda Guerra entre Estado, grandes corporações e trabalho organizado, a ofensiva neoliberal iniciada por Ronald Reagan buscou eliminar ou minimizar os recursos políticos dos sindicatos. Da luta pela democracia industrial nas décadas de 1920 e 1930 à incorporação ao mundo do consumo nas décadas de 1950 e 1960, o movimento sindical americano iria se caracterizar, a partir dos anos 1980, pela defesa da manutenção de empregos de qualidade cada vez pior, principalmente, o setor terciário cada vez mais importante e extremamente desorganizado. Entre 1980 e 1995, para uma inflação acumulada de 85%, os salários industriais cresceram 70% e o salário mínimo apenas 37%, enquanto a produtividade do trabalho teve um ganho de 24% e os lucros das grandes empresas aumentaram 145%.[247] O resultado dificilmente poderia ser outro

---

[246]Cf. Nelson Lichteenstein, "American trade unions and the 'labor question': past and present", in The Century Foundation, *What's next for organized labor?*, Nova York, The Century Foundation Press, 1999, p. 62.

[247]Cf. John Sweeny, "America needs a raise", in Steven Fraser e Joshua Freeman (orgs.), *Audacious Democracy: labor, intellectuals and the social reconstruction of America*, Boston/Nova York, Houghton Mifflin Co., 1997, p. 14.

que a concentração da renda: no final dos anos 1990, a renda familiar de famílias jovens (responsáveis pela casa com menos de 30 anos) era 1/3 menor que em 1973, ainda que suas jornadas de trabalho fossem mais longas e seus níveis educacionais, superiores. Em 1996, os salários médios e rendas familiares eram inferiores aos de 1989.[248] Se nos anos da ordem do New Deal que se seguiram ao fim da Segunda Guerra Mundial entre 55% e 60% da renda nacional iam para os salários, em 2006 a fatia cairia para 51,6%.[249]

Nos anos 1990, no entanto, a AFL-CIO iniciaria uma nova fase de ofensiva organizacional e política, buscando criar pontes com movimentos sociais até então apartados do — ou fracamente articulados ao — movimento sindical, como os de negros, mulheres, ambientalistas etc., bem como de construção de estratégias globais de luta, envolvendo articulações com sindicatos de outros países. Se tais estratégias serão capazes, no médio prazo, de, no dizer de John Sweeney, presidente da central desde 1995, combater o poder corporativo irresponsável, é uma questão em aberto. O que parece certo é que o desafio, na primeira década do século XXI, é bem superior àquele compreendido entre os anos 1930 e os anos 1970, quando os Estados nacionais possuíam maior capacidade de regular seus mercados internos, inclusive o mercado de trabalho; as grandes corporações americanas, insuladas da competição internacional, mostravam-se

---

[248]Cf. Nelson Lichtenstein, "American trade unions and the 'labor question': past and present", in The Century Foundation, *What's next for organized labor?*, Nova York, The Century Foundation Press, 1999, p. 60.

[249]Anter of Budget and Policy Priorities. http//www.cbpp.org/8-31-06inc.htm-ftnref1.

dispostas — e com recursos econômicos, financeiros e estratégicos — a pagar salários mais altos a seus trabalhadores, e os sindicatos reuniam recursos políticos, econômicos e organizacionais suficientes para influenciar a distribuição da renda nacional.

CAPÍTULO 5   À guisa de inconclusão:
os inventores do New Deal

Em 1941, fazendo uma reflexão a respeito do papel dos sindicatos na vida americana, a secretária do Trabalho Frances Perkins afirmou que a NLRA havia tornado os sindicatos uma instituição americana que, como as demais instituições privadas investidas de um propósito público, tinha o poder de determinar as políticas e a ética de seu campo de atuação. Sendo assim, os sindicatos deveriam aceitar suas novas responsabilidades e levar em conta não apenas o bem-estar de seus próprios membros, mas o de todo o povo, respeitando algumas crenças essencialmente americanas, como a santidade dos contratos.[250]

A reflexão de Perkins evidenciava uma tensão presente no coração da NLRA: a visão do sindicato como um grupo que representa os interesses privados de seus membros, que se expressaria na santidade dos contratos, e a do sindicato como um agente do bem comum, submetendo o bem-estar dos seus próprios membros aos do povo. A ação da NLRB, com seus regulamentos e ordens, ao menos em seus primeiros anos, expressaria tal tensão, com profundas consequências para o desenho do movimento sindical americano, suas

---

[250]Frances Perkins, "Trade union responsibilities", in Estados Unidos, Department of Labor, *Twenty-Nineth Annual Report of the Secretary of Labor, for the fiscal year ended June 30, 1941*, Washington, US Printing Office, 1942, p. 8

estratégias organizacionais e de luta. A rigor, com a lei e sua agência, os sindicatos perderam capacidade de se organizar de acordo com suas próprias estratégias, passando a estar sujeitos a procedimentos emanados do Estado.

No entanto, a submissão dos interesses dos trabalhadores a uma dada concepção de bem comum não se limitou ao período do New Deal. Ao longo de todo o século XIX, o Poder Judiciário, em nome do que seus agentes viam como bem comum, liberdade de contrato e autorregulação dos mercados, tratou de, sistematicamente, desarticular os esforços associativos dos trabalhadores americanos. Do mesmo modo, a Lei Taft-Hartley, ao impor limites à ação sindical, também o fez em nome do que entendia ser o bem comum, o arrefecimento do ímpeto sindical e seus desdobramentos políticos e econômicos, como instabilidade político-social e inflação. E, assim como ocorreu durante o New Deal, a ação do Poder Judiciário e a Lei Taft-Hartley tiveram profundos impactos sobre a vida associativa dos trabalhadores americanos. Em razão da ação dos tribunais, na segunda metade do século XIX e primeira do século XX, o sindicalismo profissional e a AFL acabaram por se constituir na concepção e na central sindical mais importantes, em detrimento do sindicalismo industrial do ARU e de centrais sindicais politicamente mais radicais, como o IWW. Já a Lei Taft-Hartley, ao impor limites legais à ação sindical, contribuiu para o arrefecimento político do CIO, que resultaria na associação entre este e a AFL.

Em suma, o Estado americano, por meio de diferentes agências, sempre e sistematicamente esteve presente no centro da vida associativa dos trabalhadores, para desarticulá-la, estimulá-la ou impor limites à sua atuação a partir do que seus agentes definiam, em diferentes momentos, como o bem comum.[251]

Franklin D. Roosevelt, um homem a quem não faltava sensibilidade histórica, percebia claramente que durante o New Deal o Estado americano assumiu o papel de protagonista na configuração dos grupos de interesses dos trabalhadores, submetendo-os a um ideal de bem comum. Sem descaracterizar a agência dos atores sociais, Roosevelt percebia que o ambiente institucional construído pelo Estado, no qual tais atores agiam, formava um conjunto de constrangimentos a partir dos quais esses atores traçavam suas estratégias e aumentavam ou diminuíam seus recursos. Por tais razões, Roosevelt afirmou, em breve passagem pelo Rio de Janeiro a caminho de Buenos Aires, onde participaria da Conferência Pan-Americana de Paz, em 1936:[252]

> Despeço-me esta noite com grande tristeza. Há algo, no entanto, que devo sempre lembrar. Duas pessoas inventaram o New Deal: o presidente do Brasil e o presidente dos Estados Unidos.[253]

É possível que se tal discurso tivesse sido pronunciado após o 10 de novembro de 1937, Roosevelt pensasse duas vezes antes de associar tão estreitamente sua administração à de seu

---

[251]Esta questão propõe a gênese da ordem liberal. Cf. Wanderley Guilherme dos Santos, *Paradoxos do liberalismo. Teoria e história*. Rio de Janeiro, Revan, 1999.

[252]*Correio da Manhã*, 28 de novembro de 1936.

[253]Franklin D. Roosevelt *Remarks made by the President, in reply to the address of the President of Brazil, at the banquet given in his honor at the Brazilian Foreign Office*, Rio de Janeiro, 27 de novembro de 1936, Franklin D. Roosevelt Library, Speech Files, Box 30, File 1021-A.

colega brasileiro, ainda que, mesmo depois do advento do Estado Novo, os Estados Unidos tenham mantido relações amistosas com o regime brasileiro. Seja como for, para além de suas boas maneiras e de considerações de política externa, Roosevelt ressaltava o fato de que, durante os anos 1930, tanto no Brasil quanto nos Estados Unidos, gestavam-se e consolidavam-se novas ideias a respeito da regulação da economia que, centradas no papel do Estado como promotor do bem comum, jogariam os princípios do liberalismo econômico no ostracismo no decorrer dos cinquenta anos seguintes.

No que se refere ao mundo do trabalho, isso significava fazer da organização dos trabalhadores — ainda que por diferentes instrumentos — objeto de política pública. No período compreendido entre 1937 e 1939, em particular, as determinações de unidades de negociação da NLRB, assim como as eleições por ela organizadas, tiveram um profundo impacto sobre o desenho do movimento sindical americano.

Além disso, ainda que involuntariamente, Roosevelt sugeriu uma excelente agenda de estudos de história comparada entre o New Deal e a Era Vargas. Temas não faltam: os poderes normativos da National Labor Relations Board e da Justiça do Trabalho, uma reavaliação das gramáticas pluralistas e corporativistas de representação dos interesses, o papel do Estado como provedor social, a publicização dos grupos de interesses e a submissão destes aos interesses públicos conforme definidos pelo Estado, a visão dos sindicatos como agentes do bem comum, o papel de lideranças carismáticas...

APÊNDICE BIBLIOGRÁFICO

O Movimento Progressista, o New Deal e a Grande Depressão na historiografia americana

Por terem significado profundas mudanças nas formas de relacionamento entre o Estado e a sociedade e momentos de reformas sociais, políticas e culturais importantes, o Movimento Progressista em princípios do século XX e o New Deal nos anos 1930 acabaram por se constituir em temas clássicos da historiografia americana.

No que se refere ao primeiro, um dos principais historiadores americanos do século XX, por muitos identificado com a tradição do excepcionalismo americano, Richard Hofstadter (*The Age of Reform*, Nova York, Vintage Books, 1955), pensa-o como um movimento reativo e moralista, formado por membros da velha classe média, como jornalistas, ministros de igrejas e pequenos proprietários temerosos da perda de seu status social diante do poder das grandes corporações e das corruptas máquinas políticas urbanas. Já para Robert Wiebe (*The Search for Order, 1877-1920*, Nova York, Hill and Wang, 1999) e os autores ligados à chamada linha organizacional, o progressivismo teria como base social, pelo contrário, a nova classe média que surgira a partir do processo de industrialização, que buscava implementar, na esfera pública, os métodos organizacionais oriundos do mundo empresarial. Gabriel Kolko (*The Triumph of Conservatism: a re-interpretation of American history, 1900-1916*, Chicago, Quadrangle

Books, 1963) ilustra uma terceira corrente, de matriz marxista, que percebe o progressivismo como uma estratégia das grandes corporações americanas que teriam buscado, por meio de medidas regulatórias estatais, construir um ambiente institucional adequado à expansão capitalista. Finalmente Robert Filene ("An obituary for 'The Progressive Movement'", *American Quarterly*, no. 22 (1970), pp. 20-34) representa uma quarta corrente, minoritária, que nega a própria existência do movimento, pela ausência por ele evidenciada de um programa consistente, de uma base social identificável e de uma agenda de reformas coerente.

Cada uma destas correntes apresenta problemas conceituais e empíricos importantes. Assim, Hofstadter apresenta dificuldades em demonstrar como a antiga classe média americana tornou-se capaz de, diante da perda relativa de seu status social, reverter uma situação social e politicamente desfavorável e hegemonizar um programa político que buscava, justamente, restabelecer sua condição anterior. A corrente organizacional, por seu lado, percebe o Estado como um agente político socialmente neutro, pairando absoluto sobre os interesses privados e arbitrando suas disputas, enquanto Kolko abraça uma visão eminentemente instrumental do Estado, que o torna um refém passivo das estratégias traçadas pela burguesia industrial. Filene, por fim, contraria a visão dos atores e de grandes movimentos sociais do início do século XX americano, que se percebiam e se autonomeavam como militantes de um Movimento Progressista.

Uma visão distinta do movimento, baseada em Arthur Link e Richard McCormick (*Progressivism*, Arlington Heights, Harlan Davidson, Inc., 1983), percebe-o como resultado da ação de uma ampla gama de atores sociais — reformadores de classe média, líderes empresariais, profissionais liberais, sindicalistas, membros do clero e funcionários do Estado — que buscavam dar diferentes soluções ao aguçamento do conflito social e a outros fenômenos relacionados à sensação de perda da harmonia social causada pelo chamado industrialismo e pela chegada massiva de imigrantes. Segundo esta visão, o progressivismo consistiu em uma ampla gama de respostas, construídas por diferentes atores sociais — em conflito e formando coalizões uns com os outros —, ao processo de diferenciação social e modernização capitalista vividas pelos Estados Unidos nas primeiras décadas do século. Assim, não havia uma, mas várias agendas progressistas, e as diferentes reformas então implementadas surgiram em consequência das coalizões que os diferentes atores conseguiram construir e das sucessivas correlações de forças que tiveram de enfrentar.

O debate historiográfico sobre o New Deal não é menos rico. Segundo a tradição historiográfica liberal, o governo Roosevelt seria o ponto culminante de um processo multissecular de reformas políticas e sociais rumo a um sistema mais democrático e pluralista de governo. Para Arthur Schlesinger Jr. (*The Age of Roosevelt*, Boston, Houghton Mifflin, 1960), os New Dealers, como herdeiros do Iluminismo, "sentiam-se parte de um movimento humanístico mais amplo, que visava a tornar a vida do homem sobre o planeta mais tolerável, um movimento que poderia até mesmo chegar a formar, algum dia, uma comunidade cooperativa". Nos anos 1960, uma visão mais cética do New Deal se consolidaria em torno da New Left. Para os historiadores identificados com esta corrente filosófica, em boa parte marcados pelo impacto da crise do *liberalismo* americano expressa pelas dissidências ocasionadas pela Guerra do Vietnã, pelo fracasso da Grande Sociedade de Lyndon Johnson e pelos conflitos raciais do final dos anos 1960, o New Deal teria sido incapaz tanto de aliviar as consequências sociais da Grande Depressão quanto de reverter o quadro de concentração de riqueza e poder característicos da sociedade americana. Pelo contrário, o governo Roosevelt teria criado um estado capitalista todo-poderoso, que limitava as liberdades dos cidadãos sem, em contrapartida, erradicar a pobreza e eliminar a segregação racial e a desvalorização das mulheres. Em suma, o New Deal teria salvado o capitalismo de suas próprias contradições, ainda que novos grupos sociais possam ter sido incorporados ao sistema político. Para Michael Goldfield (Theda Skocpol; Kenneth Finegold e Michael Goldfield, "Explaining New Deal labor policy", *The American Political Science Review*, vol. 84, no. 2 [dezembro de 1990], pp. 1297-1315), o New Deal teria, sobretudo, atuado para conter a insurgência operária dos anos 1930, de modo a desradicalizar a agenda dos trabalhadores, visão em certa medida compartilhada por Karl Klare ("Judicial deradicalization of the Wagner Act and the origins of modern legal consciousness, 1937-1941", *Minnesota Law Review*, vol. 62, no. 3 [março de 1979], pp. 265-339), para quem o New Deal acabou por fortalecer as bases institucionais da opressão, ainda que melhorando as condições materiais dos trabalhadores organizados. Thomas Ferguson ("Industrial conflict and the coming of the New Deal: the triumph of multinational liberalism in America", in Steve Fraser e Gary Gerstle (orgs.), *The Rise and Fall of the New Deal Order, 1930-1980*, Princeton, Princeton University Press, 1989, pp. 3-31), produzindo já nos anos 1980, encampa de certa forma tal visão e afirma que as políticas do New Deal teriam resultado principalmente das articulações de setores empresariais liga-dos às indústrias capital-intensivas e de consumo de massas, empresas multinacionais ligadas a bancos de investimentos e empresas varejistas voltadas para o mercado de massa. Rejei-tando tais visões, Theda Skocpol (Theda Skocpol; Kenneth Finegold e Michael Goldfield "Explaining New Deal labor policy", *The American Political Science Review*, vol. 84, no. 2 [dezembro de 1990], pp. 1297-1315) ressalta a necessidade de se buscar uma ênfase maior nas estruturas do próprio Es-tado e dos partidos políticos americanos na resposta que de-ram à Grande Depressão, enquanto Gordon Collin (*New Deals. Business, labor, and politics in America, 1920-1935*, Cambridge, Cambridge University Press, 1994) aponta o Estado americano, durante o New Deal, como agente discipli-nador do mercado, até então marcado por um ambiente institucional fragmentado, pela alta competitividade inter-capitalista e pela incapacidade das corporações americanas em impor qualquer disciplina à concorrência destrutiva.

Gary Gerstle e Steven Fraser (*The Rise and Fall of the New Deal Order, 1930-1980*, Princeton, Princeton University Press, 1989) apresentam uma visão mais abrangente da natureza do New Deal. É certo que o governo Roosevelt e os partidos políticos tinham uma agenda — ou pelo menos um diagnós-tico — mais ou menos elaborada para fazer face à Depressão, como quer Skocpol, assim como os setores empresariais tinham a sua, como quer Ferguson, ou ainda que o movimento sindical foi uma forte influência sobre o desenho das insti-tuições então criadas, como aponta Goldfield, mas para Gerstle e Fraser o New Deal surge não como um conjunto sistematizado de ideias ou estratégias, como a instrumenta-lização do Estado por uma classe ou como uma resposta necessária do Estado a demandas de setores sociais, mas em consequência da luta política concreta que se travou nos Estados Unidos na década de 1930. Assim, ele pode ser percebido como um conjunto de ideias, de políticas públicas e de alianças políticas que se cristalizaram nos anos 1930 e dominaram a cena política americana por quase meio século, tendo tido seu término simbólico com a eleição do republicano Ronald Reagan à presidência da República, em 1980, quando novas ideias, políticas públicas e coalizões políticas se firmaram.

Uma publicação que ajuda a mapear todas as principais correntes interpretativas do New Deal foi organizada por Melvyn Dubofsky (*The New Deal. Conflicting interpretations and shifting perspectives*, Nova York/Londres, Garland Publishing, Inc., 1992).

A historiografia americana também buscou identificar as identidades e diferenças entre esses dois importantes momentos de reforma nos Estados Unidos. A reforma moral da sociedade constitui, segundo alguns historiadores, o ponto de distinção entre o Movimento Progressista e o New Deal. Para Alan Brinkley (*The End of Reform. New Deal liberalism in recession and war*, Nova York, Vintage Books, 1996), ao contrário dos progressistas, o New Deal tinha pouco interesse na reforma moral da sociedade, dispensando pouca atenção a questões como raça, etnicidade, família, gênero, comportamento pessoal, hábitos sexuais ou combate à corrupção. Richard Hofstadter (*The Age of Reform*, Nova York, Vintage Books, 1955) também afirmaria que o New Deal marcou uma ruptura com a tradição reformista americana, até então associada à reforma moral da sociedade, ao buscar pragmaticamente recolocar a economia no caminho do crescimento.

Gary Gerstle ("The Protean character of American liberalism", *The American Historical Review*, vol. 99, no. 4 [outubro de 1994], pp. 1043-1073), no entanto, afirma que para milhões de americanos o New Deal significou uma cruzada moral para restaurar a justiça, a democracia e a equidade na vida americana. A diferença entre progressistas e New Dealers estaria no fato de que muitos dos primeiros reservaram sua paixão moral para a reforma individual, para a melhora do caráter das pessoas, por meio do combate à prostituição, da americanização dos imigrantes, da higiene social, da eugenia e da Lei Seca, enquanto os segundos deram pouca atenção a tal agenda, concentrando-se na reforma econômica. Sua visão moral encerrava ideias como segurança social, oportunidade e democracia industrial.

Evidentemente a Grande Depressão também é tema de debates historiográficos. As interpretações giram em torno de erros na gestão da política monetária pelo Federal Reserve Board no pós-1929, que, ao reduzir o meio circulante, teriam gerado uma contração geral da economia, assim como de inadequações da política de comércio exterior, que, ao elevar as alíquotas de importação, teriam provocado uma queda generalizada do comércio internacional; da teoria dos ciclos econômicos de longa, média e curta duração à fragilidade do padrão-ouro como mecanismo de regulação das moedas nacionais e dos mercados internacionais; dos desequilíbrios econômico-financeiros entre os diferentes países advindos do Tratado de Versalhes ou da relutância dos Estados Unidos em assumir seu papel como potência hegemônica no lugar da Inglaterra após a Primeira Guerra Mundial e, por fim, dos desequilíbrios da própria economia americana, expressos, por exemplo, na superprodução de produtos agrícolas e na crescente concentração da renda, ao mesmo tempo que a produtividade do trabalho crescia de forma constante.

As interpretações se dividem, pois, entre aquelas que percebem as raízes da Depressão em um complexo conjunto de fatores internacionais e as que as localizam em desequilíbrios originários da economia americana, que depois teriam repercutido pelo mundo; bem como entre as que entendem que existiu um fator determinante para o desencadeamento do processo e as que entendem que houve um amplo leque de desequilíbrios que o ensejaram; as que veem em 1929 o momento inicial da crise e aquelas que nele percebem apenas um de seus momentos, embora de fundamental importância, por haver eliminado poupanças e quebrado a confiança dos investidores. Para um mapeamento de tais visões, leituras importantes são Charles Kindleberger. *The World in Depression, 1929-1939*, Berkeley, Los Angeles/Londres, University of California Press, 1986; Robert McElvaine. *The Great Depression, America, 1929-1941*, Times Books, 1984; Barry Eichengreen. *Golden Fetters. The gold standard and the Great Depression, 1919-1939*, Nova York/Oxford, Oxford University Press, 1992; Stuart Bruchey. *Enterprise. The dynamic economy of a free people*, Cambridge/Londres, Harvard University Press, 1990.

1. Periódicos da imprensa

AMERICAN FEDERATION OF LABOR. *Weekly News Service*. Washington: vários números.

CONGRESS OF INDUSTRIAL ORGANIZATIONS. *CIO News*. Washington: vários números.

Detroit Free Press. Vários números.

New Republic. Vários números.

OS INVENTORES DO NEW DEAL

New York Times. Vários números.
New York Times Magazine. Nova York, 9 de maio de 1937.
UNITED AUTO WORKERS. *Official Publication*. Detroit: vários números.
The Washington Daily News. Vários números.
The Washington Star. Vários números.

2. Publicações, relatórios e documentos do Poder Executivo dos Estados Unidos

ESTADOS UNIDOS. DEPARTMENT OF LABOR. *Twenty-Fourth Annual Report of the Secretary of Labor, for the fiscal year ended June 30, 1936*. Washington: Government Printing Office, 1936.

ESTADOS UNIDOS. DEPARTMENT OF LABOR STATISTICS. BUREAU OF LABOR STATISTICS *Monthly Labor Review*. Washington: US Government Printing Office. Vários números.

ESTADOS UNIDOS. DEPARTMENT OF LABOR. *Reports of the Department of Labor, 1913*. Washington: Government Printing Office, 1914.

ESTADOS UNIDOS. DEPARTMENT OF LABOR. *Twenty-Fifth Annual Report of the Secretary of Labor, for the fiscal year ended June 30, 1937*. Washington: US Government Printing Office, 1937.

ESTADOS UNIDOS. DEPARTMENT OF LABOR. *Twenty-Ninth Annual Report of the Secretary of Labor, for the fiscal year ended June 30, 1941*. Washington: US Printing Office, 1942.

ESTADOS UNIDOS. DEPARTMENT OF LABOR. *Twenty-Sixth Annual Report of the Secretary of Labor, for the fiscal year ended June 30, 1938*. Washington: US Printing Office, 1938.

ESTADOS UNIDOS. NATIONAL LABOR RELATIONS BOARD, DIVISION OF ECONOMIC RESEARCH. *Outline of materials gathered for the bargaining study*. Washington, DC: 19 de janeiro de 1940. NARA. Records 25. Records relating to the Smith Committee Investigation. Records of the Assistant General Counsel. Records of the Attorney's Assistant General Counsel. Entry 38,43,07,02. Caixa 3.

ESTADOS UNIDOS. NATIONAL LABOR RELATIONS BOARD. *Court decisions relating to the NLRA. Volume 4. June 1, 1943 to January 1, 1946.* Washington: US Government Printing Office, junho de 1946.

ESTADOS UNIDOS. NATIONAL LABOR RELATIONS BOARD. *Decisions and Orders of the National Labor Relations Board. Volume 31. April 16 to May 31, 1941.* Washington: United States Government Printing Office, 1942.

ESTADOS UNIDOS. NATIONAL LABOR RELATIONS BOARD. *Decisions and Orders of the National Labor Relations Board.* Volume 3. July 1, 1937 to *November 1, 1937.* Washington, DC: United States Printing Office, 1938.

ESTADOS UNIDOS. NATIONAL LABOR RELATIONS BOARD. *Decisions and Orders of the National Labor Relations Board. Volume 13. June 1, 1939 to July 31, 1939.* Washington: United States Government Printing Office, 1939.

ESTADOS UNIDOS. NATIONAL LABOR RELATIONS BOARD. *Decisions and Orders of the National Labor Relations Board. Volume 20, February 1 to February 29, 1940.* Washington: US Government Printing Office, 1940.

ESTADOS UNIDOS. NATIONAL LABOR RELATIONS BOARD. *Decisions and Orders of the National Labor Relations Board. Volume 30. March 1, 1941 to April 15, 1941.* Washington: United States Government Printing Office, 1942.

ESTADOS UNIDOS. NATIONAL LABOR RELATIONS BOARD. *Decisions and Orders of the National Labor Relations Board. Volume 34. August 8 to August 26, 1941.* Washington: United States Government Printing Office, 1942.

ESTADOS UNIDOS. NATIONAL LABOR RELATIONS BOARD. *Decisions and Orders of the National Labor Relations Board. Volume 4. November 1, 1937 to February 1, 1938.* Washington: United States Government Printing Office, 1938.

ESTADOS UNIDOS. NATIONAL LABOR RELATIONS BOARD. DIVISION OF ECONOMIC RESEARCH. *Outline of materials gathered for the bargaining unit study.* Washington, 19 de janeiro de 1940. National Archives and Records Administration. Records 25.

OS INVENTORES DO NEW DEAL

Records relating to the Smith Committee Investigation. Records of the Assistant General Counsel. Records of the Attorneys assisting General Counsel. Entry 38, 43, 07, 02. Box 3.

ESTADOS UNIDOS. NATIONAL LABOR RELATIONS BOARD. *First Annual Report of the National Labor Relations Board, for the fiscal year ended June 30, 1936.* Washington: United States Government Printing Office, 1936.

ESTADOS UNIDOS. NATIONAL LABOR RELATIONS BOARD. *Decisions and Orders of the National Labor Relations Board. Volume 32. May 22 to June 26, 1941.* Washington: United States Government Printing Office, 1942.

ESTADOS UNIDOS. NATIONAL LABOR RELATIONS BOARD. *Press Release, NLRB (R-2702), March 4, 1940.* National Archives and Records Administration. RG 25. Records Relating to the Smith Committee Investigation. Records of the Assistant General Counsel. Records of the Attorneys Assisting General Counsel. Entry 38, 43, 07, 02. Box 11.

ESTADOS UNIDOS. NATIONAL LABOR RELATIONS BOARD. *Regional Offices: Comments on current labor situation. Confidential. Seventh Region, Detroit, April 1937.* NARA. Records 25. Records relating to the Smith Committee Investigation. Records of the General Counsel. Reading file of the General Counsel, 1939-1941. Records relating to the preparation of the Board's case, 1936-1941. Stack area 530. Localização: Entry 23, 43, 06, 04.

ESTADOS UNIDOS. NATIONAL LABOR RELATIONS BOARD. *Regional Offices: Comments on current labor situation. Confidential. Seventh Region, Detroit, February 1939.* In National Archives and Records Administration. Records 25. Records relating to the Smith Committee Investigation. Records of the General Counsel Reading file of the General Counsel, 1939-1941. Records relating to the preparation of the Board's case, 1936-1941. Stack area 530. Localização: Entry 23, 43, 06, 04.

ESTADOS UNIDOS. NATIONAL LABOR RELATIONS BOARD. *Regional Offices: Comments on current labor situation. Confidential. Seventh Region, Detroit, December de 1937.* National Archives and Records Administration. Records 25. Records relating to the Smith Committee Investigation. Records of the General Counsel. Reading file of the General Counsel, 1939-1941. Records relating to the preparation of the Board's case, 1936-1941. Stack area 530. Localização: Entry 23, 43, 06, 04.

ESTADOS UNIDOS. NATIONAL LABOR RELATIONS BOARD. *Regional Offices: Comments on current labor situation. Confidential. Seventh Region, Detroit, October 1938.* National Archives and Records Administration. Records 25. Records relating to the Smith Committee Investigation. Records of the General Counsel. Reading file of the General Counsel, 1939-1941. Records relating to the preparation of the Board's case, 1936-1941. Stack area 530. Localização: Entry 23, 43, 06, 04.

ESTADOS UNIDOS. US CENSUS BUREAU. *Census, 1995.*

ESTADOS UNIDOS. NATIONAL LABOR RELATIONS BOARD. *Second Annual Report of the NLRB. For the fiscal year ended June 30, 1937.* Washington: US Government Printing Office, 1937

ESTADOS UNIDOS. NATIONAL LABOR RELATIONS BOARD. *The changing concept of the Bargaining Unit and the Labor Conflict (An outline).* Washington DC, Jan. 11, 1940. Walther Reuther Library. Coleção: UAW Research Department. Accession no. 350. UAW-GM Collection. General Correspondence, 1938-1945, Box 2.

ESTADOS UNIDOS. NATIONAL LABOR RELATIONS BOARD. *Third annual report of the NLRB. For the fiscal year ended June 30, 1938.* Washington: US Government Printing Office, 1939.

ESTADOS UNIDOS. NATIONAL LABOR RELATIONS BOARD. DIVISION OF ECONOMIC RESEARCH. *The changing concept of the Bargaining Unit and the Labor Conflict (An outline).* Washington, 11 de janeiro de 1940. Walther Reuther Library. Coleção: UAW Research Department. Accession No. 350. UAW-GM Collection. General Correspondence, 1938-1945. Box 2.

ROOSEVELT, Franklin D. *Remarks made by the President, in reply to the address of the President of Brazil, at the banquet given in his honor at the Brazilian Foreign Office.* Rio de Janeiro, 27 de novembro de 1936. Franklin D. Roosevelt Library. Speech Files Box 30, File 1021-A.

SAPOSS, David (Division of Economic Research. NLRB). *Bargaining Unit, collective bargaining agency, selection of representatives in relations to majority rule (z-42)*. Washington, 12 de março de 1937, p. 1. National Archives and Records Administration. Records 25. Records relating to the Smith Committee Investigation. Records of the Assistant General Counsel. Records relating to preparation of Board's case, 1939-1940. Entry: 31, 43, 07, 01. Box 2.

3. Publicações, relatórios e documentos do Poder Legislativo dos Estados Unidos

ESTADOS UNIDOS. CÂMARA DOS DEPUTADOS. *Hearings before the Special Committee to Investigate National Labor Relations Board. House of Representatives. Seventy-Sixth Congress, Second Session, pursuant to H. Res. 258*. Vol. 12, January 25 to January 29, 1940.

ESTADOS UNIDOS. CÂMARA DOS DEPUTADOS. *Hearings before the Special Committee to Investigate National Labor Relations Board. House of Representatives. Seventy-Sixth Congress, Second Session, pursuant to H. Res. 258*. Vol. 3, Dec. 15 to Dec. 16, 1939.

ESTADOS UNIDOS. CÂMARA DOS DEPUTADOS. *Report on the investigation of the National Labor Relations Board. Intermediate Report of the Special Committee of the House of the Representatives. Seventy-Sixth Congress. First Session. Appointed pursuant to H. Res. 258 to Investigate the National Labor Relations Board*. Washington: US Government Printing Office, 1940.

ESTADOS UNIDOS. SENADO DOS ESTADOS UNIDOS. *Senate Civil Liberties Committee (89562, 38, pt. 17, Exhibit 3799)*. NARA, RG 25. Records Relating to the Smith Committee Investigation. Records of the General Counsel. Records Relating to Testimony on Amending the Wagner Act, 1934-1939. Stack Area 530. Entry: 27, 43, 06, 07.

GARRISON, Lloyd. *Statement before the House Committee Investigating the NLRB. February 2, 1940. Lloyd Garrison (Z-733) (dean of the University of Winsconsin Law School, first Chairman of the old National Labor Relations Board (summer and fall of 1934).* National Archives and Records Administration. Records 25. Records relating to the Smith Committee Investigation. Records of the Assistant General Counsel. Records relating to preparation of Board's case, 1939-1940. Entry: 31, 43, 07, 01. Box 2.

SMITH, Edwin. *Statement of Edwin Smith, Member, NLRB, before the Senate Committee on Education and Labor in connection with proposed amendments to the NLRA (R-1761).* National Archives and Records Administration. RG 25. Records relating to the Smith Committee Investigation. Records of the Assistant General Counsel. Excerpts from speeches and articles, 1935-1939. Stack area: 530. Entry: 35, 43, 07, 02.

UNITED STATES. SENADO DOS ESTADOS UNIDOS. *Oppressive labor practices act. Hearings before a Subcommittee of the Committee on Education and Labor of the United States Senate. Seventy-Seventh Congress. May 25 and 26 and June 1, 2, 5, 6, 7 and 13, 1939.* Washington: US Government Printing Office, 1939.

4. Documentos do movimento sindical e de entidades patronais

AMERICAN FEDERATION OF LABOR. *AFL vs. CIO. The Record.* Washington, DC: American Federation of Labor, 20 de novembro de 1939.

AMERICAN FEDERATION OF LABOR. *Report of the Executive Council of the AFL to the Fifty-ninth Annual Convention.* Cincinnati, Ohio: 2 de outubro de 1939. National Archives and Records Administration. RG 25. Records Relating to the Smith Committee Investigation. Records of the Assistant General Counsel. Records of the Attorneys Assisting General Counsel. Entry 38, 43, 07, 02. Box 4.

CHAMBER OF COMMERCE OF THE UNITED STATES OF AMERICA. *Special Bulletin. Referendum number sixty-eight. National Industrial Recovery Act, 10 de janeiro de 1935*. FDR Library. PPF. 1820. Speech Material: Business vs. New Deal. The Constitution, Cont. 9.

CONGRESS OF INDUSTRIAL ORGANIZATIONS. *Daily Proceedings of the Fourth Constitutional Convention of the CIO*. Detroit, 17, 18, 19, 20, 21 e 22 de novembro de 1941.

CONGRESS OF INDUSTRIAL ORGANIZATIONS. *Daily proceedings of the Third Constitutional Convention of the Congress of Industrial Organizations*. Atlantic City, New Jersey, 18, 19, 20, 21e 22 de novembro de 1940.

CONGRESS OF INDUSTRIAL ORGANIZATIONS. *Proceedings of the First Constitutional Convention of the Congress of Industrial Organizations, held in the City of Pittsburgh, Pennsylvania. November 14 to November 18, 1938, Inclusive.*

MANUFACTURERS' ASSOCIATION OF NEW JERSEY. *Twentieth Annual Convention*. Atlantic City, New Jersey, May 8, 1935. FDR Library. PPF. 1820. Speech Material: Business vs. New Deal. The Constitution, Cont. 9

NATIONAL LAWYERS COMMITTEE OF THE AMERICAN LIBERTY LEAGUE. *Report on the constitutionality of the NLRA*. Pittsburgh: Smith Bros. Inc., Sept. 5, 1935.

NEW YORK STATE ECONOMIC COUNCIL, INC. *Economic Council Letter*. Letter no. 30. Nova York, 4 de julho de 1935.

UNITED AUTO WORKERS-AFL. *Press-release*. 13 de setembro de 1939. National Archives and Records Administration. Records 25. Records relating to the Smith Committee Investigation. Records of the General Counsel. Reading file of the General Counsel, 1939-1941. Records relating to the preparation of the Board's case, 1936-1941. Stack area 530. Localização: Entry 23, 43, 06, 04. Box 8.

5. Correspondências

ASSOCIAÇÃO COMERCIAL DE JOÃO PESSOA. *Telegrama enviado ao Gabinete Civil da Presidência da República, 7 de novembro de 1939.* Arquivo Nacional. Fundo: Gabinete Civil da Presidência da República, Código 35, Instrumento de Busca SDE 025, Lata 9.

CÂMARA DE COMÉRCIO DE PORTO ALEGRE. *Telegrama enviado ao Gabinete Civil da Presidência da República, 18 de novembro de 1937.* Arquivo Nacional. Fundo: Gabinete Civil da Presidência da República, Código 35, Instrumento de Busca SDE 025, Lata 9.

FEDERAÇÃO DAS CLASSES TRABALHADORAS DE PERNAMBUCO ET ALII. *Telegrama enviado ao Gabinete Civil da Presidência da República, 1º de junho de 1936.* Arquivo Nacional. Fundo: Gabinete Civil da Presidência da República, Código 35, Instrumento de Busca SDE 925, Lata 9.

GREEN, William. *Carta a FDR.* Washington, 11 de setembro de 1934. Franklin D. Roosevelt Library, OF 407b, Labor Box 8.

KISSINGER, H.D. *Carta a Franklin D. Roosevelt, de 24 de janeiro de 1937.* Franklin D. Roosevelt Library, OF 407b, Labor Box 8.

LEISERSON, William. *Memorando para William Madden.* 21 de junho de 1939. National Archives and Records Administration. Records 25. Smith Committee. Box 2.

LEWIS, John. *Carta a Franklin D. Roosevelt de 27 de novembro de 1933.* Franklin D. Roosevelt Library. President's Personal File 1014-1037.

LEWIS, John. *Carta a Franklin D. Roosevelt, 27 de novembro de 1933.* FDR Library. PPF 1014-1037.

MADDEN, J. Warren. *Memorando a FDR,* de 14 de fevereiro de 1938. FDR Library. OF 15. Department of Labor, Box 2.

MARTIN, Homer. *Carta a Franklin D. Roosevelt de 4 de janeiro de 1938.* FDR Library. President's Personal File, 4802-4840.

MARTIN, Homer. *Carta aberta a Henry Ford.* Detroit, 5 de junho de 1937. Reuther Library. UAW-GM Collection. General Correspondence, 1938-1945.

OS INVENTORES DO NEW DEAL

PATTERSON, G.L. *Carta a Charles Fahy, General Counsel da NLRB, de 2 de março de 1938*. National Archives and Records Administration. RG 25. Records of the Legal Division. Records relating to the Legal Division, 1935-1939. Stack Area 530. Entry 6'36'47,1-2. Box no. 1. General Counsel's Reports on 8(5) cases. Assistant General Counsel Willis Reeds, 1935-1936.

REUTHER, Walter. *Carta de 15 de maio de 1940 aos membros do sindicato e a todos os trabalhadores das plantas da GM filiados ao UAW-CIO*. Walther Reuther Library. Coleção: UAW Research Department. Accesion no. 350. UAW-GM Collection. General Correspondence, 1938-1945. Box 1.

REUTHER, Walter. *Carta de 19 de janeiro de 1940 aos membros do sindicato e a todos os trabalhadores das plantas da GM filiados ao UAW-CIO*. Walther Reuther Library. Coleção: UAW Research Department. Accesion no. 350. UAW-GM Collection. General Correspondence, 1938-1945. Box 1.

ROOSEVELT, Franklin D. *Memo enviado à Secretaria do Trabalho*, 15 de junho de 1934. Franklin D. Roosevelt Presidential Library. President's Personal File. 1191 (X-Refs, 1944-45) — 1211.

SKINNER, H. D. *Carta a Franklin D. Roosevelt, de 22 de janeiro de 1937*. Franklin D. Roosevelt Library. OF 407b. Labor Box 8.

SLOAN, Alfred; CHRYSLER, Walter; CHAPIN, Roy; NASH, C. *Telegrama enviado a FDR, 6 de abril de 1934*. Franklin D. Roosevelt Library. President's Personal File. 1191 (X-Refs, 1944-45) — 1211.

SMITH, Edwin. *Memorando para Nathan Witt, 11 de outubro de 1937*. National Archives and Records Administration. RG 25, Smith Committee Subject Files, Box 11.

WANTZ, r. e. (Presidente da Illinois Manufacturers' Association). *Carta a Daniel Roper (Departamento do Comércio), de 18 de setembro de 1934*. Franklin D. Roosevelt Library. PPF. 1820. Speech Materials: Business vs. New Deal. The Constitution, Cont. 9.

6. Livros

AGEE, James e EVANS, Walker. *Let Us Now praise Famous Men*. Boston: Houghton Mifflin, 1941.

COMMONS, John. *Industrial goodwill*. Nova York: McGraw-Hill, 1919.

COMMONS, John. *Myself: the autobiography of John R. Commons*. Madison: University of Winsconsin Press, 1963.

CROLY, Herbert. *The Promise of American Life*. Boston: Northeastern University Press, 1989 (a primeira edição é de 1909).

FORD, Henry. *Ford Motor Company. Forty years, 1903-1943*. Detroit: Ford Motor Company, 1943.

GOLDBERG, Arthur. *Growth of Labor Law in the United States*. Washington: United States Deparment of Labor/US Bureau of Labor Standards, 1962.

GRAVES, Ralph. *The Triumph of an Idea. The story of Henry Ford*. Nova York: Doubleday, Doran & Company, Inc., 1934.

KIRSH, Benjamin e SHAPIRO, Harold. *The National Industrial Recovery Act. An analysis*. Nova York: Central Book Company, 1933.

LIMA, Alceu Amoroso. *A realidade americana*. Rio de Janeiro: Agir, 1954.

LYND, Robert e LYND, Helen. *Middletown. A study in contemporary American culture*. Nova York: Harcourt, Brace & World, 1929.

MANOÏLESCO, Mihail. *O século do corporativismo*. Rio de Janeiro: José Olympio, 1939.

SILVERBERG, Louis (org.). *The Wagner Act: after ten years*. Washington: The Bureau of National Affairs, Inc., 1945.

VARGAS, Getúlio. *A nova política do Brasil*. Rio de Janeiro: José Olympio, vol. 1.

WALSH, Raymond. *CIO. Industrial Unionism in Action*. Nova York: W. W. Norton & Company, Inc., 1937.

WELLES, Sumner. *The Time for Decision*. Nova York/Londres: Harper & Brothers Publishers, 1944.

WOLFSON, Theresa e WEISS, Abraham. *Industrial Unionism in the American Labor Movement*. Nova York: The League for Industrial Democracy, 1937.

7. Coletâneas de documentos

GRAFTON, John (org.). *Franklin Delano Roosevelt. Great speeches.* Mineola/Nova York: Dover Publications, Inc., 1999.

SYRETT, Harold (org.). *Documentos históricos dos Estados Unidos.* São Paulo: Cultrix, 1980.

RAUCH, Basil (org.). *The Roosevelt Reader. Selected speeches, messages, press conferences and letters of Franklin D. Roosevelt.* Nova York/Toronto: Rinehart & Co., Inc., 1957.

HUNT, John Gabriel (org.). *The Essential Franklin Delano Roosevelt. FDR's greatest speeches, fireside chats, messages and proclamations.* Nova York: Gramercy Books, 1995.

COMMAGER, Henry Steele. *Documents of American History Since 1898.* Nova York: Appleton-Century-Crofts, 1963.

ESTADOS UNIDOS. NATIONAL LABOR RELATIONS BOARD. *Legislative History of the National Labor Relations Act, vol. 1.* Washington: United States Government Printing Office, 1985.

ROLLINS, Alfred. *Depression, Recovery, and War. Documentary History of American Life, vol. 7.* Nova York: McGraw-Hill Book Company, 1966.

8. Outros documentos

FORD, Henry. *The Ford Plan. A human document. Report of the testimony of Henry Ford before the Federal Commission on Industrial Relations, January 22, 1915.* Nova York: John Anderson Co., 1915.

GENERAL MOTORS CORPORATION. *Twenty-eighth annual report. Year ended Dec. 31, 1936.* Detroit: 1936.

KEMP, Joseph. *Vote CIO and Get a Soviet America.* Nova York: Constitutional Educational League, Inc., 1944.

LEISERSON, William. *Colocações feitas em encontro no Economic Club de Detroit, em 8 de janeiro de 1940.* NARA, RG 25, Smith Committee, Box 11.

POTÊNCIAS ALIADAS E ASSOCIADAS. *Tratado de Paz*. Rio de Janeiro: Leite Ribeiro & Maurillo Editores, 1919.

RAUSHENBUSH, Carl. *Fordism. Ford and the community*. Nova York: League for Industrial Democracy, 1937.

SANTA SÉ. *A Santa Sé e a ordem social. Encíclicas Rerum Novarum, de Leão XIII, e Quadragesimo Anno, de Pio XI*. Brasília: Câmara dos Deputados, 1981.

9. Arquivos e bibliotecas pesquisados

Arquivo Nacional — Rio de Janeiro.

Biblioteca Nacional — Rio de Janeiro.

Franklin. D. Roosevelt Presidential Library — Hyde Park, Nova York.

Library of Congress — Washington, DC.

McKeldin Library, University of Maryland — College Park, Maryland.

National Archives and Records Administration — College Park, Maryland.

Walter Reuther Library — Detroit, Michigan.

Referências das fotos do encarte

[*Unemployed queued up at a Chicago soup kitchen* by unknown photographer, February 1931 — National Archives, Records of the United States Information Agency (306-NT-165-319c)]

[The Rhode Island WPA Music Project Orchestra by an unknown photographer, undated — National Archives, Records of the Work Projects Administration (69-MP-17-1)]

[Copyists working for the Federal Music Project at the Free Library in Philadelphia, PA, 1936 — National Archives, Records of the Work Projects Administration (69-N-6457)]

[Handbill for Life and Death of an American play by George Sklar, production by the New York City Federal Theatre Project, WPA, 1939, printed ink on paper — National Archives, Records of the Work Projects Administration (sem código)]

OS INVENTORES DO NEW DEAL

[President Johanson reonciles labor and capital in *See How They Run* — Seattle production — Library of Congress Federal Theatre Project Collection at George Mason University, Fairfax, VA.]

[Macbeth — opening night scene outside Lafayette Theatre, New York City by an unknown photographer, April 14, 1936 — National Archives, Records of the Work Projects Administration (69-TS-NY-695-48)]

["Outdoor Exhibit, Ludlow and Houston Streets, New York City" by Sol Horn, June 20, 1938 — National Archives, Records of the Work Projects Administration (69-AN-823-3091-7)]

[Michigan artist Alfred Castagne Sketching WPA construction workers by an unknown photographer, May 19, 1939 — National Archives, Records of the Work Projects Administration (69-AG-410))]

[*Black Worker*, Heinz Warneke with assistance of Richmond Barthe — Harlem-Macombs housing project (Treasury Relief Art Project); National Archives.]

[Mexican Mother and Child by Donel Hord, California Federal Art Project, WPA, 1938 — Tennessee Marble — Franklin D. Roosevelt Library, National Archives, Records Administration (41-5-45)]

[Indian Hunters and Rice Gatherers [Study for Post Office Mural in St. James, Minnesota] — National Archives, Records of the public Buildings Service (121-GA-37-Martin-1)]

[History of Southern Illinois by Paul Kelpe, Illinois federal Art Project, WPA, ca. 1935-39, gouache on paper — Franklin D. Roosevelt Library, National Archives, Records Administration (MO 56-331)]

[*The Riveter* by Ben shahn, Treasury Section of Fine Arts, 1938, tempera on paperboard — National Museum of American Art, Smithsonian Institution, transfer from General Services Administration (1974.28.371)]

[Hopi artist painting doll, ca. 1941-42 by Dorothy F. Whiting — National Archives, Records of the Indian Arts and Crafts Board (435-CAT-3-6)]

[C.C.C. A Young Man´s Opportunity for Work Play Study & Health
by Albert Bender, Chicago Federal Art Project, WPA, ca. 1937,
silkscreen — Prints and Photographs Division, Library of Congress (B WPA III.B46 I)]

["The slogan of the Civilian Conservation Corps is 'We can take
it!' Building strong bodies is a major CCC objective. More than
half the enrollees who entered CCC the last year were seventeen years of age. Work, calisthenics, marching drill, good food,
medical care feature the CCC health program." By Wilfred J.
Mead, Civilian Conservation Corps, undated — National Archives, Records of the Civilian Conservation Corps (35-G-830)]

[August Jaegers, *Agriculture and Industry*, McDonald,PA — National Archives]

[Reuben R. Kramer , *Science and Industry* St. Albans, WV — National Archives]

["Children in a democracy. A migratory family living in a trailer in
na open field. No sanitation, no water. They come from Amarillo, Texas." By Dorothea Lange, Bureau of Agricultural Economics, November 1940 — National Archives, Records of the
Bureau of Agricultural Economics (83-G44360)]

Bibliografia

ESPING-ANDERSEN, Gosta. "As três economias políticas do welfare state". *Lua Nova-Revista de Cultura e Política*, n° 24. São Paulo: Marco Zero/Cedec, setembro de 1991, pp. 85-116.

APPLEBY, Joyce; HUNT, Lynn e JACOB, Margaret. *Telling the Truth About History*. Nova York/Londres: W.W. Norton & Company.

ASHER, Robert e EDSFORTH, Ronald (org.). *Autowork*. Albany: State University of New York Press, 1995.

BELFRAGE, Cedric. *The American Inquisition, 1945-1960. A profile of the "McCarhty Era"*. Nova York: Thunder's Mouth Press, 1989.

BENDER, Thomas e SCHORSKE, Carl (orgs.). *American Academic Culture in Transformation*. Princeton: Princeton University Press, 1997.

BENSEL, Richard Franklin. *Yankee Leviathan. The origins of central state authority in America, 1859-1877*. Cambridge: Cambridge University Press, 1995.

BERNSTEIN, Barton (org.). *Towards a New Past: dissenting essays in American history*. Londres: Chatto & Windus, 1970.

BLUM, John Morton. *Liberty, Justice, Order. Essays on past politics*. Nova York/Londres: W.W. Norton & Company, 1993.

BOYER, Robert. *A teoria da regulação: uma análise crítica*. São Paulo: Nobel, 1990.

BRECHER, Jeremy. *Strike!* Cambridge: South End Press, 1997.

BRINKLEY, Alan. *The End of Reform. New Deal liberalism in recession and war*. Nova York: Vintage Books, 1996.

BRODY, David. "The old labor history and the new: in search of an American working-class." *Labor History*, vol. 20, n° 1 (inverno de 1979), pp. 111-126.

BRUCHEY, Stuart. *Enterprise. The dynamic economy of a free people.* Cambridge/Londres: Harvard University Press, 1990.

BUSTARD, Bruce. *A New Deal for the arts.* Washington: National Archives and Records Administration, 1997.

COCLANIS, Peter e BRUCHEY, Stuart (orgs.). *Ideas, Ideologies and Social Movements: the United States experience since 1800.* Columbia: University of South Carolina Press, 1999.

COHEN, Lizabeth. *Making a New Deal. Industrial workers in Chicago, 1919-1939.* Cambridge: Cambridge University Press, 1990.

COLLINS, Robert. *More. The politics of economic growth in postwar America.* Nova York: Oxford University Press, 2000.

CORIAT, Benjamin. *L'atelier et le chronomètre.* Paris: Christian Bourgois Éditeur, 1994.

COTTROL, Robert. "Law, labor, and liberal ideology: explorations on the history of a two-edged sword". *Tulane Law Review*, vol. 67, n° 5, 1993, pp. 1531-1559.

DHAL, Robert. *Poliarquia.* São Paulo: Edusp, 1997.

DIAS, Maria Odila Silva. "A interiorização da metrópole (1808-1853)". In MOTA, Carlos Guilherme (org.). *1822. Dimensões.* São Paulo: Perspectiva, 1986, pp. 160-184.

DIGGINS, John. "Flirtation with Fascism: American Pragmatic Liberals and Mussolini's Italy". *The American Historical Review*, vol. 71, n° 2 (janeiro de 1966), pp. 487-506.

DIKÖTTER, Frank. "Race culture: recent perspectives on the history of eugenics". *American Historical Review*, vol. 103, n° 2 (abril de 1998), pp. 467-478.

DUBOFSKY, Melvyn (org.). *The New Deal. Conflicting interpretations and shifting perspectives.* Nova York/Londres: Garland Publishing, Inc., 1992.

DUBOFSKY, Melvyn e TINE, Warren van. *John Lewis. A biography.* Urbana/Chicago: University of Illinois Press, 1986.

DUBOFSKY, Melvyn e TINE, Warren Van. *Labor Leaders in America.* Urbana/Chicago: University of Illinois Press, 1987.

DUBOFSKY, Melvyn. *Hard Work. The making of labor history.* Urbana/Chicago: University of Illinois Press, 2000.

DUBOFSKY, Melvyn. *We Shall be all.* Nova York: Quadrangle Books, 1965.

EICHENGREEN, Barry. *Golden fetters. The gold standard and the Great Depression, 1919-1939.* Nova York/Oxford: Oxford University Press, 1992.

ERNST, Daniel. "Common laborers? Industrial pluralists, legal realists, and the law of industrial disputes, 1915-1943". *Legal History Review*, vol. 11, n° 1 (primavera de 1993), pp. 59-100.

ERNST, Daniel. *Lawyers Against Labor. From individual rights to corporate liberalism.* Urbana/Chicago: University of Illinois press, 1995.

FILENE, Peter. "An obituary for 'The Progressive Movement'". *American Quartely*, n° 22 (1970), pp. 20-34.

FINE, Sidney. "The origins of the UAW, 1933-35". *Journal of Economic History*, vol. 18, n° 3 (setembro de 1958), pp. 249-282.

FINE, Sidney. *Sit-down. The General Motors stike of 1936-1937.* Ann Arbor: The University of Michigan Press, 1989.

FINE, Sidney. *The automobile under the Blue Eagle.* Ann Arbor: The University of Michigan Press, 1963.

FINK, Leon. "Labor, liberty, and the law: trade unionism and the problem of the American constitutional order". *The Journal of American History, The Constitution and American life: a special issue*, vol. 74, n° 3 (dezembro de 1987), pp. 904-925.

FINK, Leon. *In Search of the Working Class. Essays in American labor history and political culture.* Urbana/Chicago: University of Illinois Press, 1994.

FLINK, James. *The Automobile Age*. Cambridge: MIT Press, 1993.

FONER, Eric (org.). *The New American History*. Philadelphia: Temple University Press, 1990.

FONER, Eric e GARRATY, John (orgs.). *The Reader's Companion to American History*. Boston: Houghton Mifflin Company, 1991.

FONER, Eric. *The Story of American Freedom*. Nova York/Londres: W.W. Norton & Co.,1998.

FORBATH, William. *Law and the Shaping of the American Labor Movement*. Cambridge e Londres: Harvard University Press, 1991.

FRASER, Steve e FREEMAN, Joshua (orgs.). *Audacious democracy. Labor, intellectuals, and the social reconstruction of America*. Boston e Nova York: Hougton Mifflin Company, 1997.

FRASER, Steve e GERSTLE, Gary (orgs.). *The rise and fall of the New Deal order, 1930-1980*. Princeton: Princeton University Press, 1989.

GACEK, Stanley. "Revisiting the corporatist and contratualist models of labor law regimes: a review of the Brazilian and American systems". In *Cardozo Law Review*, Vol. 16, No. 1 (agosto de 1994), pp. 21-110.

GALAMOBOS, Louis e PRATT, Joseph. *The rise of the corporate commonwealth. US business and public policy in the twentieth century*. Nova York: Basic Books, Inc., 1988.

GERSTLE, Gary. "The Protean character of American liberalism". In *The American Historical Review*, Vol. 99, No. 4 (outubro de 1994), pp. 1043-1073.

GERSTLE, Gary. *Working-class Americanism. The politcs of labor in a textile city, 1914-1960*. Cambridge: Cambridge University Press, 1989.

GILMORE, Glenda Elizabeth. *Gender and Jim Crow. Women and the politics of white supremacy in North Carolina, 1896-1920*. Chapel Hill e Londres: The University of North Carolina Press, 1996.

GINSBERG, Benjamin. *The fatal embrace. Jews and the State*. Chicago e Londres: The University of Chicago Press, 1998.

GOLDMAN, Eric. *Rendevouz with Destiny*. Nova York: Vintage Books, 1956.

GOODWIN, Doris Kearns. *Tempos muito estranhos. Franklin e Eleanor Roosevelt: o front da Casa Branca na Segunda Guerra Mundial*. Rio de Janeiro: Editora Nova Fronteira, 2001.

GORDON, Colin. *New Deals. Business, labor, and politics in America, 1920-1935*. Cambridge: Cambridge University Press, 1994.

GROSS, James. *The making of the National Labor Relations Board. A study in economics, politics and the law*. Albany: State University of New York Press, 1974.

GROSS, James. *The reshaping of the NLRB. National labor policy in transition, 1937-1947*. Albany: State University of New York Press, 1981.

HALL, Kermit. *The magic mirror. Law in American history*. Nova York, Oxford: Oxford University Press, 1989.

HARMON, M. Judd (org.). *Ensaios sobre a Constituição dos Estados Unidos*. Rio de Janeiro: Forense Universitária, 1978.

HARVEY, David. *Condição Pós-Moderna*. São Paulo: Edições Loyola, 1994.

HATTAM, Victoria. *Labor visions and the state power: the origins of business unionism in the United States*. Princeton: Princeton University Press, 1993.

HAWLEY, Ellis. *The Great War and the search for a modern order*. Prospect Heights: Waveland Press, 1997.

HIGHAM, John. *Strangers in the Land: patterns of American nativism, 1860-1925*. Nova York: Atheneum, 1965.

HOFSTADTER, Richard. *Antiintelectualismo nos Estados Unidos*. Rio de Janeiro, Paz e Terra, 1967.

HOFSTADTER, Richard. *The age of reform*. Nova York: Vintage Books, 1955.

HOWE, Irving. *Socialism and America*. San Diego, Nova York e Londres: Harcourt Brace Janovich, Publishers, 1985.

KATZNELSON, Ira; GEIGER, Kim; KRYDER, Daniel. "Limiting liberalism: the southern veto in Congress, 1933-1950". In *Political Science Quarterly*, Vol. 108, No. 2 (verão de 1993), pp. 283-306.

KINDLEBERGER, Charles. *The world in Depression, 1929-1939*. Berkeley, Los Angeles, Londres: University of California Press, 1986.

KISCHEL, Uwe. "Delegation of legislative power to agencies: a comparative analysis of United States and German Law". In *Administrative Law Review*, Vol. 46, No. 2 (primavera de 1994), pp. 213-256.

KLARE, Karl. "Judicial deradicalization of the Wagner Act and the origins of modern legal consciousness, 1937-1941". In *Minnesota Law Review*, Vol. 62, No. 3 (março de 1979), pp. 265-339.

KOLKO, Gabriel. *The triumph of conservatism: a re-interpretation of American history, 1900-1916*. Chicago: Quadrangle Books, 1963.

LEUCHTENBURG, William (org.). *O século inacabado. A América desde 1900*. Rio de Janeiro: Zahar Editores, 1976.

LEUCHTENBURG, William. *Franklin D. Roosevelt and the New Deal, 1932-1940*. Nova York: Harper & Row, 1963.

LEUCHTENBURG, William. *The perils of prosperity, 1914-1932*. Chicago e Londres: The University of Chicago Press, 1993.

LICHTENSTEIN, Nelson e HARRIS, Howell. *Industrial democracy in America. The ambiguous promise*. Nova York e CambridgeL: Cambridge University Press e Woodrow Wilson Center Press, 1993.

LICHTENSTEIN, Nelson e MEYER, Stephen. *On the line. Essays in the history of auto work*. Urbana e Chicago: University of Illinois Press, 1984.

LICHTENSTEIN, Nelson. *Walter Reuther. The most dangerous man in Detroit*. Urbana/Chicago: Univesity of Illinois Press, 1995.

LINK, Arthur e MCCORMICK, Richard. *Progressivism*. Arlington Heights: Harlan Davidson, Inc., 1983.

LIPIETZ, Alain. *Miragens e milagres: problemas da industrialização no Terceiro Mundo*. São Paulo: Nobel, 1988.

LOTHIAN, Tamara. "The political consequences of labor law regimes: the contratualist and corporatist models compared". In *Cardozo Law Review*, Vol. 7, No. 4 (verão de 1986), pp. 1002-1073.

MAY, Lary. *The big tomorrow. Hollywood and the politics of the American way*. Chicago e Londres: The University of Chicago Press, 2000.

MCCARTIN, Joseph. *Labor's Great War. The struggle for industrial democracy and the origins of modern American labor relations, 1912-1921*. Chapell Hill e Londres: The University of North Carolina Press, 1997.

McCORMICK, Richard. "The discovery that business corrupts politics: a reappraisal of the origins of Progressivism". In *The American Historical Review*, Vol. 86, No. 2 (abril de 1981), pp. 247-274.

MCDONAGH, Eileen. "The 'Welfare Rights State' and the 'Civil Rights State': policy paradox and state building in the Progressive Era". In *Studies in American Political Development*, No. 7 (outono de 1993), pp. 225-274.

MCELVAINE, Robert. *The Great Depression. America, 1929-1941*. Times Books, 1984.

MCGREGOR, James. *Roosevelt: the Lion and the Fox*. Nova York: Harcourt, Brace, 1956.

MELOSH, Barbara. *Manhood and womanhood in New Deal public art and theatre*. Washington e Londres: Smithsonian Institution Press, 1991.

MENDONÇA, Jorge Pessoa; NAKATANI, Paulo e CARCANHOLO, Reinaldo Antônio (orgs.). *Crise ou regulação? Ensaios sobre a teoria da regulação*. Vitória: Editora Fundação Ceciliano Abel de Almeida, Universidade Federal do Espírito Santo, 1994.

MEYER III, Stephen. *The Five Dollar Day. Labor, management and social control in the Ford Motor Company, 1908-1921*. Albany: State University of New York Press, 1981.

MILIBAND, Ralph. *The state in capitalist society*. Nova York: Basil Books, 1969.

MOE, Terry. "Control and feedback in economic regulation: the case of the NLRB". In *The American Political Science Review*, Vol. 79, No. 4 (dezembro de 1985), pp. 1094-1116.

MONTGOMERY, David. *Citizen worker. The experience of workers in the United States with democracy and the free market during the nineteenth century*. Cambridge: Cambridge University Press, 1995.

MONTGOMERY, David. *The fall of the house of labor. The workplace, the state, and American labor activism, 1865-1925*. Cambridge: Cambridge University Press, 1987.

MORAES NETO, Benedito Rodrigues. *Marx, Taylor, Ford: as forças produtivas em discussão*. São Paulo, Brasiliense, 1989.

MOURA, Gerson. *História de uma história: rumos da historiografia americana no século XX*. São Paulo: Scritta, 1996.

NORRA, Pierre. *Les lieux de mémoire*, vol.1. Paris: Gallimard, 1984.

NOVICK, Peter. *That noble dream. The "objectivity question" and the American historical profession*. Cambridge: Cambridge University Press, 1993.

PEGRAM, Thomas. *Partisans and progressives: private interests and public policy in Illinois, 1870-1922*. Urbana/Chicago: University of Illinois Press, 1992.

PELLS, Richard. *Radical visions and American dreams. Culture and social thought in the Depression years*. Urbana/Chicago: University of Illinois Press, 1998.

POLANYI, Karl. *A grande transformação: as origens de nossa época*. Rio de Janeiro: Campus, 1980.

PRESTON JR., William. *Aliens and dissenters. Federal suppression of radicals, 1903-1933*. Nova York: Harper Torchbooks, 1966.

PRZEWORSKI, Adam. *Capitalismo e socialdemocracia*. Madri: Alianza Editorial, 1988.

RABBAN, David. *Free speech in its forgotten years*. Cambridge: Cambridge University Press, 1997.

RADOSH, Ronald e ROTHBARD, Murray (orgs.). *A new history of Leviathan: essays on the rise of the American corporate state*. Nova York: Dutton, 1972.

REIGEL, Stanley e OWEN, P. John. *Administrative law. The law of governemnt agencies*. Ann Arbor: Ann Arbor Science, 1982.

RIMLINGER, Gaston. "Labor and the government: a comparative historical perspective". In *Journal of Economic History*, Vol. 37, No. 1 (março de 1977), pp. 20-225.

ROCHE, John (org.). *American political thougtht*. Nova York, Evanston e Londres: Harper Torchbooks, 1967.

ROSENZWEIG, Roy e MELOSH, Barbara. "Government and the arts: voices from the New Deal Era". In *The Journal of American History*, vol. 77, n. 2 (setembro de 1990), p. 596-608;

ROSS, Dorothy. "The New and Newer Histories. Social theory and historiography in an American key". In *Rethinking History*, Vol. 1, No. 2 (1997).

ROSS, Dorothy. *The origins of American social science*. Cambridge: Cambridge University Press, 1991.

SALVATORE, Nick. *Eugene Debs. Citizen and socialist*. Urbana/Chicago: University of Illinois Press, 1982.

SANTOS, Wanderley Guilherme dos. *Paradoxos do liberalismo. Teoria e história*. Rio de Janeiro: Revan, 1999.

SCHLESINGER JR., Arthur. *The age of Roosevelt*. Boston: Houghton, Mifflin, 1960.

SCHLESINGER, Jr., Arthur. *Os ciclos da história americana*. Rio de Janeiro: Civilização Brasileira, 1992.

SCHNEIROV, Richard; STROMQUIST, Shelton e SALVATORE, Nick (orgs.). *The Pullman strike and the crisis of the 1890s*. Urbana/Chicago: University of Illinois Press, 1999.

SHERWOOD, Robert. *Roosevelt e Hopkins. Uma história da Segunda Guerra Mundial*. Rio de Janeiro: Nova Fronteira; Brasília: Universidade de Brasília; Rio de Janeiro: Faculdade da Cidade, 1998.

SKOCPOL, Theda; FINEGOLD, Kenneth e GOLDFIELD, Michael. "Explai-ning New Deal labor policy". In *The American Political Science Review*, Vol. 84, No. 2 (dezembro de 1990), pp. 1297-1315.

SKOWRONEK, Stephen. *Building a new American state. The expansion of national administrative capacities, 1877-1920*. Cambridge: Cambridge University Press, 1997.

SLOTKIN, Richard. *Gunfighter nation. The myth of the frontier in the twentieth-century America*. Nova York: Harper Perennial, 1993.

STETTNER, Edward. *Shaping modern liberalism. Herbert Croly and progressive thought*. Lawrence: University Press of Kansas, 1993.

SUGRUE, Thomas. *The origins of the urban crisis. Race and inequality in postwar Detroit*. Princeton: Princeton University Press, 1996.

TANNENBAUM, Edward. *Sociedad y Cultura en la Itália (1922-1945)*. Madrid: Alianza Editorial, 1975.

TOCQUEVILLE, Alexis de. *A democracia na América*. Belo Horizonte e São Paulo: Editora Itatiaia e Editora da USP, 1977.

TOINET, Marie-France. *El sistema politico de los Estados Unidos*. México: Fondo de Cultura Económica, 1994.

TOMLINS, Christopher. *The state and the unions. Labor relations, law, and the organized labor movement in America, 1880-1960* Cambridge: Cambridge University Press, 1995.

WERKING, Richard Hume. "Bureaucrats, businessmen, and foreign trade: the origins of the United States Chamber of Commerce". In *Business History Review*, Vol. LII, No. 3 (outono de 1978), pp. 321-341.

WIEBE, Robert. *The search for order, 1877-1920*. Nova York: Hill and Wang, 1999.

WILENTZ, Sean. "Against exceptionalism: class consciousness and the American labor movement". In *International labor and working class history*, No. 26, (outono de 1984), pp. 1-24.

WILSON, Edmund. *Os anos 20*. São Paulo: Cia das Letras, 1987.

WOMACK, James; JONES, Daniel; ROOS, Daniel. *A máquina que mudou o mundo*. Rio de Janeiro: Editora Campus, 1992.

ZIEGER, Robert. "Labor and the state in modern America: the archival trial". In *The Journal of American History*, Vol. 75, n. 1 (junho de 1988), pp. 184-196.

ZIEGER, Robert. *The CIO, 1935-1955*. Londres e Chapel Hill: The University of North Carolina Press, 1995.

*O texto deste livro foi composto em Sabon,
desenho tipográfico de Jan Tschichold de 1964
baseado nos estudos de Claude Garamond e
Jacques Sabon no século XVI, em corpo 11/15.
Para títulos e destaques, foi utilizada a tipografia
Frutiger, desenhada por Adrian Frutiger em 1975.*

*A impressão se deu sobre papel off-set 90g/m²
pelo Sistema Cameron da Divisão Gráfica
da Distribuidora Record.*